KB056983

완주를 위한 안내서

반환점에 선
유니콘

완주를 위한 안내서

반환점에 선 유니콘

유효상 장상필 지음

UNICORN

클라우드나인

반환점에 선 유니콘의 진정한 성공을 위하여

이른바 좀비 바이러스라는 코로나19가 전세계를 강타한 후 많은 전문가들이 세계 경제는 장기적으로 성장이 멈추고 저성장이 고착화될 거라는 뉴 노멀New Normal 시대를 예고했다. 최근에는 또다시 미국 뉴욕대의 누리엘 루비니Nouriel Roubini 교수 등이 저성장 속에서도 전쟁, 무역분쟁, 신종 플루 등 여러 가지 불확실성의 증대로 인해 혼란이 가중될 거라는 좀 더 비관적인 뉴 애브노멀New Abnormal 시대의 도래를 선언했다.

전세계는 이렇게 비관적인 전망과 4차 산업혁명에 대한 다소 희망적인 기대가 뒤섞여 혼란스럽다. 이러한 어렵고 혼돈스런 경제 여건 속에서도 4차 산업혁명의 가장 성공적인 모델로 평가받으며 초고속 성장을 지속하는 특이한 기업들이 화제가 되고 있다. 이들 기업은 영험한 능력의 뿔을 지닌 전설 속의 동물 '유니콘'으로 불리는 '기업가치가 10억 달러 이상인 비상장 스타트업'이다. 세계적으로 혁신 기업의 상징이며 성공한 스타트업의 아이콘으로 인식하고 있는데 2020년 2월 기준 미국과 중국 등 전세계에 약 770개 정도가 있다. 우리나라에도 지금까지 10개 이상의 유니콘이 만들어졌다.

과거에 성공한 기업들이 기술, 제품의 성능, 기능 향상에 집중했다면 4차 산업혁명의 승자인 유니콘 기업들은 대부분 스마트폰, SNS, 클라우드 컴퓨팅, 사물인터넷IoT 등을 다양하게 융복합해 누구나 쉽게 참여할 수 있는 플랫폼을 만들고 고객에게 제공될 가치를 중심으로 새로운 비즈니스 모델을 개발해 기업, 정부, 언론, 교육기관, 의료기관 등 모든 시스템을 혁신하고 있다.

그러나 한편에서는 '유니콘 버블' '유니콘의 몰락' '유니콘은 허상' 등 유니콘 기업에 대한 비판이 제기되고 있다. 공유경제를 기반으로 한 대표적 유니콘 기업들이 미래에 대한 성장 가능성으로 수십억 달러의 기업가치로 투자는 받았으나, 정작 수익을 전혀 내지 못하는 등 외화내빈이라 조만간 제2의 닷컴버블이 일어날 거라는 우려를 표명하는 것이다.

유니콘 기업은 기업가치는 천문학적으로 높게 평가되지만 비상장 기업이다. 왜 기업가치가 엄청나게 높은데 상장을 하지 않고 비상장 기업으로 존재할까? 유니콘에 관한 기사나 정보가 쏟아지면서 대부분의 사람들이 유니콘에 대해 마치 전문가가 된 것과 같은 평가나 전망을 하곤 한다. 그러나 이러한 현상을 '지식착각'이라고 한다. 사실은 잘 모르지만 익숙해지니까 마치 아주 잘 알고 있다는 착각에 빠지는 것이다. 유니콘 기업이 상장을 안 하고 있는 이유, 기업가치가 천문학적으로 평가받고 있는 이유, 제조업이나 첨단기술 기업이 아주 적은 이유가 존재하지만 사실은 일반인들은 알기 어렵다.

유니콘 기업은 과연 성공한 스타트업인가? 결론부터 얘기하면 유니콘은 절반의 성공에 불과하다. 진정한 성공 기업이 되기 위해서는 특정 소수의 전문가가 인정한 회사가 아닌, 공개시장에서 일반투자자들

한테 그 가치를 인정받아야 한다. 그런 면에서 유니콘은 반드시 투자회수Exit라는 관문을 통과해야 한다. 물론 엄청난 기업가치를 인정받으며 고도성장을 이어가고 있지만 유니콘은 아직 미완성이다. 향후 상장이나 인수합병M&A을 통해서 진정으로 성공한 유니콘 기업인 엑시콘이 되거나 성장을 멈추며 추락한 실패의 유니콘인 유니콥스가 될 수 있기 때문이다.

이 책을 통해서 유니콘의 개념, 의미, 관련된 이슈와 우려에 대해 정리하고 정부의 역할과 유니콘을 향해 열심히 노력하는 젊은 기업가들에게 유니콘 강국이 되기 위한 방법을 제시하고자 한다. 유니콘 기업을 연구하면서 가장 흥미롭고 놀라운 점은 유니콘들 중에는 수백 개의 카피캣CopyCat들이 존재한다는 것이다. 흉내를 잘 내는 고양이에서 유래한 카피캣은 다른 기업의 비즈니스를 모방해 유사한 기능과 서비스를 제공하는 패스트팔로어Fast Follower 기업을 말한다. 카피캣 기업들이 검증된 비즈니스 모델로 모방과 혁신을 접목시키며 빠른 시간에 유니콘에 등극하는 것은 물론 엑시콘이 될 확률도 높게 나타나고 있다. 결국 카피캣에 대한 연구가 유니콘을 넘어 진정한 승자인 엑시콘의 지름길로 가는 것이다.

유니콘의 선두주자인 우버가 시장에서 자리를 잡고 시가총액을 꾸준히 늘려가자 우버의 비즈니스 모델을 모방한 기업들이 우후죽순 생겨나기 시작했다. 실제로 스타트업 정보 공유 사이트 엔젤리스트에서 우버를 검색하면 수백 개의 연관기업들이 나온다. 중요한 것은 처음 비즈니스 모델을 만들어낸 기업에 못지않게 카피캣들도 엄청난 기업가치를 인정받고 있으며, 일부 비즈니스 모델을 수정하고 차별화된 전략을 구사하며 시장에서 대등하게 경쟁하고 있는 것이다.

처음에는 우버와 에어비앤비와 작닥과 같이 특정 기업의 비즈니스 모델을 그대로 차용한 카피캣이 대부분이었다. 그러나 최근에는 그 개념만을 빌려 자신만의 특색을 더하고 소비자와의 소통방식과 배송 방법 등의 혁신으로 기업가치를 높여가는 회사들이 점점 늘어나고 있다. 더욱이 이제는 신생 스타트업뿐만 아니라 세계적인 대기업들도 카피캣 대열에 합류하고 있다. 아마존과 페이스북이 잇달아 음식배달 사업에 뛰어드는가 하면, 미국 최대의 자동차 회사인 GM은 차량 공유 서비스인 메이븐을 출시했으며 BMW는 차량 공유 서비스인 드라이브 나우를, 메르세데스-벤츠는 카투고를, 아우디는 아우디앳홈이라는 카피캣을 만들었다.

카피캣이라 하면 중국을 빼놓을 수 없다. 2020년 4월 기준 전세계 시가총액 순위 6위, 7위를 기록하고 있는 텐센트와 알리바바도 카피캣 전략으로 성장했으며 중국 유니콘의 대부분이 카피캣이다. 중국의 카피캣들은 적절한 시기에 적절한 서비스를 모방했고, 이후 스스로의 정체성을 확립하기 위해 나름의 혁신을 거듭해왔다. 텐센트는 PC 메신저에서 모바일로 혁신했고 더 나아가 생활 전체로 서비스를 확대하는 혁신을 했다. 샤오미가 표방한 '가성비 좋은 스마트폰' 역시 과거 어떤 기업도 내세운 적이 없는 모토였다.

선진국의 비즈니스 모델을 일부 수정하여 한국에 출시한 서비스도 어렵지 않게 포착할 수 있다. 이미 유니콘 반열에 올라선 쿠팡이나 티몬은 물론 카카오택시, 콜버스, 풀러스와 같은 차량 공유 서비스나 배달의민족, 요기요, 배달통 등의 음식배달 서비스는 이미 수없이 회자

되고 있는 국내의 카피캣들이다.

갈수록 기업 간 장벽은 낮아지고 기술은 표준화되고 있다. 자의든 타의든 서로를 베낄 수 있는 가능성이 더 높아지고 있기 때문에 후발 주자들이 카피캣으로 비난받는 건 흔한 일이 되었다. 애플과 함께 세계 스마트폰 시장을 양분하고 있는 삼성도 처음 갤럭시 모델을 내놨을 때는 아이폰을 모방했다는 조롱을 들었다.

지금은 오히려 카피캣이 오리지널 기업들의 시행착오를 기회로, 경쟁 제품을 그대로 베끼는 대신 창조적 모방으로 더 좋은 제품이나 서비스로 시장을 장악하고 최후의 승자가 되는 경우가 생겨나고 있는 실정이다. 600조 원이 넘는 기업가치로 세계 6위의 기업으로 우뚝 선 중국 텐센트의 마화텅 회장은 "우리가 외국 모델을 모방한 건 사실이다. 하지만 남들이 고양이를 보고 고양이를 그릴 때 우리는 고양이를 본떠 사자를 그렸다."라며 카피캣 전략으로 성공했음을 인정했다.

최근 『월스트리트저널』은 '미국의 테크 기업들이 이제는 중국 기업들의 카피캣'이라며 '심지어는 애플도 중국 기업의 비즈니스 모델을 그대로 베끼고 있다'고 지적했다. 그러나 우리나라에서는 카피캣이라는 용어를 아주 부정적으로 인식하여 기업에 쓰는 것은 거의 금기어로 되어 있다. 그래서 2019년부터 고양이를 흉내내는 카피캣이 아니라 미래의 호랑이를 만들어낸다는 의미로 카피타이거copy tiger라는 신조어를 만들어 쓰고 있다.

언제나 변화를 주도하는 기업이 있고 그 변화의 물결을 감지하고 빠르게 대비하는 기업도 있다. 그러나 변화를 감지하고도 변화를 무시하는 기업도 있으며, 아예 변화를 감지하지 못해 몰락하는 기업도 있다. 4차 산업혁명은 이미 시작됐고 유니콘들의 전쟁이 한창이다. 과거 유니콘 전쟁의 승자인 아마존, 페이스북, 구글 등이 그랬듯이 앞으로의 미래도 유니콘이 세계 경제를 호령할 것이다.

4차 산업혁명의 소용돌이에서 우리에겐 선택의 여지가 없다.
우리도 '고양이 속에 숨겨진 호랑이'를 찾아야 할 시점이다.

2020년 5월
유효상 장상필

2부 유니콘으로 가는 길 - 카피캣? 카피타이거! • 135

4장 카피캣 성공 기업 살펴보기 137

1부

왜 유니콘인가

1장

유니콘 생태계
이해하기

1

유니콘이란 무엇인가

유니콘unicorn은 하나uni의 뿔corn을 가진 전설 속에 나오는 신성한 동물이다. 서양 사람들에게는 전설 속의 동물 유니콘은 역사적, 문화적으로 친숙하다. 영화 '해리 포터'에서는 마법 학교 기숙사 벽면에 '유니콘과 함께 있는 여인'이라는 멋진 태피스트리(화려한 색실로 짜넣은 벽걸이 직물)가 나온다. 독일 시인 라이너 마리아 릴케Rainer Maria Rilke는 유니콘에 대한 여러 편의 시를 쓰기도 했다. 영국문학에서나 등장하던 전설 속의 신비한 동물이 어느샌가 성공한 스타트업의 대명사로 자리매김됐다. 최근에는 우리나라 정부의 정책 목표에도 볼 수 있는 단어가 됐다.

2013년 11월 스타트업과 기술 관련 정보를 제공하는 IT 전문 잡지인 미국의 「테크크런치TechCrunch」에 처음으로 유니콘을 스타트업에

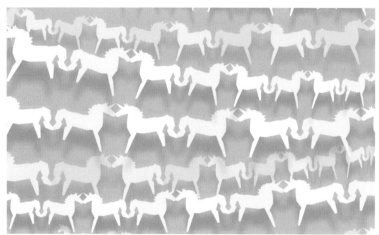

2013년 11월 스타트업과 기술 관련 정보를 제공하는 IT 전문 잡지인 미국의 「테크크런치」에 처음으로 유니콘을 스타트업에 사용한 글이 게재되었다. (출처: 「테크크런치」)

사용한 글이 게재되었다.* 이 글을 쓴 사람은 미국의 벤처캐피털 회사인 카우보이 벤처스Cowboy Ventures의 대표인 에일린 리Aileen Lee로 하버드 MBA를 졸업했다. 당시 에일린 리는 유니콘을 미국에 설립된 회사중 '창업 10년 이내의 스타트업으로 기업가치가 10억 달러 이상인 비상장 테크놀러지 기업'으로 정의했다.

신생기업이 천문학적인 가치를 획득한다는 것이 워낙 신기하고 특이해서 상상 속의 동물인 '유니콘'에 비유한 것이다. 그러나 현재는 세계적인 유니콘 열풍으로 미국이라는 지역적 한계는 무의미해졌고 창업 10년 이내라는 제한도 현실적으로 사라졌다. 또한 산업이나 업종의 구분이 무의미해진 융합과 통섭의 4차 산업혁명 시대에 테크놀러지 기업이라는 요건도 무의미해지며, 결국 유니콘 기업의 개념은 "기업가치 10억 달러 이상인 비상장 스타트업"으로 정리되었다. 한 통계

---

* 원제: Welcome To The Unicorn Club: Learning From Billion-Dollar Startups

에일린 리는 유니콘을 미국에 설립된 회사 중 '창
업 10년 이내의 스타트업으로 기업가치가 10억
달러 이상인 비상장 테크놀러지 기업'으로 정의
했다. (출처: 위키피디아)

[2]에 따르면 미국에서 벤처캐피털로부터 투자받은 스타트업이 유니콘
이 될 확률은 0.00006%에 불과한 것으로 나타났다.

　에일린 리가 운영하는 카우보이 벤처스는 주로 창업 초기에 투자하
는 비교적 작은 규모의 투자 회사였다. 따라서 적은 금액으로 큰돈을
벌 수 있는 스타트업을 찾기 위해 실리콘밸리에서 2003년부터 2013
년까지 투자받은 기업들 중에서 기업가치가 급상승한 회사들을 분석
했다. 그들을 연구함으로써 투자 대비 높은 수익을 올릴 수 있는 방
법을 알아내고자 한 것이다. 10년 동안 투자받은 6만 개 기업 가운데
10억 달러 이상으로 기업가치가 평가된 39개 회사를 연구했다.

에일린 리는 이들 39개 기업의 분석을 통해서 평균 1년에 4개 정도의 유니콘이 나타나며 페이스북과 같은 '슈퍼 유니콘(기업가치 1,000억 달러 이상)'은 10년에 1~3개 정도 등장한다는 사실을 알아냈다. 또한 투자회수exit는 평균 7년 이상이 소요되었으며, 오랜 시간을 함께 일하거나 공부한 30대의 공동창업자들의 성공률이 높다는 점도 발견했다. 그러나 에일린 리는 이러한 연구결과가 미래의 유니콘을 발굴하는 데는 별로 도움이 안 된다는 것을 깨달았다. 다만 유니콘들에 대한 지속적인 연구는 유니콘이 될 기업을 찾는 눈을 키워줄 것이라 기대했다.

결국 현재 우리들이 성공한 스타트업의 대명사로 쓰고 있는 '유니콘'이란 용어는 성공한 스타트업을 의미하는 것이 아니라 벤처투자자 관점에서 적은 투자로 대박을 터트리고 싶은 희망사항으로 탄생한 것이다. 에일리 리가 의미한 유니콘은 비록 성공 가능성이 매우 낮을지라도 엄청난 투자수익capital gain을 얻을 수 있는 기업을 말한다. 비록 그것이 매출이나 이익 등 구체적인 실체 없이 기업가치만 부풀려진 '페이퍼 유니콘paper unicorn'일지라도 스타트업에 투자해서 수익을 추구하는 벤처캐피털 입장에서는 여전히 의미 있는 지표일 수밖에 없다.

그러나 투자자 입장에서는 투자를 한 회사가 단지 유니콘이 되었다고 해서 커다란 수익을 얻는 것이 아니다. 유니콘 기업이 투자 대비 높은 금액으로 주식시장에 상장이 되거나 다른 기업에 매각되어야만 비로소 희망사항이 현실이 되는 것이다. 투자들이 진정으로 원하는 것은 유니콘이 아니라 투자회수에 성공한 엑시콘exitcorn인 것이다. 유니콘이 모두 성공적인 투자회수를 하는 것이 아니기 때문이다. 유니콘이 되었다 하더라도 지속적인 성장을 하지 못하고 파산하는 기업도 있고, 파산하지 않았더라도 투자한 원금조차 회수가 어렵거나 목숨만 붙어 있는 좀비기업이 되는 경우도 많기 때문이다.

2013년 당시 에일린 리가 제시한 유니콘의 조건은 '창업 10년 이내' '회사 평가액 10억 달러 이상' '비상장' '테크놀러지 기업' 등 4가지였다. 그러나 오늘날 기업 환경은 테크놀러지 기업의 경계를 확장시켰다. 이제는 유니콘 기업의 조건에서 기술 기업의 잣대는 무의미해졌다. 다만 유니콘이 스타트업이라는 점을 망각해선 안 된다. 위의 조건을 충족한다고 해도 대기업의 자회사인 비상장 기업까지 유니콘으로 부르진 않는다는 것이다. 지금까지 스타트업에 대한 정의는 비슷하면서도 서로 다르다.

최근 실리콘밸리에서 가장 각광받는 『린 스타트업』의 저자 에릭 리스Eric Ries는 '극도의 불확실성 속에서 새로운 제품·서비스를 만들고자 하는 조직'으로 스타트업을 정의했다. 『린 스타트업』의 원류에 해당하는 '고객 개발론Customer Development Method'을 만든 스티브 블랭크Steve Blank는 '반복적이고 확장 가능한 비즈니스 모델을 찾아내기 위해 만들어진 조직'으로 스타트업을 정의했다. 세계적인 스타트업 구루인 폴 그레이엄Paul Graham은 '매우 빠르게 성장하도록 디자인된 기업'을 스타트업으로 보았다. 결국 스타트업의 비즈니스 모델은 일회성의 원히트 원더one-hit wonder에 그치면 안 된다. 끊임없는 반복Iteration을 통해 정교하게 다듬고 지속 가능해야 한다. 또한 J커브 혹은 하키스틱 곡선으로 빠른 성장을 이루어내야 한다.

이처럼 스타트업은 불확실한 상황에서 문제해결을 통한 급격한 성장을 이루어낼 수 있는 지속 가능한 비즈니스 모델을 추구하는 기업이다. 에일린 리가 처음 유니콘을 말했던 그때부터 불과 7년 만에 세계에는 700개 이상의 유니콘 기업들이 탄생했다. 그래서 실리콘밸리에서는 희소성을 의미하는 유니콘 대신에 어디서나 흔하게 볼 수 있는 지브라(zebra, 얼룩말)라고 불러야 하는 것 아니냐라는 우스갯소리도 있다. 그래도 여전히 전세계의 수많은 앙트레프레뉴어entrepreneur들은 혁신의 아이콘, 성공한 스타트업인 유니콘을 꿈꾸고 있다. 이 책을 통해 유니콘의 진정한 의미를 되짚어보고 성공한 유니콘들의 도래를 같이 희망하고자 한다.

2

유니콘의 분류

유니콘보다 10배 – 데카콘

유니콘의 숫자가 점점 많아지면서 기업가치가 10억 달러를 훨씬 넘어선 초거대 기업들도 늘어나고 있다. 그래서 유니콘 기업 중에서 기업가치 100억 달러 이상의 기업은 거기에 걸맞은 별칭을 갖게 되었다. 10을 뜻하는 접두어 '데카Daca'와 유니'콘'을 합성한 용어로서 뿔이 하나인 유니콘은 10억 달러의 기업가치를 의미하니까 100억 달러 이상의 기업은 뿔이 10개인 '데카콘Deca- corn'으로 부르게 된 것이다. 데카콘은 웬만한 대기업의 시가총액을 뛰어넘는 '기업가치가 100억 달러 이상인 비상장 스타트업'을 의미한다.

2015년 미국의 블룸버그 통신은 기업가치가 100억 달러가 넘는 초거대 스타트업을 데카콘이라 지칭하기 시작했다. 에어비앤비Airbnb, 드롭박스Dropbox, 핀터레스트Pinterest, 스냅챗Snapchat, 우버Uber 등은 당

이머전시 캐피털 파트너스의 제이슨 그린은 상상 속에나 존재해야 할 유니콘들이 너무 많아지게 되면서 일부 투자자들이 유니콘의 10배에 해당하는, 즉 100억 달러의 기업가치를 가지는 데카콘이 만들어진 것이라고 했다. (출처: 이머전시 캐피털 파트너스)

시 대표적인 데카콘이었다. 더불어 블룸버그는 스타트업 특성상 상장 기업처럼 가시적인 수익 및 성과를 기준으로 기업가치를 판단할 수 없는 점이 데카콘의 기업가치를 끌어올리는 주요인이라 분석했다. 창업가의 비전과 꿈 그리고 스타트업의 성장 속도와 같은 다소 추상적인 지표를 근거로 기업가치가 평가되고, 여기에 지금 투자하지 않으면 높은 수익을 볼 수 없다는 투자자들의 두려움이 더해져 100억 달러 이상의 데카콘이 탄생한다는 것이다. 이머전시 캐피털 파트너스의 제이슨 그린Jason Green은 상상 속에나 존재해야 할 유니콘들이 너무 많아지게 되면서 일부 투자자들이 유니콘의 10배에 해당하는, 즉 100억 달러의 기업가치를 가지는 데카콘이 만들어진 것이라고 했다.

막강한 크기를 자랑하는 이들은 연초가 되면 늘 기업공개IPO 시점을 두고 세간의 주목을 받는다. 하지만 아직도 많은 데카콘들은 기업공개보다는 비공개 시장에서의 자금 조달을 지속하겠다는 의견을 고수하고 있다. 무엇보다 과거에 비해 자금 조달 방법이 다양하게 변했기 때문이다. 예전엔 상장이 대규모 자금 조달의 거의 유일한 방법이었다. 지금은 벤처캐피털의 운용 자금 규모가 커졌고 대형 사모펀드는 물론 사우디아라비아 같은 초대형 국부펀드, 심지어 대규모 대출까지 어렵지 않게 받을 수 있다. 기업공개로 인한 운영 리스크를 지지 않으려 하는 것도 상장을 꺼리는 이유다. 이들은 기업공개로 인해 기업의 전략, 상세한 매출정보, 인력구조 등 중요한 기업정보가 노출되길 원치 않는다.

데카콘 리스트[3]

순위	기업	기업가치 (10억 달러)	국가	산업
1	앤트파이낸셜	150	중국	재무 · 핀테크
2	바이트댄스	75	중국	소비자 인터넷
3	인포	60	미국	소프트웨어
4	디디추싱	53	중국	소비자 인터넷
5	위워크	47	미국	부동산
6	루닷컴	39	중국	재무 · 핀테크
7	쥴	38	미국	전자제품
8	스트라이프	35	미국	재무 · 핀테크
9	에어비앤비	31	미국	소비자 인터넷
10	스페이스엑스	31	미국	과학 · 공학
11	알리바바 로컬 라이프 서비스	30	중국	식품 · 음료
12	콰이쇼우	29	중국	소비자 인터넷
13	팰런티어 테크놀러지	20	미국	소프트웨어
14	차이냐오	19	중국	물류
15	징둥 디지털 과학기술	18	중국	재무 · 핀테크
16	원97 커뮤니케이션즈	16	인도	재무 · 핀테크

순위	기업	기업가치 (10억 달러)	국가	산업
17	에픽게임즈	15	미국	게임
18	그랩	14	싱가포르	교통
19	징둥로지스틱스	14	중국	물류
20	도어대시	13	미국	식품·음료
21	비트메인	12	중국	암호화폐
22	사무메드	12	미국	바이오
23	글로벌 스위치	11	영국	IT
24	케이닷컴	11	중국	부동산
25	위시	11	미국	커머스·쇼핑
26	고젝	10	인도네시아	교통
27	누뱅크	10	브라질	재무·핀테크
28	오요	10	인도	여행
29	페이티엠	10	인도	재무·핀테크
30	리플	10	미국	암호화폐

2020년 2월 1일 기준 전세계에 30개의 데카콘이 존재한다. 대표적인 데카콘 기업은 틱톡으로 유명한 중국의 바이트댄스, 중국판 우버라 불리는 디디추싱, 에어비앤비 등이 있다. 데카콘은 전에 없던 새로운 비즈니스 모델을 만들어 우리에게 새로운 가치를 제시하고 있다. 이제 더 이상 숨겨진 보석이 아니라 일상적이었던 우리의 삶 전체를 바꾸는 가장 중요한 지표가 되고 있다. 이들이 언제 기업공개를 통해 세상 밖으로 나올지는 모르지만 데카콘의 성장은 현재 가장 뜨거운 산업군을 쉽게 알아볼 수 있는 기회임과 동시에 가장 혁신적인 기업의 기준인 것만큼은 확실하다. 이들의 기업공개 시기엔 또 한 번 세상이 떠들썩할 것이다.

데카콘보다 10배 – 헥토콘

유니콘 기업의 개수가 기하급수적으로 늘어나면서 유니콘 중에서 기업가치가 월등히 높은 기업들의 별칭이 만들어지고 있다. 유니콘의 10배 이상의 기업가치를 지닌 유니콘을 데카콘으로 명명한 것과 마찬가지로 유니콘의 100배 이상의 기업가치를 가진 기업을 헥토콘으로 부르게 되었다. 100을 나타내는 '헥토Hecto'와 유니'콘'을 합성한 용어로서 기업가치가 유니콘의 100배, 즉 '1,000억 달러 이상으로 평가받는 비상장 스타트업'을 뜻한다. 현재까지 탄생한 헥토콘은 1,500억 달러로 평가받고 있는 중국의 앤트파이낸셜Ant Financial이 유일하다.

우버가 헥토콘으로 평가된 적도 있었으나 상장하면서 기업가치가 훨씬 못 미치면서 헥토콘이란 명칭은 앤트파이낸셜에게 처음 사용되었다. 앤트파이낸셜은 명칭 그대로 개미처럼 성실하게 금융 서비스를 하겠다는 철학을 가지고 알리페이를 기반으로 2014년 10월 정식으로 출범했다. '세상에 더 많은 평등한 기회를 부여한다'를 목표로 혁신적인 기술을 결합하고 모두가 공유할 수 있는 개방적 신용평가 시스템 및 금융 서비스 플랫폼을 구축하고 있다. 앤트파이낸셜의 기업가치에 대해서는 일부 논란이 있다.

3

유니콘의 투자자

일반적으로 투자자는 투자수익을 우선하는 재무적 투자자FI, financial investor와 직접적인 투자수익보다는 기술이나 시장확대 등 기업의 경쟁력 강화를 위한 다양한 전략적 목적을 위해 투자하는 전략적 투자자SI, strategic investor로 나눌 수 있다. 재무적 투자자는 액셀러레이터, 엔젤캐피털, 벤처캐피털, 사모펀드, 국부펀드 등이 있다. 대부분의 기업 투자자는 전략적 투자자이다. 또한 최근에는 기업이 만든 벤처캐피털로 전략적 목적을 가미한 기업 주도형 벤처캐피털CVC, Corporate Venture Capital도 활발하게 활동하고 있다.

사모펀드PEF, Private Equity Funds는 소수의 투자자로부터 거액의 자금을 모아 장기간 운용하는 펀드를 말한다. 유니콘에 투자를 하는 대표적 글로벌 사모펀드로는 골드만삭스Goldman Sachs, 콜버그크래비스로버츠KKR, Kohlberg Kravis Roberts & Co., 블랙스톤Blackstone 등이 있다.

스타트업 투자 유치 단계[4]

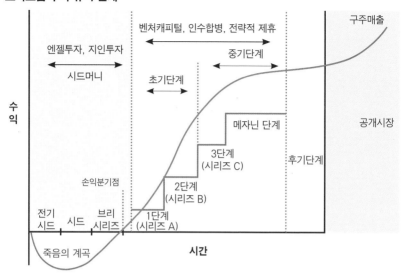

기업 주도형 벤처캐피털은 투자수익보다는 기업들이 사업다각화, 시장지배력 강화 등의 전략적 목적을 위해 설립한 특수한 벤처캐피털로 미국 등 선진국에서 활성화되어 있다. 구글, 인텔, 시스코 등이 기업 주도형 벤처캐피털을 만들어 유니콘 투자에 적극적이다.

국부펀드SWF, Sovereign Wealth fund는 나라의 자산國富을 늘리기 위해 공공자금을 출자해 운용하는 투자펀드로서 출자금은 주로 외환보유액이나 원유를 수출해 벌어들인 오일달러가 사용된다. 현재 중국이 최대 규모의 국부펀드를 보유하고 있으며, 중국의 중국투자공사CIC, 싱가포르의 테마섹과 싱가포르투자청GIC, 아랍에미리트 연합UAE의 아부다비투자청ADIA, 노르웨이투자청NBIM 등이 국부펀드이다. 과거에는 주로 국채, 회사채, 인프라, 원자재가 투자대상이었으나 근래에는 유니콘 투자에도 적극적이다. 사우디의 국부펀드가 우버에 35억

기업 성장 단계별 투자 개념도

펀드구분		운용기관	기업 성장 단계	건당 투자 규모
벤처캐피털 펀드	스타트업 벤처펀드	벤처 캐피탈 (창업 투자 회사)	설립 단계	10억 원 이하
	중·후기 벤처 펀드		초기 단계	
	성장 펀드	신기술 금융사	성장 단계	50억 원
사모펀드	메자닌 펀드[5]	사모		200억 원
	바이아웃 펀드[6]		성숙 단계	1,000억 원 이상

달러를 투자한 것이 대표적인 사례다.

유니콘 기업에는 액셀러레이터, 엔젤투자자, 벤처캐피털, 사모펀드, 국부펀드 등 다양한 재무적 투자자와 세계적인 대기업, 그리고 기업 주도형 벤처캐피털도 상당한 금액을 투자하고 있다.

회사가 만들어진 초기에는 주로 엔젤투자자와 액셀러레이터들에 의해 투자가 이루어지지만, 미래 성장 가능성에 따라 벤처캐피털에 의해 높은 기업가치를 인정받은 기업들 중 극히 일부가 세계적인 규모의 사모펀드, 국부펀드, 기업 주도형 벤처캐피털로부터 수억 달러 내지는 수십억 달러의 투자를 이끌어내며 비로소 유니콘 기업으로 탄생한다. 유니콘은 다양한 투자자들로부터 최소 5~6회의 투자 혹은 많은 경우에는 수십 번의 투자로 만들어진다.

현재 유니콘 기업의 투자자를 분석해보면 크게 4곳으로 나눌 수 있다. 세계적 수준의 벤처캐피털, 사모펀드, 기업 주도형 벤처캐피털 CVC, 그리고 국부펀드이다.

다음 그림은 유니콘 기업에 대한 투자 횟수가 많은 벤처캐피털을 나타내는데 세콰이아 캐피털Sequoia Capital, 악셀Accel, 타이거 글로벌 Tiger Global Management, 텐센트홀딩스Tencent Holdings, 앤드리슨호로위츠 Andreessen Horowitz, 뉴 엔터프라이즈 어소시에이츠New Enterprise Associates, 클라이너퍼킨스Kleiner Perkins 등의 순으로 조사되었다.

보통 벤처캐피털은 '라운드Round' 방식으로 투자를 한다. 한 번의 투자로 그치는 것이 아니라 마치 권투에서 사용하는 라운드와 같이 1라운드, 2라운드, 3라운드와 같이 계속해서 여러 번에 걸쳐 투자를 진행하며 라운드마다 투자자 전체가 동일한 조건으로 투자를 하게 된다. 이것을 회사가 벤처캐피털로부터 투자를 받는 순서에 따라 시리즈 A, 그 이후 기업가치의 변화가 생긴 다음에 진행되는 후속 투자를 시리즈 B, 시리즈 C로 부른다.

다음 그림은 가장 많은 유니콘 기업에 투자한 투자자를 분석한 것이다. 앞의 자료는 같은 기업에 여러 번 투자했으면 참여한 횟수를 모두 포함하지만 이번 자료는 같은 회사에 여러 번 투자했더라도 횟수를 한 번으로 계산해 가장 많이 유니콘 포트폴리오를 보유한 투자자가 어디인가를 보여준다. 전략적 투자자인 중국의 텐센트홀딩스가 단연 돋보인다.

텐센트는 2019년에 엑시트된 유니콘 기업도 가장 많이 갖고 있었는데 47개 엑시콘 중 우버는 물론 리프트, 도우TV, 마오얀 등에 8곳에 투자해 압도적인 1위를 차지했다. 텐센트는 1998년 설립되어 유니콘 기업으로 등극한 후 2005년 6월 홍콩증권거래소에 상장한 IT 업체로 중국 최대의 SNS 회사이자 세계 1위 온라인 게임사이다. 7억 명이 넘는 중국 인터넷 사용자들에게 PC 버전의 메신저 QQ와 모바일

유니콘 투자사 순위-유니콘 투자 라운드 누적 참여 횟수[7]

투자자별 유니콘 투자 라운드 참여 횟수

기업현황: ■ 유니콘 ■ 상장 ■ 인수합병

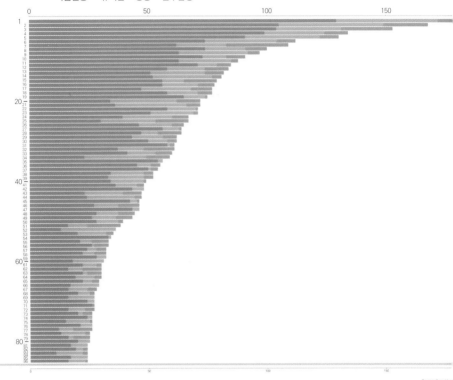

1 세콰이어 캐피털	23 IDG 캐피털	45 피델리티
2 악셀	24 인덱스 벤처스	46 소프트뱅크
3 타이거 글로벌 매니지먼트	25 SV엔젤	47 캐피털 G
4 텐센트홀딩스	26 메리테크 캐피털 파트너스	48 젠펀드
5 앤드리슨호로위츠	27 제너럴 애틀랜틱	49 GIC
6 뉴 엔터프라이즈 어소시에이츠	28 소프트뱅크 비전펀드	50 힐하우스 캐피털 그룹
7 클라이너퍼킨스	29 아이코니크 캐피털	51 워버그 핀커스
8 세콰이어 캐피털 차이나	30 치밍 벤처 파트너스	52 퍼스트 라운드 캐피털
9 베세머 벤처 파트너스	31 스파크 캐피털	53 유니온 스퀘어 벤처스
10 코슬라 벤처스,	32 제너럴 카탈리스트	54 사파이어 벤처스
11 DST 글로벌	33 레드포인트	55 SAIF 파트너스
12 파운더스 펀드	34 배터리 벤처스	56 DFJ 파트너스
13 라이트스피드 벤처 파트너스	35 노웨스트 벤처 파트너스	57 매트릭스 파트너스
14 IVP	36 와이콤비네이터	58 콜버그크래비스로버츠
15 T. 로웨 프라이스	37 알리바바그룹	59 펠리시스 벤처스
16 GV	38 스라이브 캐피털	60 순웨이 캐피털
17 테마섹홀딩스	39 베일리 기포드	61 e벤처스
18 골드만삭스	40 매트릭스 파트너스 파트너	62 인텔 캐피털
19 인사이트 파트너스	41 웰링턴 매니지먼트	63 서터 힐 벤처스
20 GGV 캐피털	42 코튜 매니지먼트	64 시노베이션 벤처스
21 벤치마크	43 모닝사이드 벤처캐피털	65 DCM 벤처스
22 그레이록 파트너스	44 세일즈포스 벤처스	66 TCV

67 퍼스트마크
68 실리콘밸리 뱅크
69 드래고니어 인베스트먼트 그룹
70 슬로우 벤처스
61 YF 캐피털
62 그린옥스 캐피털
73 그린스프링 어소시에이츠
74 CRV
75 리빗 캐피털
76 블랙록
77 데이터 콜렉티브 DCVC
78 벤록
79 바이두
80 멘로 벤처스
81 가오롱 벤처스
82 호라이즌 벤처스
83 지오데식 캐피털
84 샌즈 캐피털 벤처스
85 G 스쿼어드
86 소셜 캐피털

유니콘 투자사 순위-포트폴리오 내 유니콘 개수[8]

투자자별 유니콘 포트폴리오 수

기업현황: ■유니콘 ■상장 ■인수합병

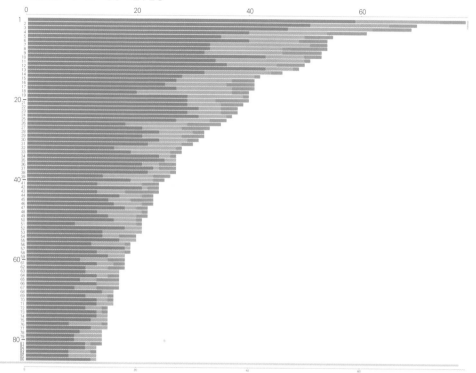

1 텐센트홀딩스	23 알리바바그룹	45 치밍 벤처 파트너스	67 매니지먼트 앤드 리서치 컴퍼니
2 타이거 글로벌 매니지먼트	24 파운더스 펀드	46 레드포인트	68 노웨스트 벤처 파트너스
3 세쿼이아 캐피털	25 GGV 캐피털	47 드래고니어인베스트먼트 그룹	69 137 벤처스
4 골드만삭스	26 코튜 매니지먼트	48 콜버그크래비스로버츠	70 인텔 캐피털
5 SV엔젤	27 메리테크 캐피털 파트너스	49 블랙록	71 500스타트업
6 테마섹홀딩스	28 GIC	50 매트릭스 파트너스 차이나	72 데이터 콜렉티브 DCVC
7 T. 로웨 프라이스	29 아이코니크 캐피털	51 워버그 핀커스	73 알티미터 캐피털
8 악셀	30 베세머 벤처 파트너스	52 모건스탠리	74 앤트 파이낸셜
9 클라이너퍼킨스	31 라이트스피드 벤처 파트너스	53 YF 캐피털	75 모닝사이드 벤처 캐피털
10 세쿼이아 캐피털 차이나	32 힐하우스 캐피털 그룹	54 G 스퀘어드	76 퀄컴 벤처스
11 DST 글로벌	33 그레이록 파트너스	55 TCV	77 TPG
12 앤드리슨호로위츠	34 인덱스 벤처스	56 순웨이 캐피털	78 카운터파트 어드바이저
13 소프트뱅크 비전펀드	35 소프트뱅크	57 사파이어 벤처스	79 CDH 인베스트먼트
14 제너럴 애틀랜틱	36 와이콤비네이터	58 젠펀드	80 호라이즌 벤처스
15 웰링톤 매니지먼트	37 코슬라 벤처스	59 바이두	81 글로벌 파운더스 캐피털
16 베일리 기포드	38 스라이브 캐피털	60 CICC	82 매트릭스 파트너스,
17 IVP	39 스파크 캐피털	61 실리콘밸리 뱅크	83 실버 레이크 파트너스
18 뉴 엔터프라이즈 어소시에이츠	40 세일즈포스 벤처스	62 펠리시스 벤처스	84 JP모건 체어스
19 피델리티	41 배터리 벤처스	63 그린스프링 어소시에이츠	85 글래이드 부룩캐피털 파트너스
20 IDG 캐피털	42 벤치마크	64 슬로우 벤처스	86 SAIF 파트너스
21 GV	43 제너럴 카탈리스트	65 지오데식 캐피털	
22 인사이트 파트너스	44 캐피털 G	66 DFJ 그로스	

버전의 위챗WeChat 서비스를 제공하고 있다. 텐센트가 2013~2014년 2년간 투자한 기업이 40곳이 넘었고 2019년에만 40개의 유니콘에 910억 달러를 투자해 유니콘계의 큰손으로 불리고 있다.

벤처캐피털과 사모펀드 같은 전문 투자자는 포트폴리오를 구성해 투자한다. 미국의 경우 일반적으로 펀드 하나로 10개 정도의 기업에 투자하는 것을 적정한 것으로 보고 있다(미국 실리콘밸리에서는 투자자들 사이에 손가락 숫자 이내의 포트폴리오를 구성하여 손바닥 보듯 자주 들여다봐야 한다는 격언이 있다). 수십 년 동안의 자료를 분석해보면 일반적으로 미국의 명성이 있는 벤처캐피털들이 10개의 스타트업에 투자를 한다면 5개 기업은 완전히 망하고 4개는 간신히 명맥만 유지하는 이른바 좀비 기업이 된다. 이 중 단 1개의 기업이 소위 대박을 터뜨리는 구조이다. 이를 5 : 4 : 1의 법칙이라고 한다.

예컨대 1,000억 원의 펀드로 10개의 스타트업에 기업당 100억 원을 투자하면 평균적으로 5개 기업은 완전히 손실이 나고(-500억 원), 4개는 투자금 정도만 회수할 수 있다(+400억 원). 따라서 투자자 입장에서는 나머지 한 군데 기업은 적어도 10배는 수익이 나야 펀드의 손실을 면할 수 있다.[7] 그래서 벤처캐피털의 비즈니스 모델을 할리우드 영화 사업에 빗대어 '블록버스터 모델Blockbuster business model'이라고도 한다. 이처럼 10개의 투자기업 중 한 곳은 최소한 10배 이상의 수익이 창출되어야 전체 수익율이 흑자로 돌아설 수 있다. 이런 성공한 기업을 투자자 관점에서는 펀드 메이커Fund Maker 혹은 드래곤Dragon이라 부른다.

물론 이런 드래곤을 만나는 것은 거의 기적에 가깝다. 5 : 4 : 1의 법칙이 실현되려면 한참 '몸값'이 오를 만큼 오른 기업에 투자해서는 그 가능성이 희박해진다. 10억 달러인 기업에 투자하면 그 10배인 100억 달러의 가치가 되어야 한다는 뜻이다. 만일 100억 달러짜리 기업이라면 나중에 최소 1,000억 달러 이상의 가치 평가를 받아야 한다는 의미다. '1,000억 달러' 체감을 위해 예를 들면 이렇다. 미국 최대 전기차 업체 테슬라는 2020년 1월 신차 출시 등으로 한참 주가가 고공행진을 했다. 이때 처음으로 시가총액 1,000억 달러를 돌파했다는 국내외 기사들이 쏟아졌고 미국「CNN」은 '이 세상 주식이 아니다.'라는 표현을 쓸 정도였다. 상장 전 주목받던 유니콘 테슬라는 2010년 상장할 때 시가총액은 22억 달러에 불과했다. 결국 스타트업이 막 기업공개를 하면서 1,000억 달러 수준의 가치를 인정받기란 불가능에 가깝다는 의미이다.

그렇다면 투자자들은 이미 투자가 많이 이루어진 유니콘에 왜 계속 투자할까? 첫째, 새로운 비즈니스 모델은 실패할 것이라는 다수의 예상 속에서도 알리바바나 페이스북처럼 놀라운 반전에 대한 기대감 때문이다. 둘째, 굳이 큰 수익을 내지는 못하더라도 유니콘을 알아보는 선구안을 투자실적track-record으로 증명하려는 욕구 때문이다. 셋째, 전 세계적인 양적완화QE로 인해 자금이 풍부하고 저금리와 저성장에 따른 대체투자AI가 폭발적으로 성장하고 있기 때문이다. 반면, NAV.VC의 공동창업자 존 배커스John Backus는 한 매체의 기고를 통해 '그 기업에 붙은 유니콘 로고를 획득하는 방법쯤으로 생각하고 있다'며 벤처캐피털의 유니콘 투자를 비판하기도 했다.

다음 표는 스타트업 초기에 투자하여 유니콘에 이른 투자 포트폴리오를 가장 많이 보유한 톱 10 투자자와 대표 유니콘 그리고 투자자별로 유니콘 수를 정리했다.

유니콘 투자 실적 톱 10

순위	투자자	기업									
1	타이거 글로벌 매니지먼트	UBER	JUUL	airbnb	stripe	Grab	Palantir	coinbase	instacart	商汤	OLA	+32 unicorn
2	텐센트홀딩스	滴滴	EPIC	GO-JEK	瓜子	满帮集团	链家	BYJU'S	UBTECH		OLA	+30
3	소프트뱅크	ByteDance	UBER	滴滴	wework	Grab	one97	瓜子	coupang	slack	DOORDASH	+28
4	세콰이어 차이나	ByteDance	airbnb	BITMAIN	dji	瓜子	满帮集团	easyhome	ZOOM BUS	VIPKID	快手	+25
5	세콰이어 캐피털	UBER	airbnb	stripe	coupang	instacart	DOORDASH	robinhood	houzz	fury		+23
6	클라이너퍼킨스	UBER	airbnb	stripe	EPIC	dji	instacart	DOORDASH	slack	magic leap	robinhood	+20
7	DST글로벌	airbnb	stripe	GO-JEK	瓜子	slack	DOORDASH	robinhood	OLA	fury	houzz	+19
8	피델리티 인베스트먼트	UBER	wework	airbnb	SPACEX	coupang	magic leap	intarcia	商汤	COMPASS	∅	+18
8	앤드리스호로위츠	airbnb	stripe	coinbase	instacart	slack	TANIUM	magic leap	robinhood	Fanatics	Opendoor	+18
10	웰링턴 매니지먼트	UBER	wework	airbnb	coupang	coinbase	slack	TANIUM	magic leap	SoFi	COMPASS	+16

(출처:「CB 인사이트」, 2019. 5. 기준)

투자사별 유니콘 투자 실적

#	투자사	유니콘 수	#	투자사	유니콘 수
1	타이거 글로벌 매니지먼트	42	25	T. 로웨 프라이스	18
2	텐센트홀딩스	40	26	IDG 캐피털	18
3	소프트뱅크 그룹	38	27	싱가포르투자청	18
4	세콰이아 캐피털 차이나	35	28	스라이브 캐피털	17
5	세콰이아 캐피털	33	29	아이코닉 캐피털	17
6	클라이너퍼킨스	30	30	코아튜 매니지먼트	17
7	DST 글로벌	29	31	캐피털 G	17
8	피델리티 인베스트먼트	28	32	알리바바 그룹	17
9	앤드리슨호로위츠	28	33	스파크 캐피털	15
10	웰링턴 매니지먼트 컴퍼니	26	34	치밍 벤처 파트너	15
11	악셀	24	35	인사이트 파트너스	15
12	SV 엔젤	23	36	코슬라 벤처스	14
13	인스티튜서널 벤처 파트너스	23	37	제너럴 카탈리스트	13
14	구글 벤처스	23	38	워버그 핀커스	12
15	골드만삭스	23	39	선웨이 캐피털 파트너스	12
16	뉴 엔터프라이즈 어소시에이트	22	40	콜버그크래비스로버츠	12
17	GGV 캐피털	22	41	베세머 벤처 파트너스	12
18	제너럴 애틀랜틱	21	42	쉐어스포스트	11
19	테마섹 홀딩스	20	43	리빗캐피털	11
20	힐하우스 캐피털	20	44	라이트스피드 벤처 파트너스	11
21	인덱스 벤처스	19	45	그레이록 파트너스	11
22	파운더즈 펀드	19	46	G 스퀘어드	11
23	밸리 기포드	19	47	드래고니어 인베스트먼트 그룹	11
24	와이콤비네이터	18	48	배터리 벤처스	11

(출처: 「CB 인사이트」, 2019. 5. 기준)

4

대기업과 유니콘

초창기 유니콘 기업은 주로 펀드 규모가 큰 벤처캐피털의 투자에 의해 기업가치 10억 달러에 도달했지만, 최근에는 그 양상도 더욱 다양해지고 있다. 기존 대기업들이 한계를 극복하거나 새로운 시장을 개척하기 위해 전략적으로 유니콘 기업에 투자한다. 구글, 애플, 페이스북, 아마존으로 대표되는 디지털 자이언트와 휴렛패커드, 시스코, IBM과 같은 거대 IT 기업들은 물론 중국의 3대 IT 기업으로 손꼽히는 바이두, 알리바바, 텐센트가 전략적 투자자로서 유니콘에 대한 영향력을 강화시켜가는 것이 대표적인 예라고 할 수 있다.

또한 월마트, 유니레버, GM 등 전통적인 거대 기업들이 쇠락하는 기업 경쟁력을 강화하기 위해 유니콘 기업을 인수하거나 투자하는 전략을 '유니콘 헤지Unicorn Hedge'라 한다. 최근에는 많은 오프라인 대기업들이 유니콘 헤지 차원에서 유니콘 투자에 적극적이다. 유니레버의

테크 자이언트들의 주요 대형 인수합병

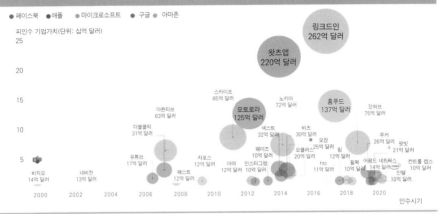

페이스북, 아마존, 마이크로소프트, 구글, 애플의 10억 달러 이상 인수 사례
풍선 크기는 최대 기업가치를 나타냄

● 페이스북 ● 애플 ● 마이크로소프트 ● 구글 ● 아마존

피인수 기업가치(단위: 십억 달러)

링크드인
262억 달러

왓츠앱
220억 달러

스카이프
85억 달러

홈푸드
137억 달러

모토로라
125억 달러

노키아
72억 달러

깃허브
75억 달러

아콴티브
63억 달러

넥스트
32억 달러

비츠
30억 달러

루커
26억 달러

더블클릭
31억 달러

웨이즈
10억 달러

모징
25억 달러

핏빗
21억 달러

유튜브
17억 달러

오클러스
20억 달러

링
12억 달러

자포스
12억 달러

인스타그램
10억 달러

어펌드 네트웍스
14억 달러

컨트롤 랩스
10억 달러

아머
12억 달러

htc
11억 달러

필팩
10억 달러

인텔
10억 달러

비지오
14억 달러

네비전
13억 달러

패스트
12억 달러

2000   2002   2004   2006   2008   2010   2012   2014   2016   2018   2020

인수시기

(출처: 「CB 인사이트」)

달러 쉐이브 클럽Dollar Shave Club 인수(10억 달러), 월마트의 제트닷컴 Jet.com 인수(30억 달러), GM의 자율주행차 스타트업 크루즈 오토메이 션Cruise Automation 인수(10억 달러)와 리프트Lyft 투자(5억 달러) 등이 대표적이다.

전통적인 대기업뿐 아니라 이른바 FAMGA(페이스북, 아마존, 마이크로소프트, 구글, 애플)로 불리는 테크 자이언트 기업들도 지난 30년 동안 인수한 기업이 총 770개에 달한다. 최근 코로나19 사태 속에서도 2020년에 가장 왕성하게 인수합병에 나서는 기업으로 애플이 꼽히는 등 유망 스타트업을 향한 움직임은 여전하다.

위 그림과 같이 이들 테크 자이언트들이 10억 달러 이상의 가치로 인수한 기업들은 총 29개인데, 마이크로소프트가 11개로 가장 많다. 구글(8개), 페이스북과 아마존(각각 4개)이 뒤를 잇는다. 애플은 비츠(30억 달러)와 인텔의 스마트폰 모뎀 사업부(10억 달러) 인수 등 2개뿐이다.

최대 인수가는 마이크로소프트의 링크드인 인수(260억 달러)이며 다음으로 페이스북의 왓츠앱(220억 달러)과 아마존의 홀푸드(137억 달러) 인수가 2, 3위로 알려져 있다. 테크 자이언트가 인수한 최초의 10억 달러 이상 기업은 비지오(마이크로소프트가 인수)이며, 가장 최근 사례 또한 마이크로소프트가 2020년 3월 14억 달러에 인수한 5G 클라우드 전문 기업인 어펌드 네트웍스가 기록했다.

국내에서도 삼성전자나 현대자동차 등이 유니콘 투자에 많은 관심을 보이고 있다.

현대자동차 해외 유망 스타트업 투자 현황

현대차 미래형 자동차 분야 투자 현황		
업체명	사업 분야	국가
그랩	카헤일링(차량호출)	싱가포르
카넥스트도어	차량공유	호주
레브	차량공유	인도
미고	모빌리티 서비스	미국
메쉬코리아·임모터	라스트마일	한국·중국
오토톡스	차량용 통신·반도체 설계	이스라엘
시매틱스	딥러닝 엔진 개발	이스라엘
메타웨이브	레이더	미국
옵시디언	열화상센서	미국
사운드하운드	인공지능 음성인식	미국
웨이레이	홀로그램 증강현실	스위스
솔리드파워	차세대 배터리	미국
아이오닉머티리얼	전고체 기술	미국

5

성공한 유니콘: 엑시콘

엑시트exit란 투자금을 회수하는 것을 말한다. 엑시콘exicorn은 엑시트와 유니'콘'의 합성어로 성공한 유니콘을 의미한다. 엑시트는 주로 주식시장에 기업을 공개하거나 다른 회사에 매각을 통해 이루어지는데 이를 통해 투자자는 물론 회사를 창업한 앙트레프레뉴어들도 지금까지에 대한 보상을 받는 것이다. 스타트업의 창업자나 투자자는 회사가 단지 유니콘이 되었다고 해서 성공한 것이 아니다. 유니콘 기업이 주식시장에 상장이 되거나 다른 기업에 매각되어야만 비로소 성공한 유니콘이 되는 것이다. 유니콘이 모두 성공적인 엑시트를 하는 것은 아니기 때문이다. 유니콘이 되었다가 파산을 하는 기업도 있고, 목숨만 붙어 있는 좀비기업이 되는 경우도 많기 때문이다. 그래서 무엇보다도 중요한 것은 유니콘보다 엑시트에 성공한 엑시콘이 되는 것이다.

2019년 엑시콘은 47개사였는데 기업공개가 31개사(64%)였고 인수합병이 16개사(34%)였다. 과거의 기록에서도 인수합병보다는 기업공개에 의한 엑시트가 많은 편이었다. 2009년부터 2019년 5월까지 엑시트에 성공한 유니콘 기업은 총 204개사로 기업공개가 60%였고 인수합병이 40%였다. 2019년 인수합병으로 엑시트에 성공한 16개 기업 중 9개는 기업가치가 알려졌다. 그중 배달의민족을 운영하는 우아한형제가 40억 달러로 1위다. 2위는 수술용 로봇 스타트업 오리스헬스(34억 달러), 3위는 반려동물 스타트업 츄이(33억 5,000만 달러), 4위는 모빌리티 스타트업 카림(31억 달러), 5위는 빅데이터 분석 스타트업 루커(26억 달러)로 나타났다. 아울러 이들 47개 엑시콘들의 기업가치를 모두 합산하면 296조 원으로 집계되었다. 평균적으로는 평가받던 기업가치의 2배 이상으로 회수된 것으로 나타났다.

비바리퍼블리카, 야놀자, 무신사, 미미박스, 마켓컬리, 마이리얼트립, 직방 등 국내 유니콘이나 예비 유니콘은 거의 예외 없이 외국 자본이 성장을 이끌고 있다. 최근에 엑시콘이 된 배달의민족과 관련하여 독일의 딜리버리히어로에 경영권을 매각하면서 배달의민족에 투자를 했던 싱가포르투자청, 힐하우스 캐피털, 알토스벤처스, 골드만삭스가 '투자 대박'이 났다는 기사들이 이어졌다.

해외 유니콘들도 마찬가지다. 상장 전까지 부동의 유니콘 1위였던 우버의 성장에 사우디아라비아의 4조 원과 일본 소프트뱅크의 8조 원이 큰 몫을 해냈다. 중국의 대표 IT 기업 알리바바도 1999년 소프트뱅크로부터 2,000만 달러의 투자를 받았다. 2020년 4월 기준 소프트뱅크 그룹이 보유한 주요 기업들의 지분 가치는 총 300조 원에 달한다. 중국의 텐센트 역시 2001년 남아프리카 공화국 내스퍼스로부터 3,200만 달러의 투자를 받았다. 2020년 2월 기준 내스퍼스의 지분가치는 160조 원 수준으로 알려졌다. 이처럼 세계 시장을 상대로 한 거대 자본의 흐름은 자연스러운 것이다. 자국의 스타트업에 투자하는 해외 투자자들이 많다는 것은 그만큼 매력적인 기업이 많다는 사실로 받아들여야 한다. 투자가 없으면 성장도 없다.

배달의민족은 국내 유니콘이 나아갈 가장 모범적인 엑시콘 사례를 보여주었다. 2019년 연말 독일의 온라인 배달음식 서비스 기업 딜리버리히어로는 '배민'의 우아한형제들 지분 100%를 40억 달러(약 4조 7,500억 원)에 인수한다고 밝혔다. 우아한형제들은 2011년 자본금 1억 8,000만 원으로 설립돼 이듬해 미국의 알토스벤처스와 국내 자본인 IMM인베스트먼트 그리고 스톤브릿지캐피털로부터 20억 6,000만 원의 초기 펀딩을 완료했다. 이어 2014년 초 기존 주주와 함께 일본 사이버에이전트 벤처스가 새로운 주주로 합류하며 120억 원을 추가 펀딩했고 같은 해 골드만삭스가 400억 원을 투자해 우아한형제들의 2대 주주가 되었다. 2016년 4월에는 중국의 힐하우스 캐피털 컨소시엄으로부터 570억 원을 투자받았고 2017년 10월에는 네이버에서 360억 원을 투자받았다.

최대주주인 힐하우스 캐피털은 우아한형제들의 기업가치가 3,500억 원 수준이던 2016년에 570억 원 투자로 최대주주에 올랐다. 이후 2017년 기존 투자자들로부터 500억 원 규모의 구주를 매입하며 지분을 늘렸고, 2018년 말에는 세쿼이아 캐피털 등과 함께 3,600억 원을 추가로 투자하면서 25%가량의 지분을 보유하는 것으로 알려졌다.

우아한형제들 투자 유치 (단위 억 원)

투자자	금액	시기
본엔젤스	3	2011. 07
알토스벤처스, 스톤브릿지캐피털, IMM인베스트먼트 등	21	2012. 02
알토스벤처스, 스톤브릿지캐피털, IMM인베스트먼트 사이버 에이전트 벤처스 등	120	2014. 02
골드만삭스PIA, KTB네트워크	400	2014. 11
힐하우스 캐피털	570	2016. 04
네이버	360	2017. 10
힐하우스 캐피털, 세콰이아 캐피털, 싱가포르투자청 등	3,600	2018. 12

배달의민족 개요

설립	2011
창업자	김봉진
업종	음식배달 앱
매출	3,192억 원 (2018년)
영업이익	585억 원 (2018년)
매각가	4조 7,500억 원

이번 인수합병으로 예상되는 투자회수 금액은 투자자들 중 가장 큰 약 1조 원이다. 투자 원금 대비 10배 이상을 회수하는 셈이다.

골드만삭스는 2014년 11월부터 투자에 합류했다. 당시 투자금은 약 400억 원으로 5년 만에 18배 이상의 투자 수익을 거둔 셈이다. 투자 대비 최대 수혜 기업은 초기에 투자를 감행한 알토스벤처스이다. 2012년 2월 스톤브릿지벤처스와 함께 총 21억 원을 처음 투자했고, 2014년 3월 후속 라운드에서도 IMM인베스트먼트와 일본 사이버 에이전트 벤처스 등과 총 120억 원을 투자했다. 알토스벤처스는 이번 매각으로 약 9,500억 원을 회수하여 투자 원금 대비 142배를 벌어들일 것으로 예상된다. 그러나 진짜 최대 투자수익의 주인공은 2011년 갓 창업한 우아한형제들에 3억 원을 출자한 본엔젤스다. 예상 회수액

딜리버리히어로는 2011년 5월 독일 베를린에 설립된 스타트업으로서 2017년 상장됐다.

3,060억 원으로 투자 8년 만에 원금 대비 약 1,020배의 투자 수익을 기록하는 셈이다.

참고로 딜리버리히어로는 2011년 5월 독일 베를린에 설립된 스타트업으로서 2017년 상장되었다. 이 회사는 전형적으로 인수합병을 통해 성장했는데 지금까지 독일 리퍼헬트Liferheld, 영국 헝그리하우스hungryhouse, 독일 푸도라Foodore, 피자Pizza.de 등 24개 기업을 사들였다. 이미 국내 2, 3위 배달 앱인 요기요(2012년), 배달통(2014년)을 인수한 바 있다. 현재 40개국에서 28개 브랜드를 운영 중인 딜리버리히어로는 2019년 12월 우아한형제의 국내외 투자자 지분 87%를 인수하고 경영진 보유 지분 13%를 본사 지분으로 전환하기로 했다.

일부에서는 이번 거래로 배달의민족이 '게르만민족'이 되었다거나 유니콘에서 '탈락'했다는 표현을 쓰는데, 이런 비판은 유니콘 생태계를 제대로 이해하지 못해서 생겨난다고 생각된다. 기업이 급성장하면

국내 유니콘 기업[11]

	기업	기업가치(10억 달러)
1	쿠팡	9
2	크래프톤	5
3	옐로모바일	4
4	무신사	2
5	비바리퍼블리카	2
6	위메프	2
7	에이프로젠	1
8	지피클럽	1
9	L&P 코스메틱	1
10	티몬	1
11	야놀자	1
엑시트	우아한형제들	3

서 여러 번의 투자를 받으며 유니콘에 오른 배달의민족은 87%의 지분을 보유한 외부 투자자의 엑시트가 최우선 과제가 될 수밖에 없다. 투자자를 엑시트 시키려면 상장을 하거나 인수합병을 해야 한다.

그렇다면 국내에서는 어떤 엑시트 방법이 존재할까? 첫째, 국내 주식시장에 상장하기는 가능할까? 2020년 2월 1일 기준 유니콘 반열에 오른 국내 기업은 모두 11개로 파악된다(우아한형제들 제외). 그런데 아직까지 국내 상장을 한 유니콘은 한 곳도 없다. 업계에서는 오히려 해외 시장에서의 엑시트 가능성을 더 높게 보고 있다. 국내 증시가 외면받는 가장 큰 원인은 무엇일까? 결국 '제값'을 받기 어렵다는 데 있다. 기업이 국내 증시에 상장하려면 매출과 자기자본 등 몇 가지 요건을 갖춰야 한다. 물론 2017년 '테슬라 요건 상장'[10] 제도 등 최근 스타트업의 상장 문턱은 과거에 비해 크게 낮아졌다. 하지만 만약 우아한 형제들이 인수합병이 아니라 국내 상장을 선택했다면 어땠을까? 외국계 인수기업이 인정한 우아한형제들의 기업가치가 과연 국내 증권시장에서 비슷하게라도 형성될 수 있을까? 한마디로 불가능에 가깝다. 4조 7,500억 원은 코스닥 시장으로 따지면 두 번째로 높은 수준인데 국내 증권 시장 규모와 구조상 그만한 기업가치가 책정될 가능성은 거의 없다. 지난 10년 동안 국내 기업공개 시장에서 공모 규모가 1조 원을 넘은 경우는 총 8건에 불과했다. 2010년 5조 원에 가까운 공모자금을 모은 삼성생명의 기업공개(공모 규모 4조 8,881억 원)가 부동의 1위를 지키고 있으며 넷마블(2조 6,617억 원)과 삼성바이오로직스(2조 2,496억 원)가 뒤를 잇고 있다.

둘째, 국내 대기업이 인수합병을 하는 방법인데 이 또한 불가능에 가깝다. 설립 10년 차의 스타트업에 거의 5조 원을 배팅할 만한 국내 투자자가 과연 있을까? 인수가 4조 7,500억 원은 HDC현대산업개발과 미래에셋대우 컨소시엄이 금호산업으로부터 아시아나항공을 인수한 가격(2조 5,000억 원)의 2배에 달하고, 2014년 카카오의 다음 인수가 3조 1,000억 원을 훌쩍 뛰어넘는 금액이다. 결국 우아한형제들의 엑시트는 축하할 일이다. 특히 유니콘이 된 지 1년도 안 돼서 놀랄 만한 인수금액을 인정받은 점은 유니콘이라는 반환점을 지나 완주의 결승점을 통과하는 모범 사례로 손색이 없다. 한마디로 유니콘 생태계의 '게임의 법칙'을 충실히 따라간 성공 사례이다.

유니콘 투자는 스타트업과 투자자 등 철저하게 '그들만의 리그'가 펼쳐지는 곳이다. 여기에는 아직 공식적인 주식시장이나 일반 투자자들이 개입될 여지가 없다. 따라서 유니콘에 대해 제대로 이해하기 위해서는 그들만이 참여하고 그들만의 룰이 적용되는 그들만의 '게임의 법칙'을 이해할 필요가 있다. 유니콘을 처음 정의한 에일린 리가 2015년 두 번째 기고문에서 언급한 '페이퍼 유니콘'처럼 실체 없이 종이 위에서만 부풀려지는 가치 평가에 과도한 관심이 집중되는 측면도 있다. 유니콘 반열에 오르는 것은 해당 기업은 물론 투자자에게도 분명 명예로운 일이다.

하지만 유니콘은 종착역이 아니다. 눈에는 보이지만 그렇다고 만질 수는 없는, 여전히 환상 속에 존재하는 것이 유니콘이다. 결국 더 관심을 기울여야 하는 대상은 환상 속 유니콘이 아니라 냉엄한 현실 위에서 '해결사' 역할을 수행할 펀드 메이커(드래곤)일 것이다.

"드라이버는 쇼이고 퍼팅이 돈Drive for show and putt for dough이다."라는 골프 속담이 있다. 호쾌한 드라이버 샷은 그저 과시용일 뿐이며 퍼팅을 잘해야 돈을 딴다는 의미이다. 지금까지 '그들만의 리그'에 따르면, 유니콘은 결국 남들의 부러운 시선을 끄는 드라이버샷일 뿐일지도 모른다. 그렇다면 누가 주머니를 두둑하게 만들어줄까? 앞서 속담을 빌리자면 "유니콘은 쇼이고 엑시콘은 돈Unicorns are for show. Exitcorns are for dough이다."에 해답이 있을 것이다. 결국 궁극적으로 찾아야 할 대상은 화려한 '유니콘'과 묵묵히 수익을 견인하는 펀드 메이커인 '드래곤'을 겸비한 기업, 이를테면 '유니래곤Uniragon'이다.

6

실패한 유니콘: 유니콥스

유니콥스Unicorpse는 유니콘Unicorn과 시체Corpse의 합성어로 죽은 유니콘, 즉 실패한 유니콘을 뜻한다. 유니콘 신드롬이 일면서 유니콘 버블론도 만만치 않다. 논란의 시작은 끝없이 급격한 성장세를 이어오던 대표 유니콘들의 가치가 주춤하던 시기였다. 2015년 우버가 510억 달러, 샤오미가 460억 달러, 에이버앤비가 255억 달러에 멈추자 유니콘 가치 평가에 버블이 끼었다는 지적이 고개를 들었다. 유니콘 광풍의 조짐에 적지 않은 사람들은 저주에 가까운 독설을 하며 유니콘에 대한 경계를 드러냈다. 클라우드 컴퓨팅 기업인 세일즈포스Salesforce의 CEO인 마크 베니오프Marc Benioff는 다수의 죽은 유니콘들dead unicorns이 나타날 것으로 내다보았다. 또 실리콘밸리의 유명 투자자인 빌 걸리Bill Gurley는 "2015년에는 최소한 하나 이상의 '죽은 유니콘'을 보게 될 것이다."라고 예상한 바 있다. 그는 "실리콘밸리의 낙관주의가 유니콘 기업들의 죽음을 불러올 것"이라며 부정적인 전망을 내놓았다. 또한 기업공개로 가지 않는 유니콘을 대학 학부를 7, 8년 동안 다니는 학생에 비유하며 아무런 가치를 창출하지 못하는 것이라고 비판했다.

구글의 초창기 투자자로 유명한 세쿼이아 캐피털의 마이클 모리츠 Michael Moritz 회장도 유니콘 신화의 허상을 문제 삼았다. 그는 글로벌 금융위기의 단초가 된 미국 서브프라임 모기지(비우량 주택담보대출) 사태를 빗대 터무니없이 기업가치를 부풀린 유니콘을 '서브프라임 유니콘'이라 부르며 멸종이 임박했다고 경고했다. 모리츠 회장은 스타트업의 절제를 위해서는 기업공개를 통해 공개시장의 감시를 받는 게 도움이 될 것이라고 강조했다. 한편 스타트업 전문 매체 「CB 인사이트」는 2015년 이후 기업가치가 하락한 스타트업을 지속적으로 추적해 다운라운드 트래커 사이트에 업데이트하고 있다. 외신들은 닷컴버블이 꺼지던 2000년대 초반에 이런 사이트가 있었던 점을 거론하며 "유니콘이 멸종 위기에 처할 수 있다."라고 경고하고 있다.

최근 사무실 공유를 비즈니스 모델로 삼으며 공유경제의 선두주자로 꼽히던 위워크의 기업공개 실패는 유니콘 거품론에 힘을 실어주고 있다. 위워크는 2010년 뉴욕 맨해튼에서 사업을 시작해 창업 10년 만에 33개 국가의 127개 도시에 625개 이상의 지점을 운영하는 세계 최대 공유 사무실 기업으로 성장했다. 국내에도 2016년 8월 사업을 시작해 2020년 3월까지 19개 지점을 선보여 활황을 맞는 분위기였다. 사세가 확장되면서 소프트뱅크에서 100억 달러의 투자를 유치했고 '차세대 알리바바'라는 평을 듣기도 했다. 하지만 2019년 8월 기업공개를 준비하며 잡음이 일기 시작했다. 위워크가 제출한 재무정보로

만성 적자에 시달리고 있음이 알려졌다. 공유경제를 표방하지만 위워크 자체는 사무실을 임대해야 사업을 확장할 수 있으므로 막대한 비용이 드는 것은 당연한 것이었다. 위워크는 기업공개 계획을 철회했고 창업자는 퇴출당했으며 직원의 19%는 구조조정에 들어갔다.

그리고 위워크 사건은 대규모 투자금을 유치하고 기업가치를 인정받는 스타트업에 대한 불신을 낳았다. 위워크 사건 이후 몇몇 유니콘들의 나쁜 성적표가 다시 들춰지고 있다. 30억 달러의 기업가치를 인정받던 세계 1위의 공유자전거 기업인 오포는 2019년 12월 자금 부족을 이유로 창업 5년 만에 파산을 신청했다. 2019년 기대 속에 상장한 리프트 역시 주가가 폭락했다. 홈 피트니스 업체인 펠로톤도 상장하자마자 주가가 11% 가까이 하락하기도 했다. '전자담배 시장의 애플'로 불리던 '쥴랩스'도 주요 유통 채널에서 줄줄이 퇴출당하면서 어려움을 겪고 있다.

일부에서는 쿼키Quirky를 유니콘 시체, 즉 유니콥스의 예로 거론하지만 엄밀히 보자면 부적절하다. 2009년 설립되어 2015년 문을 닫은 쿼키는 한때 주목받는 기업이었던 점은 사실이지만 유니콘이었던 적은 없기 때문이다. 아직까지 유니콘에 진입했다가 완전히 문을 닫은 기업은 테라노스Theranos, 포와 테크놀러지Powa Technologies, 오포Ofo 단 3개로 파악된다. 바이오 스타트업으로 이름을 날렸던 테라노스의 창업자 엘리자베스 홈즈Elizabeth Holmes는 스탠퍼드대학 화학과 출신의 재원이었다. 2003년 19세의 나이로 바이오 스타트업 테라노스를 창업했다. 피 한 방울로 260여 개 질병을 진단할 수 있는 메디컬 키트를 개발했다고 홍보해 실리콘밸리의 대표적 혁신 기업으로 부각되었다.

유니콥스가 된 테라노스 창업자 엘리자베스 홈즈

당시 기업가치는 90억 달러까지 치솟았고 엘리자베스 홈즈는 지분의
절반 이상을 보유해 최연소 여성 억만장자로 이름을 올리기도 했다.
하지만 2015년 내부 직원이 실험 결과 조작과 타사 기술 이용에 대해
고발하면서 사건이 불거졌다. 『월스트리트저널』은 테라노스의 키트가
실제로 진단할 수 있는 병은 가장 기초적인 10여 종에 불과하다는 고
발 기사를 냈고, 기업가치는 0으로 추락했다. 투자자금이 빠져나가고
각종 소송에 휘말리면서 매각에도 실패해 결국 파산선고를 받았다.

　그렇다면 유니콘 버블 그리고 유니콥스의 출현으로 가장 큰 피해를
볼 주체는 누구일가? 바로 유니콘에 직접 투자한 이들이다. '그들만의
리그'에 참여하고 있는 벤처캐피털, 사모펀드, 기업 주도형 벤처캐피
털, 그리고 국부펀드이다. 유니콘이 기업공개를 하기 전에는 일반 사
람들이 피해를 볼 일은 없다. 더욱이 엄밀히 말하면 기업공개를 하게
되면 더 이상 유니콘이 아니다. 그렇다면 유니콘 버블 및 '유니콘의 시
체'를 가장 고민해야 할 주체도 '그들'이다. 유니콘은 대기업과 비교하

유니콘 대부분은 적자 상태이고 유니콘이 만드는 일자리는 긱 이코노미에 적합한 형태의 비중이 크다.

여 고용 창출을 많이 하거나 세금을 많이 내는 것도 아니다. 기술 혁신을 통한 생산 유발 효과가 큰 경우도 많지 않다. 유니콘 대부분은 적자 상태이고 유니콘이 만드는 일자리는 긱 이코노미Gig Economy[12]에 적합한 형태의 비중이 크다.

그렇다면 누군가 "유니콘 버블이 두려우니 투자를 자제하세요."라고 말해야 하는 것일까? 이것은 소더비 경매 참여자에게 일반인이 "그림 값에 거품이 꼈어요. 사지 마세요."라며 어줍잖은 충고를 하는 격이다. 유니콘에 베팅하는 투자자들은 오랜 경험과 예술에 가까운 투자 전략을 토대로 위험을 감수하고 투자에 임한다. 성패에 대한 책임도 오롯이 그들에게 돌아간다. 투자한 유니콘의 재무제표에 적자가 나와도, 심지어 유니콥스가 되어도 피해는 투자한 '그들'의 몫이다. 피카소의 그림 값이 '떡락'하여 휴지조각이 된들 대중의 일상에 무슨 영향이 있을까?

7

차세대 유니콘: 퓨처 유니콘

스타트업 정보 사이트 「크런치베이스」는 앞으로 유니콘 대열에 올라설 스타트업을 '이머징 유니콘'으로 분류하여 소개하고 있다. 5~10억 달러 수준으로 가치 평가를 받는 기업들이 대상이다. 2020년 2월 1일 기준 180개 기업이 명단에 이름을 올렸다. 국가별로는 미국이 108개(60%)로 가장 많았으며 다음으로 중국 19개(11%), 인도 17개(9%) 순으로 뒤를 이었다. 한국은 1개 기업뿐인데 이 리스트가 미국과 중국 중심으로 편중되어 국내 퓨처 유니콘들의 반영이 미흡한 점은 아쉽다.

이머징 유니콘 기업은 주로 서비스, 공유경제 플랫폼, 소프트웨어 분야에 집중돼 있었다. 구체적으로는 금융 서비스 20개(11%), 교통·운송 영역이 15개(8%), 소프트웨어 15개(8%), 커머스·쇼핑 13개(7%), 소비자 인터넷 13개(7%) 순이었다. 현재와 마찬가지로

1970년대 장기 침체에 허덕이던 미국에 단비처럼 나타난 기업이 빌 게이츠와 폴 앨런의 마이크로소프트(1975년)였다. (출처: 위키피디아)

2001년 10월에 스티브 잡스는 뮤직 생태계 전체를 뒤바꿀 MP3 플레이어 아이팟을 세상에 내놓았다.

당분간은 다양한 영역에서 플랫폼 중심의 비즈니스 형태로 새로운 유니콘들이 출현할 것이다. 특히 기존 산업의 영역을 넘어 모든 것을 제품화하여 서비스하고 공유할 수 있는 플랫폼은 앞으로도 핵심적인 비즈니스 모델로 자리잡을 것이다.

왜 전세계가 장기 저성장의 뉴노멀을 지나 세계적인 불확실성이 지배하는 뉴 애브노멀 시대일수록 유니콘 기업에 주목하는지 지속적으로 관심 있게 지켜봐야 한다. 창조적인 아이디어와 비즈니스 모델로 무장한 유니콘은 새로운 시장을 만들고 미래를 열어가고 있다. 역사적으로도 불황의 시기마다 세상에 흔적을 남길 법한 기업들이 나타난 경우가 적지 않다. 1970년대 장기 침체에 허덕이던 미국에 단비처럼 나타난 기업이 빌 게이츠Bill Gates와 폴 앨런Paul Allen의 마이크로소프트(1975년)였다. 그뿐만 아니라 지금도 혁신의 대명사로 불리는 애플 또한 같은 시기에 모습을 드러냈다. 세계가 닷컴 버블의 공포에 휩싸였던 2001년 10월에 스티브 잡스Steve Jobs는 뮤직 생태계 전체를 뒤바꿀 MP3 플레이어 아이팟을 세상에 내놓았다. 2008년 서브프라임 사태가 몰고 온 재정 붕괴의 시기에는 혁신적인 마케팅으로 무장한 그루폰Groupon이 탄생했다. 요즘 같은 코로나 바이러스 위기에는 온라인 화상 미팅 앱 줌Zoom과 업무용 메시징 앱 슬랙Slack 등이 빛을 발하고 있다.

이제는 더 많은 유니콘뿐 아니라 더 다양한 영역에 걸쳐 더 풍족한 퓨처 유니콘 군을 양성하는 데 우리의 자원과 관심을 집중해야 한다. 국내외 프로 스포츠에서 장기간 우승을 놓치지 않는 구단을 '왕조'로 칭하곤 한다. 왕조들의 하나 같은 공통점은 언제든 주전을 꿰찰 준비가 되어 있는 두터운 2군, 3군 시스템을 평소에 준비한다는 것이다. 수면 위로 언제든 튀어오를 예비 유니콘들을 육성할 생태계를 갖추는 것이야말로 한국경제를 이끌어갈 새로운 성장 동력이 될 것이다.

8

모방을 통한 혁신: 카피캣

'카피캣'은 새끼 고양이가 어미 고양이의 모습을 유심히 관찰한 뒤 사냥기술을 그대로 흉내내는 모습에서 유래했다. 혹은 16세기 영국에서 경멸적인 사람을 가리키는 '고양이cat'에 복사copy가 더해져 모방자가 되었다는 주장도 있다. 카피캣 기업은 기존 기업의 비즈니스를 모방해 흡사한 기능과 서비스를 제공하는 패스트팔로어 기업을 말한다. 2011년 3월 애플이 신제품 아이패드2를 발표할 때 CEO였던 스티브 잡스가 삼성전자, 구글, 모토로라를 두고 카피캣이라 비난하면서 널리 사용되었다.

하지만 오늘날은 더 이상 조롱의 의미가 아니다. 후발 주자들은 적절한 시기에 적절한 서비스를 모방했고 동시에 스스로의 정체성을 확립하기 위해 혁신을 거듭해 성장했다. 글로벌 시장에서 '카피캣' 확산의 트리거 역할은 단연 우버의 몫이었다. 유니콘의 선두로서 우버가

카피캣은 2011년 3월 애플이 신제품 아이패드2를 발표할 때 CEO였던 스티브 잡스가 삼성전자, 구글, 모토로라를 두고 "카피캣"이라 비난하면서 널리 사용되었다. (출처: 테크놀러지뷰닷컴)

시장을 넓혀가자 우버의 비즈니스 모델을 모방한 기업들이 우후죽순 생겨났다. 스타트업 정보 공유 사이트들에 우버를 검색하면 수백 개의 연관기업들이 나온다. 카피캣들은 단순히 오리진 기업의 비즈니스 모델을 똑같이 따라하는 데서 그치지 않고 수익성이나 확장성을 보이는 비즈니스를 발빠르게 채택하고 자사의 역량과 접목시켜 시장을 주도하는 데 집중하고 있다. 이제는 신생 스타트업뿐 아니라 기존 대형 기업들도 이런 흐름에 동참하고 있다.

카피캣하면 중국을 빼놓을 수 없다. 중국을 움직이는 BAT(바이두, 알리바바, 텐센트) 모두 카피캣 전략으로 성장했다. 미국의 아마존과 이베이를 카피한 알리바바는 이베이의 중국 버전인 타오바오를 시작으

로 2006년 이베이를 중국 사업에서 철수시키며 중국 내 최고의 전자
상거래 업체로 발돋움했다. 대부분의 중국 유니콘들도 마찬가지인데
중국의 애플인 샤오미, 중국의 우버인 디디추싱, 중국의 렌딩클럽인
루팍스, 중국판 인스타그램 미아오파이 등 95% 이상이 카피캣 전략
으로 성공 가도를 달리고 있다. 중국뿐 아니라 인도, 한국, 일본, 동남
아를 아우르는 아시아권 국가에서도 이러한 카피캣 전략을 앞세운 유
니콘 기업들을 많이 찾아볼 수 있다.

　카피캣 전략은 공유경제 플랫폼에서 뚜렷하게 나타난다. 공유경제
서비스는 수준 높은 기술이나 막대한 자본이 필요하지 않아서 진입
장벽이 낮고 빠르게 비즈니스 모델을 정립할 수 있기 때문이다. 국내
에서도 카카오택시, 콜버스, 풀러스와 같은 차량 공유 서비스, 작닥을
표방한 굿닥, 똑닥, 한국판 중고장터 앱 헬로마켓, 음식배달 앱 배달의
민족과 딜리버리히어로가 세운 요기요와 배달통은 명백한 카피캣 모
델이다. 이들은 '새로운 무엇Something New'의 새로운 패러다임보다는
아직 국내에 선보이지 못한 혁신적 모델들을 가져와 한국 사정에 맞
게 현지화하며 주목받은 스타트업들이다.

　우버의 대표적인 카피캣인 디디추싱은 알리바바가 투자한 콰이디
다처와 텐센트가 투자한 디디다처가 2015년 합병해 탄생한 중국 최
대 차량 공유 서비스 업체다. 디디추싱은 우버에 대항하기 위해 싱가
포르의 그랩택시, 인도의 올라, 미국의 리프트와 거대한 반反 우버 연
합군을 형성했고 결국 2016년 우버차이나를 인수하기도 했다. 2020
년 5월 기준 560억 달러의 가치를 인정받으며 전체 유니콘 2위 자리
를 굳건히 지키고 있다.

택시매직과 카우치서핑은 우버와 에어비앤비의 오리진 기업들이다.

그런데 택시매직이나 카우치서핑 같은 기업을 들어본 적이 있는가? 각각 우버와 에어비앤비보다 먼저 차량과 주택 공유 서비스를 시작한 '오리진' 기업들이다. 이들은 퍼스트 무버라는 호칭도 얻지 못했고 유니콘 명단에 등록되지도 못했다. 그렇다면 우버의 트래비스 캘러닉이나 에어비앤비의 브라이언 체스키가 택시매직과 카우치서핑의 창업자들보다 더 열심히 일했고 미래를 더 정확하게 예측했던 것일까? 그렇지 않을 것이다. 스타트업의 승패는 실행력에서 나뉜다. 우버나 에어비앤비는 '공유 서비스'로 비즈니스 모델을 정한 뒤 시장을 주도하고 시장을 넓히는 데 집중했다. 수요자와 공급자를 하나로 모으는 플랫폼을 활용해 수많은 규제와 싸우면서 가장 빠르게 사업을 전환하고 수정해가며 규모의 경제를 창출했다. 카피캣들은 '따라한다'는 오명을 깨끗이 씻어내며 원조기업을 넘어서 무서운 속도로 성장하고 있다.

독일의 컴퍼니 빌더인 로켓인터넷Rocket Internet은 2007년 '창조적 모방'을 비즈니스 모델로 앞세우며 설립돼 2014년 10월 독일 주식시장에 상장했다. 주로 미국에서 성공한 스타트업 모델을 베껴 다른 나라에서 실행하는 것으로 유명하다. 즉 '카피캣'을 전문적으로 양산하는 일이 주업이다. 신속한 행보 덕분에 100여 개 회사를 만들어 매각 또는 상장시키면서 한때 기업가치가 5조 5,000억 원대로 올라가기도 했다. 그동안 매각하고 상장시킨 기업의 가치는 총 20조 원에 달한다. 선진 기업에서 성공한 비즈니스 모델을 그대로 카피하여 유럽, 아시아, 아프리카 등 신흥국 시장에 내놓는다. 직접 아이디어를 선정하고 현지 경영에 어울리는 적임자를 발굴해 비즈니스 모델을 수정하고 성과를 지속적으로 관리한다.

로켓인터넷은 신규 창업 아이템을 발굴해 시장에 내놓기까지 100일이 채 걸리지 않는 속전속결형 회사로 '카피캣 팩토리'라는 비판을 받기도 한다. 대표적으로는 유럽판 그루폰인 시티딜을 그루폰에 매각했고 독일 온라인 경매 사이트 알란도를 이베이에 매각했다. 동남아시아의 전자상거래업체 라자다그룹은 알리바바에 10억 달러로 인수됐다. 우버 출시 2년 뒤인 2011년 택시 앱 이지택시, 2004년 그럽허브가 등장하자 푸드판다와 딜리버리히어로를 출시했다. 2008년 에어비앤비 등장 후 2011년 윔두를 출시해 약 150개국에 서비스를 했다. 국내에서는 2010년 로켓인터넷코리아 설립 후 기업정보 서비스 업체인 잡플래닛, 화장품 정기배송 서비스인 글로시박스, 고급제품 소셜쇼핑기업인 프라이빗라운지를 선보였다.

로켓인터넷의 목표는 미국과 중국을 제외한 세계 최대의 인터넷 플랫폼이 되는 것이다. 스스로 카피캣임을 숨기지 않고 빠른 실행력과

로켓인터넷의 창업자 마크, 올리버, 알렉산더 잠버 삼형제
(출처: 로켓인터넷)

뛰어난 선구안으로 시장을 넓혀가고 있다. 우리도 카피캣이 베끼기 전략이라는 사고방식에서 하루빨리 벗어나 가치창출의 또다른 수단으로 인정할 필요가 있다. 무작정 따라하는 패스트 팔로어 전략은 선두 기업과 함께 빠르게 성장할 수는 있지만 지속 가능성에서는 우위를 점하기 어렵다. 카피캣 기업들은 단순히 따라하는 전략에서 벗어나 스스로의 정체성을 확립하고 계속해서 가치를 만들어나가는 데 주력하고 있다. 변화를 감지하고 빠르게 뛰어들어 자신만의 영역을 구축하는 카피캣들이 재평가되는 날이 머지않아 다가올 것이다.

2장

유니콘에 관한
질문들

1
유니콘은 왜 중요한가

유니콘의 정확한 의미가 무엇인가는 그다지 중요하지 않을 수 있다. 원래의 의미와 개념이 무엇이든지 일반 사람들은 유니콘이라 하면 혁신기업의 상징이며 성공한 스타트업의 아이콘으로 인식하고 있다. 그러면 현재 유니콘이 우리에게 주는 메시지는 무엇일까?

사람들은 좀 더 편안하고 안락한 세상을 원한다. 온갖 플랫폼이 등장하면서 쇼핑, 교육, 의료 등 우리의 모든 분야를 바꾸어놓고 있다. 미래는 오는 것이 아니라 만드는 것이라는 말이 있다. 보통 사람들은 시간이 지난 미래를 상상하기는 하지만 정확하게 어떤 세상이 펼쳐질지는 예상하기 어렵다.

현재 세상의 미래를 주도하는 2개의 집단이 있다. 하나는 아마존, 구글, 마이크로소프트 등과 같은 디지털 자이언트digital giant라 불리는 IT 분야의 대기업이 그 한 축이고 또 하나의 그룹은 앵클바이터ankle biter라 불리는 작지만 강하고 빠른 기업들로 주로 유니콘 기업이 이에 해당한다. 미래의 커다란 흐름은 디지털 자이언트가 만들고 디테일은 앵클바이터가 만들어간다. 경우에 따라서는 앵클바이터가 커다란 흐름을 만들어가고 디지털 자이언트가 뒤따라가기도 한다.

'발목을 물고 늘어지는 귀찮은 존재'라는 의미가 있는 앵클바이터들의 움직임이 심상치 않다. 과감한 도전정신을 가진 유니콘 기업들은 혁신적인 비즈니스 모델과 새로운 방식으로 기존 거대 기업들을 위협하며 결정적 순간에 발목을 잡아 끌고 있다. 4차 산업혁명이 도래함으로써 산업 간의 경계가 계속해서 무너지고 있고 미래에 새로운 유형의 비즈니스 모델을 갖춘 예상치 못한 경쟁자가 이제는 산업의 변화를 일으키며 새로운 시장을 주도하는 것이다. 유니콘들은 상대적으로 작지만 비대해진 기성 기업들을 상대로 파괴적 혁신을 주도하고 있다.

유니콘의 작은 날갯짓이 전세계의 운송수단과 음식배달 형태를 아주 짧은 시간에 완벽히 바꾸어놓았다. 우버의 새로운 비즈니스 모델이 전세계 표준으로 자리잡으며 다양한 분야에 적용되고 일자리를 만들고 있다. 이제는 우버나 배달의민족과 같은 O2O 플랫폼이 없는 세상을 상상하기 어렵다.

유니콘 기업은 젊은이들에게 꿈과 희망의 도전정신을 불러일으킨다. 주도적인 삶을 살면서 만약 성공한다면 엄청난 부와 명예를 얻게 되기 때문이다. 그래서 편리하고 안전한 세상을 만들기 위해 끊임없이 노력한다.

2

유니콘은 누가 지정하는가

2013년 유니콘이라는 신조어가 등장한 후, 어느 기업이 유니콘인지 사람들의 관심이 집중되었다. 그리고 정기적으로 유니콘에 오른 기업들을 집계하여 공식 발표하는 매체들이 등장했다. 「테크크런치」 『월스트리트저널』 「CB 인사이트」 「후룬 리포트」 등의 해외매체들이다.

「테크크런치」는 유니콘을 명명한 에일린 리의 기고문이 실린 매체로서 '크런치베이스 유니콘 리더보드The Crunchbase Unicorn Leaderboard[13]'를 통해 리스트를 발표한다. 광범위한 데이터를 수집할 뿐 아니라 업데이트도 가장 충실하며 명단에 오른 기업 수도 다른 매체에 비해 가장 많다. 기업의 가치 평가 자료는 공식 및 비공식 자료들을 모두 포함한다. 비공식 데이터를 표기하는 경우에는 별표를 통해 구분한다. 특히 동일 페이지에 '이머징Emerging 유니콘'과 '엑시트Exited 유니콘' 리스트를 함께 다루고 있다.

「테크크런치」 유니콘 리스트

The Crunchbase Unicorn Leaderboard

Today's Unicorns   Emerging Unicorns   Exited Unicorns

This curated leaderboard of private companies with post-money valuations of $1 billion or more is based on Crunchbase data. The list is updated whenever a company reaches or falls below the $1 billion mark.

Aileen Lee, founder of Cowboy Ventures, coined the term "unicorn" in her report on billion dollar startups on TechCrunch in late 2013.

Please reach out to feedback@crunchbase.com if a company is missing or if data needs updating. Valuations that have been widely reported but not officially confirmed are marked with an asterisk. Where known, the leaderboard captures the percentage increase in valuation between the current and the prior round.

COMPANIES	TOTAL VALUATION	TOTAL RAISED
584	**$2T**	**$430.3B**

Last updated 2020-03-19

Total Rounds in New Unicorn   Number of unicorn   Total Rounds Lead   Unicorns by Year

Filter by: Investors [Any]

Lead Investors [Any]

Country [Any]   Market [Any]

Company	Post Money Value	Valua-tion Change	Total Eq-uity Funding	Known Lead Investors	Coun-try	Market
ANT Financial TechCrunch Coverage	$150B* Jun 2018	150%	$18.5B	National Council for Social Security Fund (Series A) China Investment Corporation (Series B) (Debt Financing) Temasek Holdings, GIC (Series C) (Series D) (Series D)	CHN	Financial Services
ByteDance TechCrunch Coverage	$75B Oct 2018	-	$6B	Primavera Capital Group, Kohlberg Kravis Roberts, SoftBank, General Atlantic (Private Equity Round) (Series E) Morgan Stanley, Goldman Sachs (Debt Financing) (Funding Round) (Series D) (Private Equity Round)	CHN	Consumer Internet
Infor TechCrunch Coverage	$60B* Jan 2019	500%	$4B	Koch Equity Development (Private Equity Round) Koch Equity Development, Golden Gate Capital (Private Equity Round)	USA	Software

(출처: 「테크크런치」)

『월스트리트저널』은 다우존스 벤처소스Dow Jones VentureSource와 함께 '빌리언 달러 스타트업 클럽The Billion Dollar Startup Club'이라는 이름으로 전세계 유니콘 기업의 자료를 제공한다. 다우존스벤처소스는 모든 지역별, 산업별, 개발 단계별로 벤처캐피털과 사모펀드가 투자한 기업들을 포괄적으로 조사하는 글로벌 데이터베이스이다. 2014년 1월부터 지금까지 유니콘 반열에 오른 스타트업은 물론 산업과 지역별로 나누어 기업을 조회할 수 있다. 업데이트되는 기업의 수를 그래프로도 볼 수 있다. 2014년 1월 45개에서 출발하여 매년 증가하는 추세를 보였

『월스트리트저널』 유니콘 리스트

Companies valued at $1 billion or more by venture-capital firms

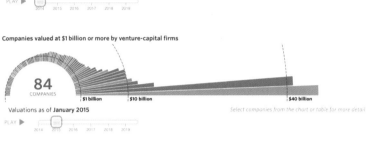

45
COMPANIES

$1 billion $10 billion $40 billion

Valuations as of **January 2014**

PLAY ▶

2014 2015 2016 2017 2018 2019

Select companies from the chart or table for more detail.

Companies valued at $1 billion or more by venture-capital firms

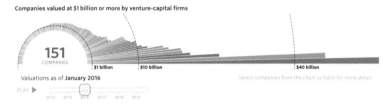

84
COMPANIES

$1 billion $10 billion $40 billion

Valuations as of **January 2015**

PLAY ▶

2014 2015 2016 2017 2018 2019

Select companies from the chart or table for more detail.

Companies valued at $1 billion or more by venture-capital firms

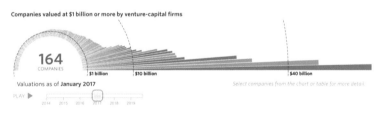

151
COMPANIES

$1 billion $10 billion $40 billion

Valuations as of **January 2016**

PLAY ▶

2014 2015 2016 2017 2018 2019

Select companies from the chart or table for more detail.

Companies valued at $1 billion or more by venture-capital firms

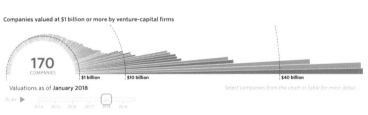

164
COMPANIES

$1 billion $10 billion $40 billion

Valuations as of **January 2017**

PLAY ▶

2014 2015 2016 2017 2018 2019

Select companies from the chart or table for more detail.

Companies valued at $1 billion or more by venture-capital firms

170
COMPANIES

$1 billion $10 billion $40 billion

Valuations as of **January 2018**

PLAY ▶

2014 2015 2016 2017 2018 2019

Select companies from the chart or table for more detail.

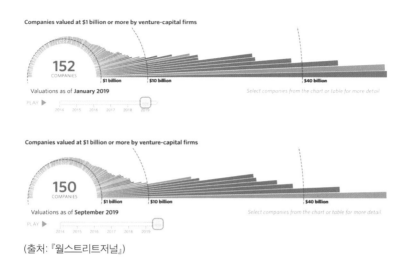

Companies valued at $1 billion or more by venture-capital firms

152 COMPANIES

$1 billion $10 billion $40 billion

Valuations as of **January 2019**

PLAY ▶   2014 2015 2016 2017 2018 2019

Select companies from the chart or table for more detail

Companies valued at $1 billion or more by venture-capital firms

150 COMPANIES

$1 billion $10 billion $40 billion

Valuations as of **September 2019**

PLAY ▶   2014 2015 2016 2017 2018 2019

Select companies from the chart or table for more detail.

(출처: 『월스트리트저널』)

고, 2019년 9월 기준 150여 개의 유니콘이 있음을 알려준다. 이 정보
는 유료로 제공되고 있다.

미국의 시장조사 기관 「CB 인사이트[14]」는 '글로벌 유니콘 클럽The
Global Unicorn Club'으로 유니콘 기업의 정보를 제공하고 있다. 이 사이
트에는 실시간으로 업데이트되는 자료들과 상세한 투자 내역, 경쟁사,
관련 기사 등을 한눈에 열람할 수 있다. 「CB 인사이트」는 정보가 자동
집계되는 자체 프로세스와 전통적인 수동 방식으로 데이터를 검토하
는 것으로 알려졌다. 2008년부터 매일 10만 개 이상의 기업 관련 공
공정보들을 수집하여 개별 기업의 가치를 매기는 '위스퍼Whisper' 평
가 기법을 장점으로 내세우고 있다. 이는 증권거래위원회 제출 자료
는 물론 각종 비구조적 자료, 기업 및 투자사 웹사이트, 각종 기사자료
들을 망라하여 정보를 취합하는 방식을 말한다. 특히 「CB 인사이트」
는 우리나라에서 유니콘 자료를 인용할 때 빈번하게 이용하는 매체인

「CB 인사이트」 유니콘 리스트

CBINSIGHTS

The Global Unicorn Club

Current Private Companies Valued At $1B+
(including whisper valuations)

Total Number of Unicorn Companies: 469
Total Cumulative Valuation: ~ $1,378B

**DOWNLOAD THE FULL LIST OF BILLION DOLLAR COMPANIES TO SEE
THEIR FUNDING DATA, INVESTORS, AND MORE**

Enter your business email | DOWNLOAD NOW

What is a Unicorn Startup?

A unicorn startup or unicorn company is a private company with a valuation over $1 billion. As of April 2020, there are more than 400 unicorns around the world. Variants include a decacorn, valued at over $10 billion, and a hectocorn, valued at over $100 billion.

Company	Valuation ($B)	Date Joined	Country	Industry	Select Investors
Toutiao (Bytedance)	$75	4/7/2017	China	Artificial intelligence	Sequoia Capital China, SIG Asia Investments, Sina Weibo, Softbank Group
Didi Chuxing	$56	12/31/2014	China	Auto & transportation	Matrix Partners, Tiger Global Management, Softbank Corp.,
HashiCorp	$5.1	11/1/2018	United States	Internet software & services	Redpoint Ventures, True Ventures, Mayfield Fund
Stripe	$36	1/23/2014	United States	Fintech	Khosla Ventures, LowercaseCapital, capitalG
SpaceX	$33.3	12/1/2012	United States	Other	Founders Fund, Draper Fisher Jurvetson, Rothenberg Ventures

(출처: 「CB 인사이트」)

「후룬 리포트」 유니콘 리스트

Hurun Global Unicorn List 2019
Source : Hurun Research Institute   Release : 2019-10-21

Intro

The Hurun Research Institute today released the inaugural Hurun Global Unicorn List 2019.
This is the first year of the list.

HURUN RESEARCH FINDS 494 UNICORNS IN WORLD

CHINA LEADS USA BY 206 TO 203, MAKING UP 83% OF WORLD'S UNICORNS. INDIA AND UK
FOLLOW WITH 21 AND 13. 'BIG 4' MAKE UP STAGGERING 90%.

WORLD'S TOP THREE UNICORNS FROM CHINA: ANT FINANCIAL US$150BN, BYTEDANCE
US$75BN AND DIDI CHUXING US$55BN

E-COMMERCE AND FINTECH LEAD WITH 68 AND 56 UNICORNS, FOLLOWED BY CLOUD 44

UNICORNS IN AI SECTOR 40, SHARED ECONOMY 22, LIFE SCIENCES 18. OTHER SECTORS
INCLUDE EDTECH, E-CARS, BLOCKCHAIN, 3D PRINTING, SPACE TECH AND ROBOTICS

7 YEARS AVERAGE AGE OF UNICORN

SEQUOIA WORLD'S MOST SUCCESSFUL INVESTOR INTO UNICORNS, BEING A KEY
INVESTOR IN ONE IN FIVE OF THE WORLD'S UNICORNS. OTHERS INCLUDE TENCENT,
SOFTBANK, TIGER, IDG, GOLDMAN SACHS AND ALIBABA.

TOTAL VALUE OF ALL KNOWN UNICORNS IN THE WORLD US$1.7 TRILLION

(출처: 후룬)

데, 정부 차원의 유니콘 관련 정책도 이곳에 거의 전적으로 의존하고 있다. 그래서 심지어 정부 정책 및 언론의 유니콘 명단에서 「CB 인사이트」에 등록되지 않은 기업은 제외되는 해프닝이 반복되고 있다.

'후룬 글로벌 유니콘 리스트 2019'는 영국의 회계사 출신 루퍼트 후지워프Rupert Hoogewerf(중국 이름 후룬)가 세운 후룬 연구소에서 발표했다. 후룬 연구소는 원래 상하이와 뭄바이에 기반을 두고 중국과 인도의 부자 명단을 조사하고 발표하는 리서치 플랫폼(「후룬 리포트」)으로 출발했다. 후룬 연구소는 지난 6분기 동안 중국 최고의 유니콘 기업들을 추적하여 '후룬 차이나 유니콘 지수Hurun China Unicorn Index'

를 지속적으로 발표했다. 그리고 2019년 6월 30일을 기준으로 연 단위의 '후룬 글로벌 유니콘 리스트 2019'를 처음 발표했다. 아무래도 중국과 아시아 정보에 밝은 편이다. 이 리스트에 따르면 지금까지 2019년 전세계 494개 유니콘 중 중국 기업이 206개이고 미국 기업이 203개이다.

그밖에 『포춘』 「피치북」 「CNN」 『포브스』 등에서도 유니콘 리스트 및 관련 정보들을 제공하고 있다. 그러나 유니콘 기업들은 비상장 상태이기 때문에 각 기업에 대한 정확한 재무정보나 투자정보를 알기는 쉽지 않다. 그러다 보니 각 매체가 유니콘 기업으로 적용하는 기준, 총 투자 유치 금액, 가치 평가 등에서 다소 차이가 있다. 한 가지 유념할 점은 비상장 기업의 정보를 다루는 어떤 매체도 완벽할 수는 없다는

『포춘』 유니콘 리스트

FORTUNE RANKINGS ˅   MAGAZINE   NEWSLETTERS   VIDEO   PODCASTS   CONFERENCES   COVID-19

The Unicorn List

‹ **2016**   2015

🔲 Filters

REMOVE × COMPANY	REMOVE × VALUATION (BILLIONS USD)
Uber	62
Xiaomi	45
Airbnb	25.5
Palantir	20.5
Snapchat	16
Didi Kuaidi	16
Flipkart	15
China Internet Plus	15
SpaceX	12
Pinterest	11

(출처: 『포춘』)

「피치북」 유니콘 리스트

(출처: 「피치북」)

「CNN」 유니콘 리스트

(출처: 「CNN」)

「포브스」 유니콘 리스트

(출처: 『포브스』)

사실이다. 유니콘 리스트를 다루는 매체들은 결코 정보의 비대칭에서 자유로울 수 없다. 심지어 기업에서 먼저 정보 제공을 해주는 것도 반긴다. 「테크크런치」는 '10억 달러를 넘어가거나 내려가는 스타트업에 대해서는 자료를 업데이트한다. 하지만 우리가 놓친 부분이 있다면 연락을 달라'고 공지하고 있다. 「CB 인사이트」도 '언론에 공개가 안 됐더라도 조용히 연락을 줘도 된다'며 문을 열어두고 있다.

결국 유니콘은 정당한 권한을 부여받은 단일 주체에 의한 '공식인 증'과는 거리가 멀다. 개별 기업에 대한 가치 평가는 글로벌 전문 투자 주체들의 '그들만의 리그'로 이루어지고 공지하는 것도 소수의 언론 매체나 연구소에서 능력껏 관련 자료를 취합하고 선별 후 독자적으로 공개하는 구조이다. 결국 그 매체들의 눈과 귀가 쉽게 닿지 않는 곳이라면 얼마든지 숨어 있는 유니콘들이 있을 것이라는 게 합리적인 추론일 것이다. 최근 국내 기업의 유니콘 진입을 모니터링하고 그 리스트를 발표하는 데 논란이 있다. 현재 유니콘 보유 현황에 대한 공시는 중소벤처기업부(이하 중기부)가 주도하고 있다.

중기부는 해당 현황을 「CB 인사이트」에 등재된 내용을 그대로 발표하는 것으로 알려졌다. 결국 국내 기업이 유니콘으로 인정받으려면 해외 민간 시장조사 기관 「CB 인사이트」에 등재되는 것 말고는 별다른 방법이 없다. 물론 "우리가 직접 국내 유니콘을 파악할 수 있는 방법이 없고, 자체 조사만으로 유니콘을 발표한다면 전세계적으로 인정받기 어렵다. 공신력 있는 글로벌 조사기관의 자료를 바탕으로 유니콘 현황을 파악하는 것이 맞다고 생각한다."라는 관계자의 항변은 일면 타당성이 있을 수 있다.

다만, 앞으로는 다음의 두 가지 측면을 고려해야 할 것이다.

첫째, 우리가 전적으로 의존하고 있는 「CB 인사이트」의 유니콘 선정 방식에 대한 신뢰성이다. 「CB 인사이트」는 비상장 기업에 초점을 둔 시장조사 기관으로 국립과학재단National Science Foundation과 벤처캐피털의 지원을 받아 특허, 벤처캐피털 금융, 인수합병 관련 방대한 데이터를 수집하고 가공하여 업계에 제공하는 데 주력하고 있다. 유니콘 등재 방식은 자체 또는 해당 기업이나 투자사의 등재 요청으로 알려졌다. 국내 유니콘 대부분은 투자사들이 주도하여 투자심사보고서 등의 자료 제출을 통해 이루어진 것으로 파악된다. 유니콘 등재 여부가 해당 기업의 성장은 물론 나아가 "유니콘 숫자가 국가 경쟁력을 평가하는 지표가 됐다."라고 할 만큼 그 중요성이 높아지고 있다. 그런데 해외의 민간기관 한 곳이 전세계의 셀 수 없이 많은 스타트업들의 정보를 누락 없이 객관적으로 다루고 있다는 믿음이 과연 타당한가 하는 점이다. 단적인 예로 앞서 언급한 「테크크런치」나 『월스트리트저널』「CB 인사이트」「후룬 리포트」 등의 리스트는 유니콘의 총 개수뿐 아니라 유니콘 여부와 가치평가 등에서 분명한 차이가 지속적으로 발생하고 있다.

둘째, 실제 국내 유니콘 현황과 「CB 인사이트」 발표 간 괴리 문제이다. 국내 '퓨처 유니콘'들의 정보는 「CB 인사이트」로는 파악하기 힘들다. 또한 실질적인 가치 평가로는 이미 유니콘 반열에 올라섰지만 적극적인 PR을 하지 않아서 「CB 인사이트」가 파악할 방법이 없는 경우도 얼마든지 발생할 수 있다. 젠틀몬스터로 유명한 아이아이컴바인드와 글로벌 BTS 열풍을 일으킨 빅히트엔터테인먼트 등이 대표적이다. 두 곳 모두 투자사와 기업이 「CB 인사이트」 등재 노력을 기울이지 않은 탓에 중기부의 유니콘 현황 목록에 포함되지 못한 것으로 알려졌다.

「테크크런치」의 경우는 『이머징 유니콘』을 통해 5~10억 달러의 가치 평가 기업들을 소개하고 있다. 그러나 이 또한 글로벌 단위의 스타트업들을 빠짐없이 파악하기에는 역부족으로 보인다. 한국의 경우 2020년 1월 기준 이머징 유니콘은 'MX 플레이어' 한 곳으로만 명기되어 있을 뿐이다. 반면 중국의 경우 「후룬 리포트」는 먼저 분기별로 중국 내 유니콘 리스트를 자체적으로 여러 차례 집계하여 발표한 후 2019년

10월에 연 단위로 글로벌 유니콘 리스트를 내놓은 것이다. 이에 반해 아직 국내 공공기관을 포함하여 대학과 언론 등 그 어디에도 국내 유니콘을 독자적으로 집계하고 연구하는 기관 하나 없다는 현실은 '유니콘 강국' 건설이라는 국가 정책 구호가 민망하게 느껴지는 대목이다.

결국 유니콘 여부를 파악하기 위해서는 '비상장 기업'을 대상으로 가치 평가가 선행되어야 하는데 안정적인 매출, 이익, 현금흐름 등 기존의 기업가치 평가 방법론 면에서 객관적인 정량화가 어렵다. 결국 해당 기업이 최근의 대규모 외부 투자 시 투자자와 합의되는 '포스트 머니(투자 후 가치)'가 실질적인 가치 평가액으로서 유니콘 여부를 판가름하게 된다. 결국 앞으로 실시간에 가까운 민첩하고 유효한 국내 유니콘 기업 리스트를 파악하기 위해서는 세 가지가 필요하다.

첫째, 국내 스타트업의 투자 현황을 광범위하면서도 촘촘하게 파악할 수 있는 프로세스를 구축해야 할 것이다. 특히 업종별로 신규 유니콘 가능성이 있는 기업군을 전략적으로 별도로 지정하고 지속적인 모니터링을 실시해야 한다. 둘째, 유니콘 진입 여부의 파악을 위해 언론 기사 및 PR 모니터링 말고도 해당 기업과 직접적인 접촉을 통해 누락을 방지해야 한다. 공시 의무가 없는 비상장 기업의 경우 외부로 소개되는 정보 외에 정보 비대칭을 방지하는 별도의 중복 체크가 반드시 필요할 것이다. 셋째, 해당 기업에 대한 투자 주체들과도 직접적인 네트워킹을 통해 최근 투자 활동을 파악해야 한다. 유니콘의 가치는 결국 투자자와 기업 간 합의에 따라 결정되는 것이므로 기업뿐 아니라 투자자들의 동향을 파악하는 것도 역시 필요한 일이다.

3

유니콘의 기업가치는 버블인가

유니콘은 유니콘이기 때문에 수익이 제대로 나고 있지 않는 것이다. 유니콘은 비상장 기업이다. 아무리 기업가치가 높더라도 아직은 갈 길이 많이 남았기 때문에 비상장으로 있는 것이다. 확실한 비즈니스 모델이 확립되고 수익이 안정적으로 난다면 당연히 엑시트를 할 것이고 그렇게 되면 더 이상 유니콘이 아닌 엑시콘이 될 것이다. 역설적으로 얘기하면 수익을 내는 유니콘은 존재할 수 없다.

2019년은 우버와 리프트 같은 대형 기업공개가 주식시장에 선을 보였다. 그리고 슬랙, 줌, 크라우드스트라이크CrowdStrike 등의 기업용 B2B 솔루션부터 앱 당뇨관리인 리봉고Livongo, 미국 의료 IT 기업 체인지 헬스케어Change Healthcare, 피트니스계의 넷플릭스 펠로톤Peloton, 소셜네트워크 업체 핀터레스트Pinterest와 대체육 스타트업 비욘드미트Beyond Meat까지 다양한 분야에서 상장이 이어졌다. 이들이 기업공개를 통해 모집한 자금은 500억 달러(약 60조 원)에 달했다. 보통 기업가치가 유니콘만큼 높아지면 그만큼 기업이 성장한 것이므로 즉시 상장하여 투자자들에게 투자 원금과 수익을 돌려줘야 할 것 같다.

그런데 여전히 대다수의 유니콘은 비상장 기업으로 남아 있다. 특히 30개 내외의 데카콘 중에서도 상장 계획을 뚜렷이 밝히는 기업은 예상처럼 많지 않다. 지금은 테크 자이언트로서 성공 스타트업의 대명사가 된 마이크로소프트, 구글, 애플 등은 말로만 듣던 시가총액 1조 달러를 넘나들고 있다. 하지만 이들조차 상장할 때 기업가치는 현재의 데카콘만큼 높지 않았고 비약적인 성장을 기록한 것은 상장 이후였다는 점에서 더욱 의문이 남는다. 도대체 유니콘은 이미 상장하기에 충분한 기업가치인데도 왜 상장하지 않는 것일까? 또한 그럼에도 어떻게 투자를 계속 받을 수 있는 것일까?

유니콘이 비상장 상태를 유지하는 주된 이유는 두 가지이다. 첫째, 기업공개를 굳이 하지 않아도 자금조달에 전혀 문제가 없기 때문이다. 둘째, 상장을 추진하기에는 아직 비즈니스 모델이 견고하지 않아서 수익 실현에 대한 주주들의 의문을 해소시킬 수 없기 때문이다. 기업공개의 큰 이유는 상장을 통해 원활하게 자금을 조달하기 위해서다. 그러나 상장 기업들은 반드시 상장효과와 상장 유지 비용을 비교해보아야 한다. 상장효과란 대규모의 자금조달, 기존 투자자들의 투자 회수 기회 제공, 기업의 신뢰도와 인지도를 높일 기회 등 상장했을 때 얻을 수 있는 장점을 말한다. 반면 상장 유지 비용이란 상장했을 때 필요한 회계비용, 이사회비용, 공시비용 등과 같은 금전적인 비용과 함께 이행해야 하는 공시 의무와 주주들로부터의 다양한 요구 조건 등의 비금전적인 비용을 포함한 부정적인 효과를 일컫는다.

유니콘들은 지금까지와는 전혀 다른 비즈니스 모델로 사업을 전개하는 경우가 대부분이다. 그래서 아직은 많은 유니콘 기업이 확고한 수익구조를 갖지 못한 상황이다. 그래서 주식시장에서 일반 투자자들은 천문학적인 유니콘의 기업가치를 부정적으로 평가하는 경우가 많다. 따라서 유니콘들은 상장효과보다 상장 유지 비용이 더 크다고 판단하고 현재 상태에서도 전문 투자자로부터 충분한 자금을 조달할 수 있기에 기업공개를 미루는 것이다. 또한 상장하게 되면 창업자의 의도대로만 기업을 이끌어나갈 수 없다. 고속 성장을 추구하는 대부분의 유니콘 기업에게 다양한 주주들의 목소리는 적지 않은 부담이 된다.

최근 국내에도 성장성이 입증된다면 적자 기업도 상장이 가능한 제도적 장치가 마련되었다. 하지만 상당한 적자에도 기업공개에 성공하거나 주가가 오히려 뛰는 미국 주식시장 사례들은 궁금증을 불러일으킨다. 우버에 이어 미국 내 차량 공유 업계 2위로서 2019년 상장한 리프트는 2018년에만 9억 달러 적자를 기록했다. 상장한 역대 기술 기업 중 손실 규모가 가장 컸다. 리프트의 기업공개에 관심이 집중된 것은 단지 높은 기업가치 때문만은 아니었다. 엄청난 적자임에도 잠재력 있는 기업으로 그 가치를 인정받는 데 성공했기 때문이다.

유니콘을 테크버블이라고 보는 의견에 반대하는 주장도 많다. 전문가들은 유니콘 경제가 '제2의 닷컴버블'로 이어지지는 않을 것이라고 단언한다. 일부 유니콘에 거품이 있다고 하더라도 닷컴 버블 때처럼 단기간에 많은 기업이 무너져 경제가 뒤흔들리지는 않을 것이며 오히려 알짜배기들만 살아남아 더욱 강해질 것이라고 주장한다. 그렇다면

1999년 닷컴버블 대비 차이점

❶ 당장의 수익보다 성장 선택

❷ 탄탄한 비즈니스 모델

Business Model

'그들만의 리그'인 사모private 시장 안에서 치솟는 유니콘 몸값은 그렇다 치더라도 일반 대중까지 포함되는 공모public 시장으로 넘어와서도 주가가 유지되거나 상승하는 유니콘(물론 상장되는 순간 유니콘에서 제외된다)들은 어떻게 해석해야 할까?

공모시장의 호의적 평가는 다음의 두 가지 이유로 볼 수 있다. 첫째, 현재까지는 적자가 나지만 성장을 위한 과감하고 의도된 투자 때문이라고 이해한다. 리프트처럼 연간 9억 달러에 달하는 적자 규모는 사실이지만 매출액이 약 22억 달러(2018년) 수준이다. 2018년에는 미국 내 최대 자전거 공유 서비스를 제공하는 모티베이트Motivate International를 5,000만 달러에 인수했고 증강현실 기업인 블루 비전Blue Vision Labs을 7,200만 달러에 인수했다. 즉 수익 실현이 불가능하다기보다 성장을 위해 투자(지출)를 선택했다고 보는 것이다. 둘째, 과거 닷컴 버블 당시 닷컴 기업들은 제대로 된 비즈니스 모델 없이 단순한 아이디어만으로 구성된 회사들이 대부분이었다.

하지만 현재의 유니콘 기업들은 금융, 헬스케어, 빅데이터, 드론 등 다양한 분야에서 제품 생산과 판매를 같이하는 확고한 비즈니스 모델과 수익구조를 가진 회사들이 많다. 독특하고 다양한 비즈니스 모델로 무장하고 있는 것이다. 리프트는 쉐어드 세이버shared saver라는 카풀 서비스를 출시했고 월 199달러 회원비로 매월 30회를 탈 수 있는 구독 모델Subscription을 선보였다. 2017년에는 3,800만 달러에 게임 동영상 기록과 공유 서비스 기업인 캠코드Kamcord를 인수하는 등 다양한 수익원(비즈니스 모델)을 만드는 시도를 높게 평가한 것이다. 결국 월가의 투자자들은 당장의 수익성보다는 성장성에 더 큰 가치를 둔다는 해석이 가능하며 주가로 고스란히 반영된다.

또한 유니콘 낙관론자들은 창업자나 경영진들이 과거 닷컴 기업과는 다르게 체계적인 교육과 다양한 경험을 바탕으로 단단한 비즈니스 모델을 보유하고 있다는 점을 강조한다. 특히 구글과 페이스북 같은 성공한 기업에서 근무한 사람들을 스카우트하여 성공 경험을 공유하며 자신들의 새로운 비즈니스 모델과 접목시키고 있다. 실제로 유니콘 기업의 종사자 중에는 마이크로소프트, 구글, 페이스북 출신들이 많다.

4
유니콘의 기업가치는 어떻게 결정되는가

요즘 부쩍 유니콘의 기업가치에 대한 버블 논란이 많다. 일반적으로 상장기업 기업가치는 주식시장에서 주가의 변동에 따라 결정된다. 그렇다면 비상장 기업인 유니콘은 어떻게 가치가 결정될까? 투자금과 그에 따른 지분율에 의해 기업가치가 결정된다. 아주 쉽게 설명하면 투자자가 1억 달러를 투자해서 10%의 지분을 받았다면 기업가치는 10억 달러의 유니콘이 되는 것이다. 마찬가지로 1,000만 달러를 투자해서 1%의 주식을 확보했다면 유니콘이 되는 것이다.

미국의 벤처캐피털협회에서는 펀드가 투자하는 기업의 가치 평가를 위한 가이드라인을 제시하고 있다. 첫째, 최근에 투자유치가 있었다면 그때 합의된 기업가치로 할 것. 둘째, 최근 투자가 없었다면 펀드의 업무집행조합원GP, General Partner이 알아서 평가한다는 것이다. 한마디로 대단할 게 없다.

피카소의 그림은 소더비 경매에서 아주 비싼 값에 팔린다. 그야말로 '예술'로 인정되는 한 폭 그림의 값에 대해 비전문가인 개인이 아무리 화를 낸들 경매가가 바뀔 가능성은 없다.

일반적으로 경영학에서 다루는 기업가치 평가방법은 기업의 자산-부채에 기초한 자산가치 평가방법, 미래에 창출할 수익에 근거한 수익가치 평가방법, 비교 가능한 기업의 주가나 평가 사례에 기초한 상대가치 평가방법 등이다. 하지만 유니콘을 포함한 스타트업에 이 세 가지 방법을 적용하기는 현실적으로 어려움이 크다.

소더비 경매에서 낙찰된 한 병에 50만 달러(약 6억 원)가 넘는 와인과 2,000억 원인 피카소의 작품에 대해 누군가 거세게 항의한다고 가정해보자. 사람들은 "가격에 심각한 거품이 꼈으니 누구든 납득할 수 있도록 객관적인 가격을 다시 매겨라."라는 주장에 쉽게 동의할 수 있을까?

비상장 기업의 가치평가는 정해진 공식에 따른 공학이 아니라 흔히 일종의 '예술ART'이라고 말한다. 세계적인 벤처캐피털이나 사모펀드 등 유니콘 투자자들은 축적된 다양한 경험, 기법, 심지어 개인적인 감

유니콘의 가치평가는 세계적 규모의 투자 주체들이 위험을 고스란히 안은 채 '진흙 속 숨은 진주'를 찾는 일이다.

感을 총동원하여 신중하게 최선의 가치 평가를 한다. 이들이 스타트업에 자기 자금을 투자하면서 기업가치를 1조 원으로 책정했다면, 그 회사는 1조 원짜리가 되는 셈이다. 일반인은 상상하기 어려운 와인 한 병의 값을 대중에게 논리적으로 이해시킬 방법은 없다. 그야말로 '예술'로 인정되는 한 폭 그림의 값에 대해 비전문가인 개인이 아무리 화를 낸들 경매가가 바뀔 가능성은 없다.

　결국 '그들만의 리그'로 인정해야 한다. 유니콘의 가치평가는 세계적 규모의 투자 주체들이 위험을 고스란히 안은 채 '진흙 속 숨은 진주'를 찾는 일이다. 당장 몇 달 뒤 유니콘의 가치가 몇 배, 몇십 배로 뛰어오를 수 있고, 또 사업이 잘 안 되면서 아예 문을 닫을지도 모른다. '불안정한' 상태의 유니콘에 값을 매기는 행위는 공식보다는 차라리 예술에 가깝다. 이 불안정한 단계를 지나 '안정화' 단계로 진입하는 것이 바로 엑시트(상장 혹은 인수합병) 단계이다. 상장이 돼서야 일반인들도 주식을 사는 등 가치 평가에 참여할 장이 열린다.

5

유니콘은 결국 어떻게 되는가

스타트업으로 출발해서 고도성장과 엄청난 투자를 받고 드디어 유니콘에 등극했다 하더라도 아직은 성공에 대한 축포를 터트릴 수 없다. 왜냐하면 유니콘 기업은 유니콘으로 영원히 머무를 수 있는 것이 아니고 반드시 엑시트라는 과정을 거쳐야 한다. 유니콘이 되기까지 투자한 엔젤, 벤처캐피털, 사모펀드 등 투자들의 회수를 시켜야 하기 때문이다. 또한 창업자 자신도 유니콘에 오르는 동안의 노력과 인내에 대한 보상도 있어야 한다. 그래서 유니콘의 반열에 올라도 끝이 아니고 반환점의 위치에 서 있는 것이다.

유니콘에 오른 스타트업의 창업자가 계속해서 경영을 하려면 주식시장에 상장하여 투자자들과 일부 회사의 직원들이 주식을 팔 수 있도록 해야 하고, 만일 창업자도 투자자들과 함께 엑시트를 하고 싶다면 회사의 경영권을 매각하면 된다. 엑시콘이 되는 것이다. 성공의 종

유니콘 성공의 종착역은 엑시콘이다.

착역은 유니콘이 아니라 엑시콘이다.

기업은 여러 가지 이유로 한순간에 무너질 수 있다. 비록 그 기업이 유니콘이라 할지라도. 유니콘에서 엑시콘이 되지 못하고 간신히 목숨만 부지하는 좀비기업으로 전락하거나 아예 어떠한 이유로 파산을 하여 유니콥스가 될 수도 있다.

유니콘 앞에는 세 갈래 길이 놓여 있다.

성공적인 엑시콘이 되거나, 파산한 유니콥스가 되거나, 아니면 식물인간과 같은 좀비기업으로 남는 것이다. 그래서 유니콘에 등극하여도 샴페인을 터트릴 시간이 없다. 계속해서 빠른 시간 내에 엑시콘으로 가지 않으면 안 된다. 엑시콘이 되지 못하면 실패하게 되는 것이다.

6

유니콘은 육성될 수 있는가

유니콘은 국화빵이 아니다. 그냥 틀에 넣어 찍어낸다고 유니콘이 되는 것은 아니다. 그러나 이런 식의 접근을 보이는 정부 정책들이 최근 등장하고 있다. 유니콘은 천편일률적으로 사전에 형태를 예상하고 밀가루와 설탕으로 적당히 버무린다고 만들어지지 않는다. 앞서 지적한 대로 유니콘이 탄생할 확률은 0.00006%에 지나지 않을 정도로 불가능에 가깝다. 그럼에도 불구하고 어떻게 하면 유니콘에 좀 더 가깝게 갈 수 있을까? 그 실마리는 카피타이거 전략에서 찾을 수 있다고 판단된다.

모방도 혁신으로서 가치 있다

아직도 사람들은 '샤오미' 하면 여전히 '짝퉁을 싼 가격에 그럴듯하게 만드는 기업' 정도로 인식한다. 어릴 때부터 '창의력'은 절대선이며,

라파엘로 흉상. 그는 미켈란젤로와 레오나르도 다 빈치의 구도와 기법을 따라한 모방형 화가였다. 그러나 그는 르네상스 시대 미술의 완성자로 평가받는다.

최상의 가치를 두는 게 국내 교육 현실이다. 여기에 '모방'이 끼어들 틈이라곤 찾을 수 없다. 대학에서도 다양한 전공 과목들을 통해 '거의 발명에 가까운 창조'를 머릿속에서 쥐어짜도록 학생들을 강요한다. 문제는 '어떻게'가 여전히 빠져 있다는 점이다. 기업 또한 '세상에 본 적 없는 창의적이고 혁신적인 제품'을 만들어야 한다는 강박으로 내몰린다.

미켈란젤로와 레오나르도 다 빈치는 천재적 재능으로 독창적인 작품들을 내놓으며 르네상스 미술의 전성기를 이끌었다. 반면 3대 거장으로 칭송받는 라파엘로는 두 천재의 구도와 기법을 따라한 '모방형' 화가였다. 그러나 후대 미술사학자들은 라파엘로가 르네상스 시대 미술의 완성자임을 부정하지 않는다. 두 천재의 장점을 수용하여 자신만의 화풍으로 승화시켰음은 물론 뛰어넘었다는 것이다. 라파엘로의 '창조적 모방'은 기업의 생존 전략으로 이어졌다. '누구도 생각못한 아이디어나 기술을 가장 먼저 제품화하여 시장에 내놓는' 것만이 성공

세그웨이는 실리콘밸리 투자자들의 전폭적인 지원이 있었으나 판매는 18개월 동안 6,000 대에 그쳤다.

기업의 공식일까? 오히려 모방을 바탕으로 '더 새롭거나 편리한' 것을 만들어낸 현대판 라파엘로들이 '유니콘' 창업자들로 구현되어 억만장 자 자리에 앉아 있다.

'혁신의 저주the curse of innovation'라는 말이 있다. 하버드대학 존 구어 빌John Gourville 교수는 미국에서 출시되는 신제품의 90%가 실패한다 는 연구결과를 통해 거의 모든 혁신 제품은 시장에서 실패한다고 주 장하였다. 대표적 사례는 1인용 전동스쿠터 세그웨이Segway다. 당시 실리콘밸리 투자자들의 전폭적인 지원이 있었으나 판매는 18개월 동 안 6,000대에 그쳤다. 흔히 '혁신'하면 '새로운 무엇'을 연상하게 된 다. 하지만 실제 시장을 움직이는 혁신의 척도는 '고객의 행동을 바꾸 는 데까지 성공했는가?'이다. 전기자동차에 지갑을 여는 것은 기술적

월마트의 창업자 샘 월튼은 "내가 한 일의 대부분은 누군가를 모방한 것이었다."라고 술회했다.

우위나 친환경의 매력이 아니다. 전기충전의 불편함과 불안함을 불식시켜야 한다. 당일배송이나 새벽배송은 속도만의 문제가 아니다. 믿을 만한 신선 제품이 배송된다는 믿음을 고객의 마음에 심을 수 있느냐에 달려 있다. 결국 혁신제품을 선택할 때 발생하는 전환비용[15]을 최소화할 수 있다면 '고객행동의 변화'에 성공할 것이다.

결국 시장을 지배하는 제품은 '하늘에서 뚝 떨어진' 제품이 아니다. 미국 오하이오 주립대학 오데드 센카Oded Shenkar 교수는 획기적인 발명이나 혁신 사례들을 분석하여 모방이 혁신보다 더 가치 있다는 결론을 주장했다. 월마트의 창업자 샘 월튼Sam Walton은 "내가 한 일의 대부분은 누군가를 모방한 것이었다."라고 술회했다. 모든 비즈니스 스쿨에서 혁신기업의 대표격으로 언급되는 월마트의 창업자가 한 말로는 뜻밖이다. 1962년 후발주자로 뛰어든 그는 자신의 '하이퍼마트Hypermart'가 브라질에서 본 까르푸를 모방해 만든 것임을 인정했다. 놓치지 말아야 할 것은 월튼은 모방에 그치지 않고 추가적인 혁신을 통해 월마트를 넘버원으로 자리매김했다는 점이다. 대표적인 예가 바코드 기술인데 단순히 상품가격 확인에 머물지 않고 고객들의 구매 유형을 분석하는 데까지 활용했다. 그뿐만 아니다. 맥도날드도 화이트 캐슬이란 햄버거 가게를 모방했다. 비자 마스터카드도 다이너스 클럽을 모방해 플라스틱 카드를 내놓았다.

대표적인 혁신 연구가인 조지프 슘페터Joseph Alois Schumpeter는 혁신을 '새로운 결합'으로 정의했다. 흔히 '혁신' 하면 떠올리는 '세상에 없던 새로운 것을 만들어내는 것'과는 다른 관점이다. 기존에 있는 자원을 새롭게 결합하거나 조합해 기존 자원의 가치를 높여주는 활동을 말하는데 '이미 존재하는 지식과 지식을 조합'하는 것이 새로운 부가가치를 만드는 '혁신'의 조건이라고 보는 것이다. 예를 들어 일회용 기저귀의 흡수력을 높이려면 미세한 구멍이 뚫린 소재가 필요하다. 이때 사용되는 기술이 '워터 제트'인데 원래 우주항공 분야에서 사용되는 공법이다. 결국 기존 지식을 얼마나 잘 받아들이고 활용하느냐에 따라 혁신 성과가 달라질 수 있다.

물론 대부분의 사람들이 모방을 애써 드러내고 좋아하는 것은 아니다. 우리가 흔히 쓰는 '짝가'나 '짝퉁'이란 말 속엔 모방에 대한 조롱과 멸시의 가치 판단이 깔려 있다. 하지만 냉정하게 따져보면 모방은 나쁜 것이 아니다. 지금까지 인류가 시간과 노력을 낭비하지 않고 더 빠르고 체계적인 발전을 이룬 바탕에는 모방의 역할이 결코 작지 않을 것이다.

피카소는 "유능한 예술가는 모방copy하지만 위대한 예술가는 훔친

피카소는 "유능한 예술가는 모방하지만 위대한 예술가는 훔친다"라고 말했다.

다steal"라고 말했다. 그의 말처럼 창조적 모방가들은 그대로 베끼는 것을 넘어서 장점을 자신의 것으로 소화하여 더 좋은 제품을 세상에 내놓는다. 창의적인 방법으로 세상을 바꾸고 동시에 부를 획득한 이들에 대해 베꼈다고 비난하는 것이 합당할까? 우버나 에어비앤비처럼 기존의 비즈니스를 더 편리하고 값지게 가공하고 변형하여 세상이 깜짝 놀랄 만한 것을 내놓는 창조적 모방가들은 지금도 계속 등장하고 있다. 이들은 유니콘에서 데카콘 그리고 엑시콘으로 변신을 거듭하며 세상을 새롭게 디자인하고 있다. 이제 창조적 모방은 오늘날 성공의 새로운 공식이 됐다.

카피캣은 나쁜 전략이 아니다

기업 관점에서 모방은 반드시 나쁜 경영 전략일까? 자사 제품을 모방한 경쟁사들을 싸잡아 카피캣으로 조롱한 스티브 잡스조차 제록스

팰로앨토연구소PARC에서 본 그래픽운영체제GUI와 마우스를 애플 제품에 차용했음은 널리 알려진 사실이다. 그뿐만 아니다. 역사적으로 보더라도 1980년대까지 세계 경제를 혁신으로 선도하던 미국 기업들은 1980년대 말부터 모방 전략으로 무장한 일본 기업들에 속수무책으로 시장을 내주었다. 일부 경제학자들은 일본은 창조적 모방가인 반면에 미국은 서투른 모방가이기 때문이라고 분석했다. 미국 오하이오 주립대 교수 오데드 센카에 따르면 모방가Imitator와 혁신가Innovator의 합성어인 '이모베이터Imovator'가 되는 것이 핵심이다.

단순히 선도 기업을 모방하는 것에 그치지 않고 산업의 경계선을 넘나들며 글로벌 경영 차원에서 모방의 대상을 찾아야 한다. 특히 후발 기업은 선도 기업의 비즈니스 모델을 단순 '모방'하지 말고 좀 더 고객이 원하는 '혁신'을 통해 차별화된 경쟁력을 추가로 확보하는 '이모베이터' 전략이 필요하다. 결국 모방 그 자체가 중요한 게 아니라 얼마나 '혁신적 모방자Innovative Imitator'가 될 것인가에 카피캣의 성공이 달려 있다. 뒤따라오던 일본 기업은 모방을 토대로 작지만 점진적인 개선 활동에 집중한 반면 미국은 시장보다 혁신 그 자체에만 집착했다는 것이다. 자리바꿈에 성공한 1990년대 이후부터는 일본 기업들 또한 미국의 실수를 고스란히 답습하면서 이모베이터의 능력을 잃어버렸다.

오늘날은 그야말로 '모방의 시대Age of imitation'다. 특히 정보통신의 발달로 기업이 '독점적인' 핵심역량을 장기간에 걸쳐 보유하는 것은 거의 불가능하다. 핵심역량을 대대적으로 수정하거나 폐기하고 새로운 대안을 찾아야 할 사이클이 점점 짧아지고 있다는 의미이다. 현재

잘나가는 기업이란 경쟁우위를 장기간 안정적으로 유지하는 게 아니라 '일시적인' 우위를 쇠사슬처럼 연결시킴으로써 장기간 높은 실적을 유지하는 것처럼 보인다는 연구결과도 있다. 마치 짧은 파도를 여러 번 옮겨 타며 물살을 가르는 서퍼처럼 일시적인 경쟁우위를 연속적으로 획득해나가야 한다는 의미이다.

"먼저 된 자로서 나중 되고 나중 된 자로서 먼저 될 자가 많으니라." 『성경』「마태복음」의 구절처럼 선도 기업은 언제든 후발 기업에게 추월당할 수 있다. 우리는 그 추월의 강력한 방법론이 바로 모방, 즉 카피캣 전략임을 숱한 유니콘들의 약진을 통해 확인하고 있다.

비즈니스 모델 혁신이 답이다

택시 한 대 없는 우버는 세계에서 가장 큰 교통-운송 업체로 통한다. 호텔방 하나 없는 에어비앤비는 지상 최대의 숙박업체로 꼽힌다. 유니콘들은 어떻게 단기간에 기업가치를 천문학적으로 늘려가며 고도성장을 지속해가는 걸까? 기존의 성공 방정식은 새로운 기술이나 독특한 아이디어로 제품의 성능이나 기능을 향상시키는 것이었다. 반면 4차 산업혁명의 승자인 유니콘들은 스마트폰, SNS, 클라우드 컴퓨팅, 사물인터넷IoT 등을 결합하여 누구나 참여할 수 있는 플랫폼을 만들고 새로운 비즈니스 모델을 개발해 기업, 정부, 언론, 교육기관, 의료기관 등 모든 시스템을 혁신하고 있다. 유니콘 기업의 키워드는 기술이 아닌 혁신적인 비즈니스 모델이다.

비즈니스 모델이란 일반적으로는 어떤 상품을 누구에게 어떤 방식으로 판매할 것인가를 결정한 사업의 기본 설계도를 의미한다. 즉 시

기업 간 경쟁의 3단계

	1단계	2단계	3단계
	제품 경쟁	역량 경쟁	비즈니스 모델 경쟁
이론적 배경	산업조직론	지원기반이론	혁신이론
경쟁 단위	제품	역량	비즈니스 모델
환경 변화에 대한 가정	확실성	예측 가능성	불확실성
핵심 전략	포지셔닝	축적과 레버리지	혁신과 진부화
대표적인 사례	코카콜라와 펩시콜라	모토롤라와 노키아	아메리카 항공과 사우스웨스트 항공

장에서 기업이 어떻게 이윤을 창출하는지를 설명한 것이다. 역사적으로 기업 간 경쟁의 패러다임은 다음 3단계[16]로 구분할 수 있다. 1단계는 1980년대 마이클 포터Michael Porter의 산업조직론을 중심으로 한 제품 경쟁의 시기였다. 2단계는 1980년대 중반 이후 1990년대는 주로 기업이 보유하고 있는 자원resource과 능력capability에 초점을 둔 역량 경쟁의 시기였다. 이후 3단계인 지금은 제품과 서비스 혁신의 시대를 지나 비즈니스 모델 혁신의 시대에 접어들었다.

이미 비즈니스 모델에 관한 정의, 구성요소, 유형 등을 한 장의 캔버스로 다루어 국내외 스타트업 생태계에 작지 않은 반향을 일으킨 도서 『비즈니스 모델의 탄생[17]』을 2011년 국내에 소개한 바 있다. 최근 4차 산업혁명이라는 시대의 흐름과 함께 혁신적인 비즈니스 모델로 무장한 스타트업들이 매일 쏟아지고 있다. 이제 혁신 기업을 논할 때마다 비즈니스 모델은 당연히 따라붙는 수식어가 되었다. 그리고 유니콘이라면 남들과는 다른 비즈니스 모델을 갖추는 게 당연하다고 여긴다.

그렇다고 모든 유니콘이 놀랄 만한 비즈니스 모델을 갖고 있는 것

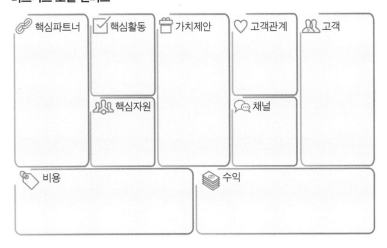

은 아니다. 다른 비즈니스 모델을 베낀 '카피캣' 유니콘도 수백 개에 이른다. 우버의 비즈니스 아이디어를 베낀 유니콘은 50여 개를 뛰어 넘는다. 핵심은 단순한 모방에 그친 게 아니라는 점이다. 후발주자들은 제로 투 원0 TO 1에 해당하는 선도 기업들의 사례를 적절한 시기에 참고한 뒤 현지 시장에 적합하도록 '혁신'을 거듭했다. 뒤에서 자세히 살펴보겠지만, 북미 시장에서 검증된 혁신적인 비즈니스 아이디어를 가져다 자국 시장에서 빠르게 적용하는 카피캣 전략으로 중국은 자타가 공인하는 유니콘 강국이 되었다. 2020년 4월 26일 기준 「CB 인사이트」의 상위 5위 유니콘을 보면 중국 기업인 바이트댄스와 디디추싱이 1,2위를 나란히 차지하고 있다.

　유니콘의 종주국이었던 미국의 혁신 기업들을 상당한 격차로 따돌리면서 말이다. 중국의 청년 창업 신화로 2012년 창업한 인공지능AI·콘텐츠 스타트업인 바이트댄스는 '오늘의 헤드라인' 서비스로 먼저 알

기업	가치평가 (10억 달러)	유니콘 등재시기	국가	산업	주요 투자자
바이트댄스	75	2017. 4. 7	중국	인공지능	세콰이아 캐피털 차이나, SIG 아시아 인베스트먼트 등
디디추싱	56	2014. 12. 31	중국	자동차와 교통	매트릭스 파트너스, 타이거 매니지먼트 등
스트라이프	36	2014. 1. 23	미국	핀테크	코슬라 벤처스, 로워케이스캐피털 등
스페이스엑스	33.3	2012. 1. 12	미국	기타	파운더스 펀드, 드레이퍼피셔저벳슨 등
에어비앤비	18	2011. 7. 26	미국	여행	제너럴 카탈리스트 파트너스, 앤드리슨호로위츠 등

려졌다. 고객 맞춤형의 주요 뉴스를 모아 모바일로 전달하는 플랫폼 기업이다. 2016년부터 2019년 동안 부동의 1위였던 우버(760억 달러, 2019년 3월)와 어깨를 나란히 하면서 바이트댄스는 기업가치 750억 달러로 평가받고 있다.

모기업에 해당하는 바이트댄스는 뉴스 큐레이션 앱 '진르터우탸오

바이트댄스[19]

주요 서비스(지역)	내용
진르터우탸오(중국)	인공지능 기반 뉴스 서비스
뉴스 리퍼블릭(유럽)	뉴스 서비스
틱톡(중국·미국·한국 ·동남아시아) 등	15초짜리 짧은 동영상·뮤직 비 디오 제작 공유 서비스
탑버즈(미국·남미 등)	뉴스·동영상 콘텐츠 서비스

(출처: GGV 캐피털)

바이트댄스의 숏 동영상 제국
(2017. 11 기준)

(今日頭條, 오늘의 헤드라인 뉴스)'와 숏 동영상 서비스 앱 '틱톡(더우인, Tik Tok)'이 핵심 역할을 하고 있다. 35세의 무명 창업가 장이밍張一鳴이 창업한 지 수년 만에 세계 최대의 스타트업으로 성장시킨 셈이다. 그는 사람들이 뉴스를 소비하는 형태가 언론 매체를 직접 통하지 않고 점차 모바일로 옮겨가고 있다는 점을 간파하고 '뉴스 큐레이션' 서비스를 고안했다. 전통적인 미디어 강국이자 인공지능 기술의 본고장인 미국에 맞서 핵심 경쟁력을 인공지능으로 설정하고 중국 시장에 최적화된 제품과 서비스를 선보였다. 뉴스 편집자나 기자를 전혀 고용하지도 않고 오직 인공지능의 한 갈래인 머신러닝으로만 뉴스 서비스를 제공한다는 점이 놀랍다. 인공지능에 의한 뉴스 서비스는 네이버와 카카오가 최근 추진하고 있는데 이미 바이트댄스는 8년 전에 선보인 셈이다.

이처럼 고도의 새로운 기술보다 일상의 불편을 획기적으로 개선하거나 대체하는 혁신을 통해 카피캣들은 원조 기업을 뛰어넘는 확장과 성공을 거두고 있다. 결국 유니콘 기업의 비즈니스 모델이 그만큼 중요하다는 점이다.

결국 유니콘의 비즈니스 모델은 두 가지 유형으로 나눌 수 있다. 세상에 없던 새로운 제품(서비스)를 통한 수익 창출 모델인 '제로 투 원 비즈니스 모델0 TO 1 BM'과 검증된 비즈니스 모델을 기반으로 더욱 유저와 시장 친화적으로 기능을 추가하고 편리성을 더한 '원 투 헌드레드 비즈니스 모델1 TO 100 BM'이다. 카피타이거 전략은 두말할 필요 없이 후자에 집중된다. 국내 유니콘 기업 중 가장 가치 평가가 높은 쿠팡의 비즈니스 모델은 어느 쪽일까? 김범석 대표는 2010년 일곱 명의

쿠팡의 성과들[20]

쿠팡에만 있는
로켓배송!

국내 유니콘 기업

1호

기업가치 1조 원 이상인 스타트업 2014
년 4월 국내 스타트업 중 첫 번째로 등재

쿠팡 설립

11년 차

2010년 32세 때(1978년생)
자본금 30억 원 소셜커머스 업체로
시작

손정의 투자액

30억 달러

2015년 소프트뱅크 10억 달러
2018년 소프트뱅크 비전펀드 20억 달러

TMI: 美 '쿠팡LCC'의 쿠팡 지분

100%

미국 법인 쿠팡LLC가 지분 100% 소유
쿠팡LLC의 최대주주는 일본
소프트뱅크 비전펀드

영업손실

1조 **970**억 원

매출 4조 4,227억 원 2018년 대비
매출 65% 증가했지만 영업손실도
71.7% 증가

쿠팡맨 인건비

9,866억 원

직간접 고용인원 2만 4,000명
인건비 2018년 대비 50% 이상 증가

(출처: 데이터브루, 2019, 재편집)

창업 멤버와 함께 쿠팡을 설립했다. 그 시작은 당시 그루폰 등 유행하
던 공동구매 형태의 소셜 커머스를 따라한 것이다. 이후 로켓배송, 새
벽배송, 쿠팡이츠 등 국내 시장의 수요에 맞춘 다양한 서비스를 내놓
으며 큰 성장을 기록하는 중이다.

3장

유니콘 현황

1

유니콘

전세계적으로 유니콘의 정보를 체계적이고 지속적으로 제공하는 매체나 기업이 10여 개 정도 있는 것으로 파악된다. 그러나 유니콘 기업은 비상장 기업이기 때문에 정보를 획득하기도 어렵고 또한 그 정보를 빠르고 정확하게 전달하기도 쉽지 않다. 그래서 각 매체의 정보들이 많이 다르게 나타나기도 한다. 유니콘의 정보를 정기적으로 알려주는 회사는 대부분 미국회사이고 중국이나 일본의 매체도 일부 있다. 그들 중에서 비교적 정보의 양이나 질적인 측면에서 의미 있는 자료를 제공하는 매체는 4~5개에 그친다. 미국의 『월스트리트저널』 「테크크런치」 「CB 인사이트」 「피치북」과 중국의 「후룬 리포트」이다.

2020년 2월 1일 기준 「테크크런치」에는 570개, 「CB 인사이트」는 449개, 『월스트리트』는 150개, 「후룬 리포트」에는 494개의 유니콘이 등재되어 있다. 4곳의 리스트를 모두 종합하고 중복되는 곳을 정리하

유니콘 통합 리스트

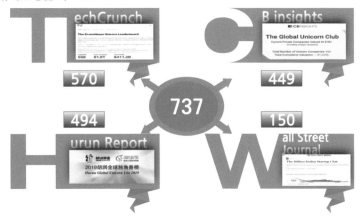

면 전체 737개의 '통합 유니콘 리스트'가 만들어진다(전체 통합 유니콘 리스트는 부록 참조).

통합 유니콘 리스트를 국가별 분포를 살펴보면 중국이 293개로 전체 737개 유니콘 중 40%를 차지하고 있다. 미국은 그다음으로 284개(38%)이다. 놀랍게도 일반 사람들의 예상을 깨고 중국이 미국보다 더 많은 유니콘을 보유하고 있는 것으로 분석되었다. 미국 다음으로는 인도 26개, 영국 25개, 독일 13개, 한국 12개 순이다.

유니콘 국가별 분포

국가	737	100%	국가	737	100%
중국	293	40%	한국	12	2%
미국	284	39%	브라질	10	1%
인도	26	4%	이스라엘	9	1%
영국	25	3%	프랑스	8	1%
독일	13	2%	체코	6	1%

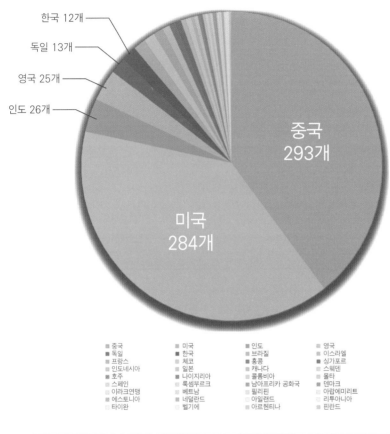

한국 12개
독일 13개
영국 25개
인도 26개

중국
293개

미국
284개

■ 중국　　　　　■ 미국　　　　　■ 인도　　　　　■ 영국
■ 독일　　　　　■ 한국　　　　　■ 브라질　　　　■ 이스라엘
■ 프랑스　　　　■ 체코　　　　　■ 홍콩　　　　　■ 싱가포르
■ 인도네시아　　■ 일본　　　　　■ 캐나다　　　　■ 스웨덴
■ 호주　　　　　■ 나이지리아　　■ 콜롬비아　　　■ 몰타
■ 스페인　　　　■ 룩셈부르크　　■ 남아프리카 공화국　■ 덴마크
■ 이라크연맹　　■ 베트남　　　　■ 필리핀　　　　■ 아랍에미리트
■ 에스토니아　　■ 네덜란드　　　■ 아일랜드　　　■ 리투아니아
■ 타이완　　　　■ 벨기에　　　　■ 아르헨티나　　■ 핀란드

국가	737	100%	국가	737	100%	국가	737	100%
홍콩	5	1%	몰타	2	0.3%	에스토니아	1	0.1%
싱가포르	5	1%	스페인	2	0.3%	네덜란드	1	0.1%
인도네시아	4	1%	룩셈부르크	2	0.3%	아일랜드	1	0.1%
일본	4	1%	남아프리카 공화국	2	0.3%	리투아니아	1	0.1%
캐나다	3	0.4%	덴마크	1	0.1%	타이완	1	0.1%
스웨덴	3	0.4%	이라크연맹	1	0.1%	벨기에	1	0.1%
호주	2	0.3%	베트남	1	0.1%	아르헨티나	1	0.1%
나이지리아	2	0.3%	필리핀	1	0.1%	핀란드	1	0.1%
콜롬비아	2	0.3%	아랍에미리트	1	0.1%			

유니콘의 산업별 분포를 살펴보면, 재무 관련 핀테크 영역이 86개 (12%), 교통··이동수단 75개(10%), 소프트웨어 67개(9%), 커머스와 쇼 핑 66개(9%), 헬스케어 55개(7%) 순으로 집계되었다. 특히 최근 핀테 크 및 O2O, 온디맨드 중심의 플랫폼 트렌드를 반영하는 수치여서 앞 으로 유망 사업 영역을 확인하는 데 유용할 것이다.

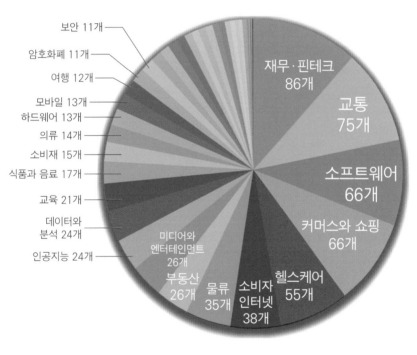

산업구분	737	100%	산업구분	737	100%
재무·핀테크	86	12%	인터넷 서비스	8	1%
교통	75	10%	광고	8	1%
소프트웨어	66	9%	바이오	7	1%
커머스와 쇼핑	66	9%	IT	6	1%
헬스케어	55	7%	스포츠와 피트니스	6	1%
소비자 인터넷	38	5%	에너지	6	1%
물류	35	5%	마케팅	6	1%
부동산	26	4%	전자제품	5	1%
미디어와 엔터테인먼트	26	4%	제조	5	1%
인공지능	24	3%	과학과 공학	4	1%
데이터와 분석	24	3%	라이프스타일	4	1%
교육	21	3%	전문 서비스	3	0.4%
식품과 음료	17	2%	농업	3	0.4%
소비재	15	2%	음악	3	0.4%
의류	14	2%	결제	1	0.1%
하드웨어	13	2%	기업 행정	1	0.1%
모바일	13	2%	내비게이션과 지도	1	0.1%
여행	12	2%	출판	1	0.1%
암호화폐	11	1%	비디오	1	0.1%
보안	11	1%	환경	1	0.1%
게임	9	1%			

이번에는 유니콘 절대 강국인 미국과 중국의 유니콘들이 어떤 산업에 분포되었는지를 비교했다. 그 결과 양국 간 큰 차이를 보이는 영역들이 발견되었다.

중국은 대규모 내수시장을 기반으로 카피캣들이 신속하게 확장할

미국과 중국 유니콘의 산업 분포

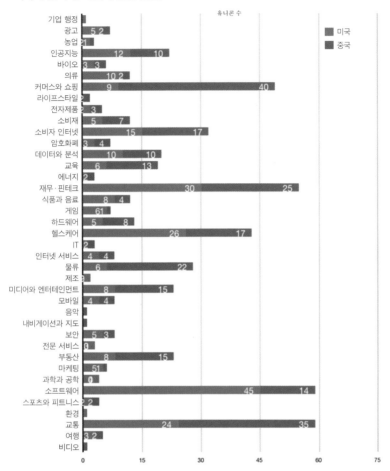

유니콘 수

미국
중국

산업	미국		중국	
577	개수	%	개수	%
	284	100%	294	100%
기업 행정	1	0%	0	0%
광고	5	2%	2	1%
농업	2	1%	1	0.3%

산업	미국		중국	
인공지능	12	4%	10	3%
바이오	3	1%	3	1%
의류	10	4%	2	1%
커머스와 쇼핑	9	3%	40	14%
라이프스타일	0	0%	2	1%
전자제품	2	1%	3	1%
소비재	5	2%	7	2%
소비자 인터넷	15	5%	17	6%
암호화폐	3	1%	4	1%
데이터와 분석	10	4%	10	3%
교육	6	2%	13	4%
에너지	1	0%	2	1%
재무·핀테크	30	11%	25	9%
식품과 음료	8	3%	4	1%
게임	6	2%	1	0.3%
하드웨어	5	2%	8	3%
헬스케어	26	9%	17	6%
IT	1	0%	2	1%
인터넷 서비스	4	1%	4	1%
물류	6	2%	22	7%
제조	2	1%	0	0%
미디어와 엔터테인먼트	8	3%	15	5%
모바일	4	1%	4	1%
음악	0	0%	1	0.3%
내비게이션과 지도	0	0%	1	0.3%
보안	5	2%	3	1%
전문 서비스	3	1%	0	0%

산업	미국		중국	
부동산	8	3%	15	5%
마케팅	5	2%	1	0.3%
과학과 공학	4	1%	0	0%
소프트웨어	45	16%	15	5%
스포츠와 피트니스	2	1%	2	1%
환경	1	0%	0	0%
교통	24	8%	35	12%
여행	3	1%	2	1%
비디오	0	0%	1	0.3%

수 있는 커머스와 쇼핑, 물류, 미디어와 엔터테인먼트, 부동산, 교통 등의 영역에서 미국보다 많은 수의 유니콘들을 보유했다. 반면 미국은 전통적으로 강점을 선점하고 있는 소프트웨어와 헬스케어 등 제로 투 원 비즈니스 모델에 적합한 영역에서 중국을 앞서고 있다.

2

국내 유니콘

2020년 2월 1일 기준 국내 유니콘 기업들의 현황은 다음과 같다.

이 책에서 제시하는 '통합 유니콘 리스트'에 따르면 국내 유니콘은 최근 엑시콘으로 자리를 바꾼 우아한형제들을 포함하면 총 12개로 집계된다. 그러나 유니콘의 정보를 제공하는 매체들이 미처 파악하지 못한 국내 유니콘 기업들이 여러 개 존재한다. 예를 들면 방탄소년단 BTS의 빅히트 엔터테인먼트, 세계 최고의 명품핸드백 제조업체인 시몬느, 헬스케어 유통업체인 지오영 등이 있다. 이들 기업은 이미 유니콘의 기업가치로 글로벌 사모펀드나 벤처캐피털의 투자를 받았다. 이러한 기업들을 포함하면 우리나라의 유니콘은 16~17개 정도가 될 것이다.

전세계의 모든 비상장 유니콘 기업들을 소수의 매체들이 빠짐없이 파악하는 것은 쉽지 않다. 그러다 보니 이들 매체들의 정보력 부족으

국내 유니콘 현황

#	기업	가치평가 (10억 달러)	등재시점 연-월	등재시점 구분	중복	TC	CB	HR	WSJ	업종
1	쿠팡	9	2014. 05	1호	4	O	O	O	O	커머스와 쇼핑
2	크래프톤	5	2018. 08	5호	3	O	O	O		게임
3	옐로모바일	4	2014. 11	2호	3	O	O		O	소비자 인터넷
4	무신사	2	2019. 11	10호	2	O	O			의류
5	비바리퍼블리카	2	2018. 12	6호	3	O	O	O		재무·핀테크
6	위메프	2	2019. 04	8호	2	O	O			커머스와 쇼핑
7	에이프로젠	1	2019. 12	11호	1		O			건강
8	지피클럽	1	2019. 06	9호	2	O	O			소비재
9	L&P 코스메틱	1	2017. 04	4호	2	O	O			소비재
10	티몬	1	2016. 04	3호	3	O		O	O	커머스와 쇼핑
11	야놀자	1	2019. 02	7호	3	O	O	O		여행과 레저
엑시트	우아한형제들	3	2018. 12	6호	1		O			물류와 배달

* TC: 「테크크런치」, CB: 「CB 인사이트」, HR: 「후룬 리포트」, WSJ: 『월스트리트저널』

로 실제로는 유니콘이지만 등재를 못하는 경우가 다수 발생할 수밖에 없다.

2019년 큰 폭의 성장을 이어간 곳은 쿠팡, 비바리퍼블리카(토스), 야놀자, 무신사 등이다. 쿠팡 매출은 7조 1,531억 원으로 전년(4조 3,546억 원) 대비 64.3% 늘었다. 토스는 116.6% 증가했다. 크래프톤은 영업이익의 흑자 전환에 성공했다. 반면 옐로모바일은 2019년 3분기까지 매출액이 전년 동기(3,939억 원) 대비 51.9% 급감한 1,895억 원으로 파악되었다. L&P 코스메틱도 전년 대비 27% 줄었고 에이프로젠과 지피클럽도 각각 47.7%, 9.8% 감소했다. 중국과 일본 등 해외사업 부진과 신상품 출시 지연 때문으로 보인다.

2013년 설립된 쿠팡은 지난 14년에 최초로 유니콘 기업 1호로 등재되면서 국내 기업의 유니콘 진출을 알렸다. 설립 시 소셜 커머스를 표방했던 쿠팡은 무료 로켓배송을 기반으로 기존 온라인 유통망 시장을 빠르게 잠식했다. 원래 쿠팡은 미국의 델라웨어주에 소재한 포워드벤처스Foward Ventures LLC.의 국내 사무소 형태로 운영되다가 2013년에 국내 법인으로 전환했다. 알려진 대로 델라웨어주는 미국 내 친 기업적인 조세제도가 운영되는 사실상의 조세피난처에 해당한다. 하버드대학 출신의 창업자 김범석 대표는 재미교포로서 BCG 컨설턴트 경력 말고도 20대에 두 번의 미디어(잡지) 창업 경험을 토대로 MBA 과정 중 지금의 쿠팡을 구상한 것으로 알려졌다. 소셜 커머스 업체 그루폰의 비즈니스 모델을 보고 도시 인구가 많은 한국이 적합할 것으로 판단한 것이다. 쿠팡의 일관된 청사진은 제품의 조달부터 배송에 이르기까지 전자상거래에 관한 가치사슬 모두를 담는 '올인 원All-in-one' 전략의 형태로서 한국의 아마존을 지향하는 것으로 알려졌다.

옐로모바일은 2012년 8월에 광고대행업을 목적으로 설립된 기업이다. 2013년 아이마케팅코리아에서 ㈜옐로모바일로 이름을 바꿨다. 모바일 앱을 통한 쇼핑 관련 정보 그리고 모바일 앱을 통해 사용자에 대한 콘텐츠, 커뮤니티 서비스, 국내외 여행 정보, 모바일 광고대행 서비스 등을 제공했다. 옐로모바일은 '모바일 벤처 연합'이라는 명분을 내세우며 한국은 물론 동남아시아 시장을 평정하고자 인수합병 및 투자유치를 통해 끊임없이 몸집을 키웠다. 2014년 11월 국내 유니콘 기업 2호로 등재되었으며 약 40억 달러의 기업가치 평가를 받았다. 옐로모바일은 인수 기업의 지분 취득 대가로 자사 지분 일부를 나눠주는 '지분 스와프(맞교환)' 방식을 통해 계열사를 130여 개까지 늘렸다. 다만 이러한 과정에서 기업의 성장성과 수익성에 대한 의문이 끊임없이 제기되었고 연이은 소송 등에 휘말리며 최근 불미스런 보도가 나오는 등 불투명한 미래를 극복해야 할 과제를 떠안았다.

마스크팩 브랜드 '메디힐'로 알려진 L&P 코스메틱은 2009년 4월 20일 설립된 화장품 기업으로 화장품의 제조, 도소매, 중개 및 무역 사업 등을 한다. 지난 2017년 4월 한국 유니콘 기업으로 등록되었으며 2018년까지 마스크팩 누적판매량이 14억 장을 돌파하는 등 꾸준한 성장을 통해 현재 약 17.8억 달러의 기업가치 평가를 받고 있다. 메디힐은 국내는 물론 전세계에서 '붙이는 화장품' 분야 1위를 목표로 해외 시장을 적극 개척할 계획을 밝혔다.

중세 유럽 장인들의 연합을 가리키는 '크래프트 길드'에서 이름을 따온 크래프톤은 2007년 3월 26일 '블루홀'로 설립된 게임소프트웨어 개발 및 서비스 기업이다. 테라TERA 및 자회사 펍지㈜를 통한 '플레이어언노운스 배틀그라운드' 개발사로 유명한데 지난 2018년 8월 한국 유니콘 기업으로 선정되었으며 현재 약 50억 달러의 기업가치로 평가되고 있다.

비바리퍼블리카는 전자금융거래법에 따른 전자지급결제 대행 사업과 기타 소프트웨어개발 사업 등을 하기 위해 2013년 4월 23일 설립된 기업으로 간편송금 토스를 운영하는 것으로 유명하다. 전직 치과의사 출신 창업가(이승건 대표)의 8전 9기 성공담으로도 이목을 끌었다. 토스 앱 출시 1년 만에 누적 다운로드 100만 건, 1년 반 후 2017년 7월에는 1,000만 건, 2018년 9월에는 2,000만 건을 돌파했다. 이에 비례하여 토스를 통한 송금액 또한 그림처럼 급격하게 늘어가고 있다.

토스의 누적 송금액 증가 추이

30조 원 돌파(추정)

(월 거래액 1조 원 돌파)
20조 원 돌파

10조 원 돌파

1조 원
돌파

1,000억
돌파

앱 출시

| 2015. 02 | 2016. 01 | 2016. 08 | 2017. 11 | 2018. 08 | 2019. 02 |

토스는 지난 2018년 12월 글로벌 투자사 클라이너퍼킨스 등으로
부터 8,000만 달러를 유치하며 유니콘 기업에 올랐으며 현재 22억
달러 수준으로 평가받고 있다. 금융 서비스는 간편송금, 신용정보 조
회 및 관리, 자산관리 중개 등 3가지이다. 토스 업의 본질은 금융 유
통으로서 카드, 대출, 보험, 투자 등 영역에서 금융기관들이 내놓은 다
양한 금융상품을 소개하고 중개료 및 수수료를 통해 수익을 실현하고
있다.

야놀자는 숙박 사업 및 경영컨설팅 및 위탁관리 사업, 온라인정보
제공, 인터넷 광고대행, 부동산 임대 사업 등을 하는 기업으로 지난
2007년 2월 설립되었다. 앱을 기반으로 숙박뿐 아니라 이동·레저까
지 하나로 묶는 '종합 여가 플랫폼'으로 진화하여 현재는 국내 최대 온
라인 여행 플랫폼으로 자리잡았다. 2019년 2월 유니콘 기업으로 선정

되었으며 현재 약 10억 달러 수준의 기업가치로 평가받았다. 야놀자의 시작은 '흙수저' 출신의 이수진 총괄대표가 2005년 모텔 청소 아르바이트를 하던 중 숙박업 종사자를 위해 숙박업소 정보를 모아 제공하려고 만든 인터넷 카페로 알려졌다. 이후 스마트폰을 통한 숙박 O2O(온-오프라인의 결합) 분야를 특화하여 집중 공략했고 창업 14년 만에 유니콘에 합류했다.

위메프는 2010년 5월 설립되어 이커머스 기업으로서 전자상거래, 인터넷 마케팅 서비스, 통신판매, 소프트웨어 개발, 제조 및 유통 사업을 대상으로 하며 소셜 커머스인 위메프를 통한 온라인쇼핑이 주력이다. 「CB 인사이트」에 따르면 유니콘 진입 시점은 2015년 9월인데 등재는 2019년 4월로 파악된다. 현재 약 26.5억 달러 수준의 가치 평가를 받고 있다.

지피클럽은 2003년 9월 게임기 및 화장품 도소매업, 화장품 제조판매 사업 등을 하는 K뷰티 기업으로서 중국 현지에서 '왕훙'(영향력 있는 중국 소셜미디어 스타) 마케팅은 물론 중국 최대 인터넷 쇼핑몰 타오바오를 통해 자사 브랜드인 제이엠솔루션의 이른바 '꿀광마스크팩' 1억 장 판매로 대박을 터트렸다. 2019년 6월 한국 9호 유니콘 기업으로 선정되었고 약 13.2억 달러의 기업가치를 인정받았다.

한 운동화 '덕후' 고교생이 인터넷 커뮤니티(프리챌)에 만든 운동화 동호회('무진장 신발 사진이 많은 곳')로 출발하여 국내 1위 온라인 패션 플랫폼으로 성장한 무신사는 최근 미국계 벤처캐피털 세콰이아 캐피털로부터 2,000억 원 규모 투자계약을 체결하면서 10번째 유니콘으로 이름을 올렸다. 무신사는 투자 유치 과정에서 기업가치를 2조

2,000억 원으로 평가받음으로써 단순한 온라인 쇼핑몰이 아니라 패션 콘텐츠와 트렌드 등 관련 정보를 제공하는 글로벌 패션 플랫폼으로의 성장 가능성을 인정받았다.

무신사는 매출 면에서 2015년 329억 원, 2016년 472억 원, 2017년 677억 원, 2018년 드디어 1,000억 원을 돌파했다. 주요 매출원은 입점사의 수수료 매출, 상품 매출, 서비스 매출, 그리고 임대료 수입으로 나뉘는데 수수료 매출이 전체의 절반 이상이며 상품 매출이 40% 내외를 차지하고 있다. 눈여겨볼 점은 이같은 매출의 꾸준한 급증세보다 수익성이다. 국내외 유니콘들의 상당수가 급격한 성장세 못지않게 불가피한 선택을 통해 적자를 감수하고 있는 데 반해 무신사는 일찌감치 흑자를 달성하고 규모 또한 점차 커지고 있다. 특히 2016년 영업이익률은 무려 46%에 달하며 영업이익 성장률 15.1%, 당기순이익 성장률은 20.2%에 이른다.

패션의류 영역의 버티컬 플랫폼으로서 무신사는 자신보다 덩치가 클 뿐 아니라 든든한 모기업을 업고 있는 11번가 등의 오픈마켓, 네이버쇼핑, 카카오쇼핑 등과 경쟁하면서도 오히려 백화점이나 홈쇼핑 수준의 더 높은 판매수수료를 부과한다는 점은 자사의 플랫폼 파워를 입증하고도 남음이 있다. 또한 의류 비즈니스의 수익성을 크게 악화시키는 주범으로 오랜 기간 지적된 것이 바로 미판매 재고인데 무신사의 재고 중 여러 이유로 판매되지 못한 재고 자산이 차지하는 비중은 동종 업계(형지의 경우 2018년 기준 19%)와 비교할 때 현저하게 낮은 2~3% 수준을 꾸준히 유지하고 있다.

3

엑시콘

엑시콘은 「테크크런치」「CB 인사이트」『월스트리트저널』이 제공한 정보를 기준으로 파악한 결과 2020년 2월 1일 기준 총 323개로 파악되었다. 이 중 기업공개는 190개(약 59%)이고 인수합병은 131개(약 41%)로 집계되었고 유니콥스가 2건으로 분류되었다.

엑시콘 분포

구분	323	100%
기업공개	190	59%
인수합병	131	41%
유니콥스	2	0.6%

먼저 기업공개를 통한 엑시콘을 살펴보면 국가별로는 미국이 105개
(55%), 중국 54개(28%), 영국 7개, 독일 5개 순으로 파악되었다.

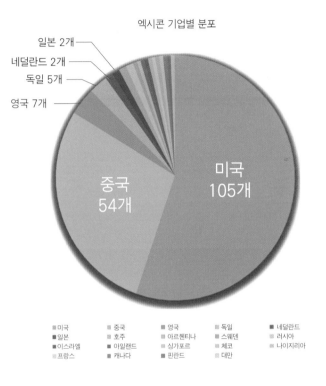

엑시콘 기업별 분포

기업공개

	190	100%
미국	105	55%
중국	54	28%
영국	7	4%
독일	5	3%
네덜란드	2	1%
일본	2	1%
호주	2	1%
아르헨티나	2	1%
스웨덴	1	1%
러시아	1	1%

기업공개		
	190	100%
이스라엘	1	1%
아일랜드	1	1%
싱가포르	1	1%
체코	1	1%
나이지리아	1	1%
프랑스	1	1%
캐나다	1	1%
핀란드	1	1%
대만	1	1%

인수합병을 통한 엑시콘 또한 미국 91개(69%), 중국 16개(12%)로 나란히 1,2위를 차지했다.

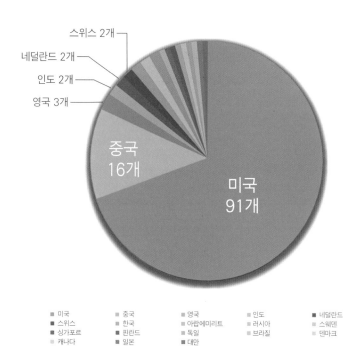

스위스 2개
네덜란드 2개
인도 2개
영국 3개
중국 16개
미국 91개

■ 미국 ■ 중국 ■ 영국 ■ 인도 ■ 네덜란드
■ 스위스 ■ 한국 ■ 아랍에미리트 ■ 러시아 ■ 스웨덴
■ 싱가포르 ■ 핀란드 ■ 독일 ■ 브라질 ■ 덴마크
■ 캐나다 ■ 일본 ■ 대만

인수합병		
	131	100%
미국	91	69%
중국	16	12%
영국	3	2%
인도	2	2%
네덜란드	2	2%
스위스	2	2%
한국	2	2%
아랍 에미리트	2	2%
러시아	2	2%
스웨덴	1	1%
싱가포르	1	1%
핀란드	1	1%
독일	1	1%
브라질	1	1%
덴마크	1	1%
캐나다	1	1%
일본	1	1%
대만	1	1%

앞서 유니콘 순위 1, 2위 국가가 엑시콘 순위에서도 수위를 차지한 점은 당연한데 상대적으로 더 많은 유니콘을 보유한 중국이 미국에 비해 최소 2배 이상으로 뒤처지는 점이 눈에 띈다. 중국은 아무래도 주식시장 자체가 미국과 비교하기에는 한계가 있고, 중국의 유니콘들은 최근에 만들어진 것들이 상대적으로 많기 때문으로 파악되었다. 또한 내수 시장 의존도가 상대적으로 커서 글로벌 인수합병을 통한 엑시트에도 제한이 있을 것이다.

엑시콘의 미국-중국 간 비교 분석결과는 다음과 같다.

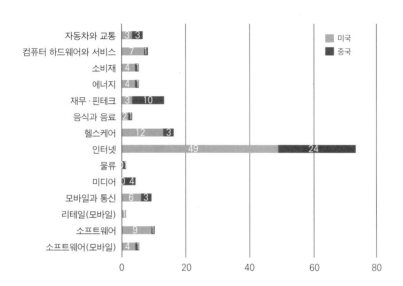

산업	미국		중국	
	105	100%	54	100%
자동차와 교통	3	3%	3	6%
컴퓨터 하드웨어와 서비스	7	7%	1	2%
소비재	4	4%	1	2%
에너지	4	4%	1	2%
재무·핀테크	3	3%	10	19%
음식과 음료	2	2%	1	2%
헬스케어	13	12%	3	6%
인터넷	49	47%	24	44%
물류	0	0%	1	2%
미디어	0	0%	4	7%
모바일과 통신	6	6%	3	6%
리테일(모바일)	1	1%	0	0%
소프트웨어	9	9%	1	2%
소프트웨어(모바일)	4	4%	1	2%

기업공개의 경우 양국 모두 인터넷 관련 엑시콘이 가장 많은 비중을 차지했다. 다만 미국이 49개인 반면 중국은 절반에도 미치지 못하는 것으로 나타나 대조적이다.

인수합병의 경우는 두 국가 간의 대비가 더욱 극명하다. 중국은 엑시콘을 전혀 배출 못한 산업 영역들이 상당수이다. 특히 인터넷, 헬스케어, 소프트웨어 분야에서 미국이 월등하게 앞서고 있다.

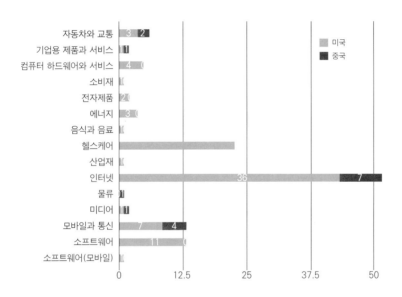

인수합병	미국		중국	
	91	100%	16	100%
자동차와 교통	3	3%	2	13%
기업용 제품과 서비스	1	1%	1	6%
컴퓨터 하드웨어와 서비스	4	4%	0	0%
소비재	1	1%	0	0%
전자제품	2	2%	0	0%
에너지	3	3%	0	0%
음식과 음료	1	1%	0	0%

인수합병	미국		중국	
	91	100%	16	100%
헬스케어	19	21%	0	0%
산업재	1	1%	0	0%
인터넷	36	40%	7	44%
물류	0	0%	1	6%
미디어	1	1%	1	6%
모바일과 통신	7	8%	4	25%
소프트웨어	11	12%	0	0%
소프트웨어(모바일)	1	1%	0	0%

4

퓨처 유니콘

 퓨처 유니콘은 「테크크런치」 「CB 인사이트」의 제공 정보를 바탕으로 분석한 결과, 2020년 2월 1일 기준 총 223개의 퓨처 유니콘(「테크크런치」는 180개, 「CB 인사이트」는 50개)이 파악되었다(전체 퓨처 유니콘 통합 리스트는 부록 참조)

 먼저 국가별 분포를 살펴보면 미국 135개(61%), 중국 23개(10%), 인도 21개(9%), 영국 8개(4%) 순으로 파악되었다. 다만 퓨처 유니콘 리스트는 유니콘이나 엑시콘에 비해 발표 정보가 부족하고 업데이트 또한 상대적으로 충실하지 못하다. 따라서 구체적인 수치보다 트렌드를 파악하는 수준에서 활용하는 것이 합리적일 것이다.

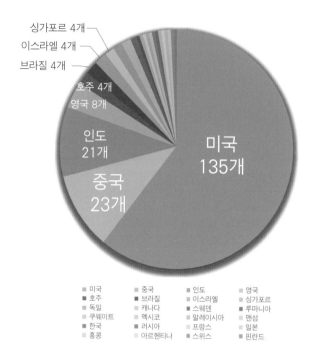

싱가포르 4개
이스라엘 4개
브라질 4개
호주 4개
영국 8개
인도 21개
중국 23개
미국 135개

■ 미국　　　■ 중국　　　■ 인도　　　■ 영국
■ 호주　　　■ 브라질　　■ 이스라엘　■ 싱가포르
■ 독일　　　■ 캐나다　　■ 스웨덴　　■ 루마니아
■ 쿠웨이트　■ 멕시코　　■ 말레이시아　■ 맨섬
■ 한국　　　■ 러시아　　■ 프랑스　　■ 일본
■ 홍콩　　　■ 아르헨티나　■ 스위스　　■ 핀란드

	223	100%		223	100%		223	100%
미국	135	61%	독일	3	1%	한국	1	0%
중국	23	10%	캐나다	3	1%	러시아	1	0%
인도	21	9%	스웨덴	2	1%	프랑스	1	0%
영국	8	4%	루마니아	1	0%	일본	1	0%
호주	4	2%	쿠웨이트	1	0%	홍콩	1	0%
브라질	4	2%	멕시코	1	0%	아르헨티나	1	0%
이스라엘	4	2%	말레이시아	1	0%	스위스	1	0%
싱가포르	3	1%	맨섬	1	0%	핀란드	1	0%

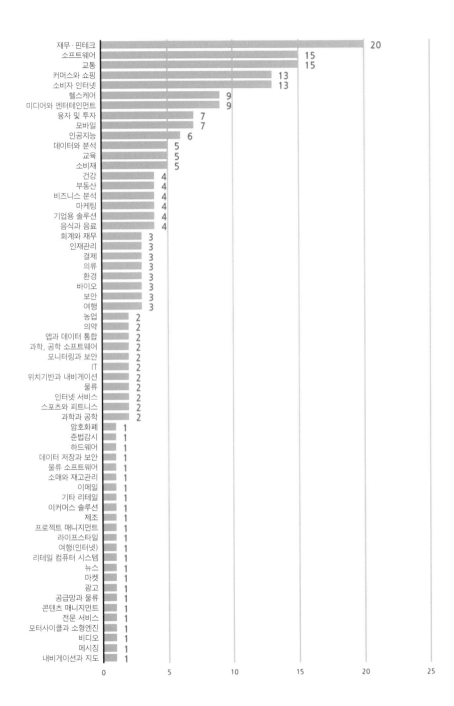

재무·핀테크	20
소프트웨어	15
교통	15
커머스와 쇼핑	13
소비자 인터넷	13
헬스케어	9
미디어와 엔터테인먼트	9
융자 및 투자	7
모바일	7
인공지능	6
데이터와 분석	5
교육	5
소비재	5
건강	4
부동산	4
비즈니스 분석	4
마케팅	4
기업용 솔루션	4
음식과 음료	4
회계와 재무	3
인재관리	3
결제	3
의류	3
환경	3
바이오	3
보안	3
여행	3
농업	2
의약	2
앱과 데이터 통합	2
과학, 공학 소프트웨어	2
모니터링과 보안	2
IT	2
위치기반과 내비게이션	2
물류	2
인터넷 서비스	2
스포츠와 피트니스	2
과학과 공학	2
암호화폐	1
준법감시	1
하드웨어	1
데이터 저장과 보안	1
물류 소프트웨어	1
소매와 재고관리	1
이메일	1
기타 리테일	1
이커머스 솔루션	1
제조	1
프로젝트 매니지먼트	1
라이프스타일	1
여행(인터넷)	1
리테일 컴퓨터 시스템	1
뉴스	1
마켓	1
광고	1
공급망과 물류	1
콘텐츠 매니지먼트	1
전문 서비스	1
모터사이클과 소형엔진	1
비디오	1
메시징	1
내비게이션과 지도	1

산업구분	100%	산업구분	100%
재무 · 핀테크	20	보안	3
소프트웨어	15	여행	3
교통	15	농업	2
커머스와 쇼핑	13	의약	2
소비자 인터넷	13	앱과 데이터 통합	2
헬스케어	9	과학, 공학 소프트웨어	2
미디어와 엔터테인먼트	9	모니터링과 보안	2
융자 및 투자	7	IT	2
모바일	7	위치기반과 내비게이션	2
인공지능	6	물류	2
데이터와 분석	5	인터넷 서비스	2
교육	5	스포츠와 피트니스	2
소비재	5	과학과 공학	2
건강	4	암호화폐	1
부동산	4	준법감시	1
비즈니스 분석	4	하드웨어	1
마케팅	4	데이터 저장과 보안	1
기업용 솔루션	4	물류 소프트웨어	1
음식과 음료	4	소매와 재고관리	1
회계와 재무	3	이메일	1
인재관리	3	기타 리테일	1
결제	3	이커머스 솔루션	1
의류	3	제조	1
환경	3	프로젝트 매니지먼트 소프트웨어	1
바이오	3	라이프스타일	1

산업구분	100%	산업구분	100%
여행(인터넷)	1	콘텐츠 매니지먼트	1
리테일 컴퓨터 시스템	1	전문 서비스	1
뉴스	1	모터사이클과 소형엔진 이동수단	1
마켓	1	비디오	1
광고	1	메시징	1
공급망과 물류	1	내비게이션과 지도	1

지금까지 퓨처 유니콘들이 포진하고 있는 산업 영역을 살펴보았다.

미국 내 데이터가 충실히 반영된 탓도 있겠지만 대체로 미래의 유니콘으로 주목받는 기업들은 핀테크 등 재무 서비스, 소프트웨어, 교통·이동수단, 커머스와 쇼핑, 고객 인터넷, 헬스케어 순으로 파악되었다.

2부

유니콘으로 가는 길

-카피캣? 카피타이거!

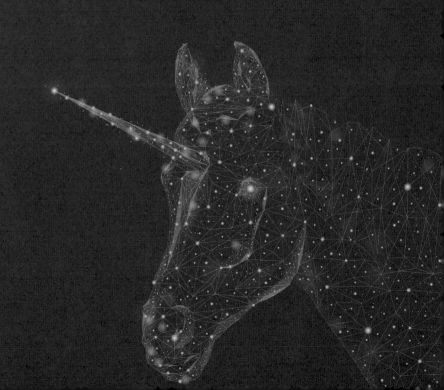

4장

카피캣
성공 기업
살펴보기

1

중국의 카피캣 전략

최근 세계에서 가장 왕성하게 유니콘들이 나타나는 곳으로 중국을 꼽는 데는 이견이 없을 것이다. 중국에 그토록 많은 유니콘 또는 예비 유니콘들이 뛰어다니는 이유는 무엇일까?

2013년 시진핑 주석은 "선진국에 비해 중국의 기술은 여전히 뒤처져 있다. 이를 따라잡고 앞서가려면 '비대칭非對稱 전략'을 채택해야 한다. 이를 통해 핵심 기술 분야에서만큼은 2050년까지 따라잡아야 한다."라고 강조했다. 비대칭 전략이란 군사학에서 적의 강점을 피해서 적의 약점과 적이 대비할 지점들을 압박하여 적보다 우위에 서는 창의적 전략을 말한다. 뱁새가 황새를 쫓아갈 수 있는 최선의 방법으로서, 객관적으로 이길 수 없는 싸움에서 유용한 접근법이다. 결국 비대칭은 기존 방식과의 차별화와 새로운 발견을 의미한다. 중국은 상대방(미국)과 자국의 강약점을 냉정하게 판단한 후 가장 효과적인 비

2013년 시진핑 주석은 "선진국에 비해 중국의 기술은 여전히 뒤처져 있다. 이를 따라잡고 앞서가려면 '비대칭 전략'을 채택해야 한다. 이를 통해 핵심 기술 분야에서만큼은 2050년까지 따라잡아야 한다."라고 강조했다.

대칭 전략, 즉 카피캣 전략을 통해 유니콘 육성에 나선 것이다. 기술력 기반의 제로 투 원 비즈니스 모델이 아니라 풍부한 내수 시장과 인력과 투자 자원을 바탕으로 검증된 비즈니스 모델을 빠르게 발전시키는 카피캣 비즈니스 모델이 중국의 승부수였다.

중국의 전자상거래업체인 알리바바와 인터넷 검색 엔진업체 바이두는 글로벌 기업으로 성장했다. 하지만 여전히 사람들은 카피캣일 뿐이라고 폄하한다. 실제로 알리바바는 이베이, 바이두는 구글, 동영상 플랫폼 업체인 유쿠는 유튜브를 모방했다. 중국 IT 기업의 성장은 전적으로 중국 정부의 인터넷 검열 시스템 만리방화벽Great Firewall 덕분이라는 분석도 있다. 그럼에도 중국의 성장세는 모든 비판을 뛰어넘은 지 오래다. 특히 모바일 분야에선 미국이 오히려 한 수 배워야 한다는 평가도 나온다. 사회 인프라의 부족으로 중국 소비자들은 스마트폰으로 택시와 숙소를 예약하고 음식을 배달시켜 먹는 것이 이미

린 스타트업은 우선 시장에 대한 가정을 테스트하기 위해 빠른 프로토타입을 만들도록 권한다. 중국의 스타트업들은 아이디어가 생기면 빠르게 시제품으로 만들어 시장의 반응을 살핀 후 제품 개발에 반영한다. 책상 위에서만 고민하다 시기를 놓치는 실수가 드물다.

생활화되었다. 특히 신용카드 단계를 건너뛰고 곧바로 모바일 결제 시스템으로 진입함으로써 전세계에서 가장 앞서나간다는 평가도 받는다. 게다가 검증된 해외 비즈니스 모델을 들여와 만든 카피캣으로 거대한 내수시장만 공략해도 어렵지 않게 유니콘을 기대할 수 있을 정도다.

중국이 4차 산업혁명의 중심지로 각광받는 데는 중국 스타트업 또는 유니콘의 공이 크다. 이제는 글로벌 IT 산업을 주도하고 있는 알리바바, 텐센트, 바이두 역시 스타트업에서 출발했다. 중국의 스타트업들을 살펴보면 주목할 만한 공통점이 있다. 원래 실리콘밸리를 중심으로 개발된 '린 스타트업Lean Startup[1]' 방법론을 예외없이 활용한다는 점이다. 린 스타트업은 우선 시장에 대한 가정market assumptions을 테스트하기 위해 빠른 프로토타입rapid prototype을 만들도록 권한다. 중국의 스타트업들은 아이디어가 생기면 빠르게 시제품으로 만들어 시장의 반응을 살핀 후 제품 개발에 반영한다. 책상 위에서만 고민하다 시기를 놓치는 실수가 드물다.

중국 정부도 '중국제조 2025'처럼 저임금·저기술에서 탈피해 세계 최고의 제조기술을 확보하겠다는 구체적인 계획을 수립하고 실천하면서 산업구조의 근본을 바꾸고 있다. 특히 규제된 것 외에 모든 것을 허용하는 네거티브 규제를 채택하여 시장이 커질 때까지 기다렸다가 문제가 발생했을 때 규제함으로써 새로운 시도들을 독려하고 있다. 중국판『포브스』로 불리는「후룬 리포트」에 따르면, 2019년 중국은 유니콘 수에서 미국을 앞질렀다. 중국 정부가 '대중창업大衆創業 만중창신萬衆創新(모두가 창업하고 혁신하자)'을 내걸고 창업 생태계 조성에 주력한 결과다. 이제 중국 내 인재들은 물론 해외 유학파들도 중국에서 창업을 시도한다. 이들은 자수성가한 BAT 창업주들을 보며 성공을 꿈꾼다.

전자상거래 기업인 알리바바의 창업자 마윈马云은 1964년 경극 배우 가정에서 태어났다. 그는 대학에서 영문학을 공부한 후 영어강사, 번역회사 등을 운영하다가 1995년 항저우에서 세 명의 직원과 알리바바를 시작했다. PC 기반의 메신저인 QQ와 모바일 메신저인 위챗 서비스를 제공하는 텐센트는 1971년 광둥성에서 출생한 마화텅马化腾이 1998년 선전에서 설립했다. 중국의 대표 검색 엔진인 바이두의 창업자 리옌훙李彦宏은 1968년 가난한 공장 노동자 가정에서 태어나 베이징대학을 졸업한 후 뉴욕대학에서 컴퓨터 과학을 전공했다. 미국 IT 회사에서 근무한 경험이 있으며 2000년 베이징에서 여덟 명의 직원으로 바이두를 창업했다. 특히 마윈과 마화텅은 해외 거주 경험조차

전세계 기업 시가총액 순위[2]

로고	기업	국가	시가총액(달러)	시가총액(원)
	사우디 아람코		1조 7,589억 달러	2,091조 원
	애플		1조 2,642억 달러	1,502조 원
	마이크로소프트		1조 2,289억 달러	1,460조 원
	아마존		9,463억 달러	1,125조 원
	구글		8,921억 달러	1,060조 원
	알리바바		5,489억 달러	652조 원
	페이스북		5,159억 달러	613조 원
	버크셔해서웨이		5,055억 달러	601조 원
	텐센트		4,864억 달러	578조 원
	존슨앤존슨		3,744억 달러	445조 원
	JP모건 체이스		3,322억 달러	394조 원

없이 중국을 대표하는 기업을 세우고 막대한 부를 거머쥐었다는 점에서 가장 모범적인 앙트레프레뉴어Entrepreneur이다.

카피캣 사례: 텐센트

중국의 혁신을 주도하는 BAT는 기술개발 못지않게 혁신적인 비즈니스 모델을 선보이고 있다. 그중에서 텐센트는 중국의 카피캣 전략을 여실히 보여주는 사례이다. 우리나라의 카카오톡과 같은 위챗微信·웨이신, 모바일 결제 서비스인 위챗페이, 인스턴트메시지 QQ, 온라인 게임 등을 주력으로 하는 텐센트는 2020년 4월 29일 기준 시가총액 630조 원에 이르는 아시아 최대 기업 수준으로 성장했다.

1998년 마화텅이 창업한 텐센트는 작은 인터넷 메신저 회사였다. 그는 1971년 중국 광둥성에서 태어나 하이난 섬에서 천문학자를 꿈꾸며 유복한 유년기를 보내다 1984년 부모를 따라 선전으로 이사한 후 선전대학 컴퓨터공학과에 진학했다. 그는 중국 경제의 개혁개방 상징이자 하드웨어 유니콘의 산실이라 불리는 선전에서 창업가의 길을 꿈꾸었다. 첫 직장인 무선호출기 제조사에서 나와 대학 동기 장즈둥張志東과 공동으로 텐센트를 창업했다. 중문 기업명인 텅쉰은 마화텅의 텅騰과 '말하다, 알리다'를 뜻하는 쉰訊이 합쳐진 단어다. 영문명 텐센트 10cent는 당시 유료 문자 서비스가 10센트였다는 점에 착안했다.

텐센트의 출발은 무선호출기와 인터넷을 연결해주는 서비스였다. 그러나 휴대전화 보급으로 무선호출기 수요가 급감하면서 비즈니스를 전환해야 했다. 마화텅이 선택한 분야는 인터넷 메신저였다. 당시는 이스라엘의 미라빌리스Mirabilis사가 최초로 개발한 'ICQI Seek You'와 미국 AOL의 'AOL 인스턴트 메신저'가 시장을 양분하고 있었다. 마화텅은 ICQ의 해적판인 'OICQOpen I Seek You'를 출시했다. 노골적인 카피캣이었지만 OICQ는 독특한 차별점을 만들어내는 데 성공했다. 개인정보를 사용자 PC에 저장하는 ICQ와는 달리 텐센트의 서버에 저장함으로써 언제 어디서든 동일한 친구목록과 대화내용을 볼 수 있도록 하는 등 편의 기능을 추가해 호응을 이끌어냈다.

2000년 ICQ를 인수한 AOL이 제기한 소송에서 패한 텐센트는 현재 중국의 국민 인터넷 메신저 'QQ'로 이름을 바꾸었다. 이후 QQ는 위축되지 않고 자국민을 위한 부가서비스들을 추가하며 오히려 확산세를 이어갔다. 2002년 QQ는 1억 명의 유저를 돌파하는 등 시장에 안착했다. 하지만 문제는 많은 유저층에 비해 마땅한 비즈니스 모델을 찾을 수 없다는 데 있었다. 고심하던 마화텅은 이 해결책 또한 다른 성공 사례에서 '카피'했다. 당시 한국에서 선풍적인 인기를 모으던 싸이월드의 캐시 아이템에 주목한 것이다. 그는 이 시스템을 그대로 적용하는 게 아니라 텐센트의 특기를 살려 독특한 솔루션을 내놓았다. 콜라보레이션을 통해 유명 브랜드의 상품을 QQ 사용자의 아바타에 입히는 창조적 모방으로 비즈니스 모델을 구성한 것이다. 2003년 등장한 'QQ쇼'에 사람들은 열광했다. 유저들은 아바타를 꾸미기 위해 지갑을 열었고 패션 업체들은 QQ쇼에 입점하려고 경쟁했다. PC용 인터넷 메신저 전성기였던 2009년 QQ의 가입자수는 10억 명을 돌파했고 QQ는 중국의 국민 메신저로 자리매김했다.

텐센트의 창조적 모방은 급변하는 시장 변화에 대응하는 데에도 유용했다. 2010년 모바일 열풍에 강력한 경쟁자였던 MS 인스턴트 메신저는 페이스북 메신저와 왓츠앱에 속수무책으로 무너졌다. 반면 마화텅은 당시 모바일 메신저의 장단점을 철저하게 분석했다. 특히 한국의 카카오톡을 많이 참고한 것으로 알려졌다. 2011년 1월 텐센트는 모바일용 메신저 위챗을 내놓았다. 위챗은 현금 결제에서 신용카드 단계를 생략하고 곧바로 모바일 결제로 넘어가는 중국의 상황을 적극적으로 공략했다.

중국 사용자를 위한 다양한 기능과 간편 결제 서비스인 위챗페이를 내세우며 13억 중국 시장을 빠르게 잠식했다. 모바일 결제 및 송금, 오프라인 결제, 음식배달, 쇼핑, 공과금 납부, 택시 호출 등 생활밀착형 서비스를 탑재한 위챗의 위력은 기대 이상이었다. 서비스 개시 후 1년 만에 5,000만 명, 2012년 9월에는 2억 명의 가입자가 위챗을 내려받았다. 위기의 상황에서 유연하면서도 창조적인 모방을 통해 텐센

마화텅은 "대다수 기업이 고양이를 보고 고양이를 그대로 그리는 1차원적 모방을 했지만, 우리는 고양이를 보고 그 속에 숨어 있는 사자를 그렸다. 그것은 제2의 창조이다."라고 말했다. (출처: 마화텅 페이스북)

트는 강력한 위챗 생태계를 구축함으로써 더 큰 성공을 이끌어냈다.

알리바바 마윈의 지적처럼 "텐센트의 문제는 혁신은 없고 모조리 복제품뿐"이라는 비판에 직면하기도 했다. 그러나 마화텅은 "대다수 기업이 고양이를 보고 고양이를 그대로 그리는 1차원적 모방을 했다. 하지만 우리는 고양이를 보고 그 속에 숨어 있는 사자를 그렸다. 그것은 제2의 창조이다."라며 응수했다. 모방 그 자체가 중요한 것이 아니라, 어떤 상황에서든 사용자가 원하는 것을 제공할 수 있는지 여부가 핵심이며 이를 위해서는 모방이냐 혁신이냐 하는 논쟁은 불필요하다고 덧붙였다. 또한 "텐센트가 작은 회사였을 때에는 성장하려면 거인의 어깨 위에 올라타야만 했다. 하지만 단순히 모방만 해서는 성공할 수 없다. 해외에서 대단한 아이디어를 가지고 와서 이를 중국 상황에 맞게 현지화하고 더 나은 기능을 추가해 혁신을 이끌어내야 성공할 수 있다."라며 성공 비결을 설명했다.

2

카피캣 전략의 교과서 – 공유 모빌리티

모빌리티 퍼즐 맞추기

모빌리티 산업 한눈에 살펴보기

'모빌리티mobility[3]'는 2010년대부터 본격 등장했다. 아직 명확한 정의는 없는데 업계에서는 이동의 편의성을 제공하는 각종 서비스를 모두 포함하는 용어로 사용되고 있다. 기존의 교통 또는 운송transportation에 배달delivery까지 포괄하는 의미로 이해할 수 있다. 자율주행차와 전기차는 물론 전기자전거와 전동스쿠터 등 이른바 '마이크로 모빌리티' 그리고 하늘을 나는 플라잉카flying car와 하이퍼루프hyperloop 등 미래 모빌리티 수단이 모두 포함된다. 완성차 업체들도 스스로를 모빌리티 서비스 기업으로 부르기 시작했다. 다양한 이동수단을 연구개발, 생산, 서비스하는 모든 업체들도 광의의 모빌리티 기업으로 볼 수 있다.

주요 모빌티티 트렌드[4]

맥킨지는 도시에서의 이동Mobility 시스템에 영향을 미치는 요소들을 위의 그림과 같이 제시했다. 공유 이동성Shared mobility은 우버와 같은 라이드헤일링을 말하는데 전통적인 카셰어링 및 카풀, 대중교통, 개인 차량과도 경쟁하는 양상이다. 자율주행Autonomous driving의 발전은 도로 안전 문제를 해결하고 운송비용을 줄이며 이동성에 대한 접근성을 확대할 것이다. 전기차EV 판매량은 2011년 5만 대에서 2018년 200만 대 이상으로 급증할 만큼 차량의 전기화Vehicle electrification는 그 추세가 급격하다. 연결성과 사물인터넷은 차량과 인프라에 설치하는 사물인터넷 앱 확산에 따른 다양한 빅데이터의 생성과 활용을 뜻한다.

앞으로 자율주행 기능 추가 등을 통해 대중교통의 중요성은 더 커져서 도시마다 대중교통 네트워크를 확장하고 개선하고 있다. 도시 인구 급증에 따른 대중교통 및 자전거 사용 증가로 도로, 교량, 터널 등 도시 인프라가 업그레이드되면 개인 차량 소유와 대중교통이 대등하게 유지될 것이다. 에너지 시스템 분산Decentralization of energy systems은 재생 가능한 발전發電 비용이 계속 떨어지면 분산 발전Distributed Genera-

자동차시장의 분야별 매출액 비중 변화 전망

(%) ■ 차량 판매 ■ 정비·유지 보수 ■ 자율주행차·전기차 ■ 공유자동차·서비스

2016

| 73 | 25 | 11 |

| 40 | 19 | 11 | 30 |

2030

(자료: 퓨처 모빌리티 맥킨지 센터, 2017. 10)

tion의 역할과 비중은 더욱 커져서 가정용 태양광 시스템으로 전기차를 충전할 수 있을 것이다. 첨단의 모빌리티 기술과 서비스가 도시를 침투함에 따라 거주자들의 생활방식은 영향을 받게 되고, 이에 대해 공무원들은 미래를 대비하는 모빌리티 정책들을 세우게 된다Residents and public officials.

최근 모빌리티 산업에서는 전통 완성차 업체들과 테크자이언트 사이에 일전이 벌어지고 있다. 이들은 기술에 대한 우열을 겨루기도 하지만 누가 새로운 시장을 선점하느냐를 두고 비즈니스 모델로 경쟁한다. 1886년 칼 벤츠Carl Benz 이후 130여 년 역사의 자동차 산업에서 유일하게 변치 않았던 게임의 법칙이 위기를 맞고 있다. 기본 수익 구조 자체가 송두리째 바뀔 수도 있기 때문이다. 공유차 플랫폼의 잇단 등장에 차에 대한 소유 개념이 근본적으로 흔들리기 시작했고 전기차, 자율주행차, 5G 통신 기술이 더해짐에 따라 자동차 기업들은 비즈니스 모델을 다시 들여다보고 있다. 앞으로 주 수익원은 차량 판매가 아니라 운행 프로세스로 전환될 수 있다는 의미이다.

이제는 자동차 메이커들이 반도체 칩 제조사, 통신사, 공유차 회사 등과 전략적 제휴를 이루는 모습이 낯설지 않다. 2018년 10월 4일 도

현대차그룹의 미래 전략[5]

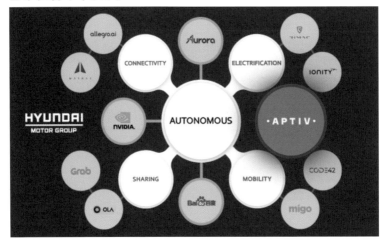

요타자동차의 부활을 이끌어낸 도요타 아키오Akio Toyoda 사장은 "자동차 산업은 대변혁을 정면으로 마주했다. 미래의 이동(모빌리티)을 만들어가는 기업들과 함께하고 싶은 생각이 싹텄다."라고 밝혔다. 이날 그는 소프트뱅크 그룹과의 공동 출자회사인 모네 테크놀러지스MONET Technologres의 설립 기자회견에서 서비스로서의 이동성Mobility as a Service: MaaS 기업과의 협력을 강조한 것이다. 현대차그룹도 20억 달러를 투자하여 앱티브APTIV와 미국 현지 합작법인 설립 계약을 2019년 9월 23일 체결했다. 양측은 자율주행 플랫폼 개발과 상용화에 협력할 예정이다. 현대차그룹과 손잡은 앱티브는 2017년 말 세계적인 자동차 부품사인 델파이Delphi로부터 분사한 자율주행 전문 기업이다.

자동차 산업의 변혁은 공유차 업체들이 선도하고 있다. 기존의 단순 제조·판매에서 플랫폼 비즈니스로 옮겨가고 있기 때문이다. 다국적 회계 컨설팅 기업 프라이스워터하우스쿠퍼스PwC, PricewaterhouseCoopers

글로벌 자율주행 및 차량공유 산업 지도[6]

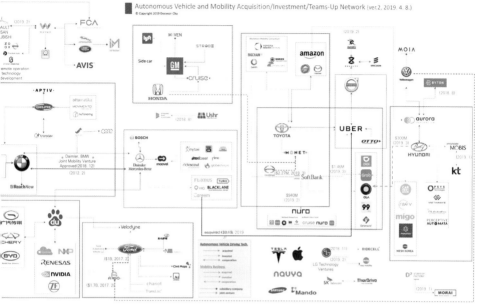

(출처: ⓒ 차두원, 2019. 4. 8)

는 2017년 2억 8,000만 대인 유럽 전체 자동차 대수가 2030년 2억 대로 감소하고, 같은 기간 미국도 2억 2,000만 대로 줄어들 것으로 분석했다. 앞으로 10년 후 유럽과 미국 자동차의 4분의 1이 줄어든다는 뜻이다.

전체 모빌리티 산업은 '공유 모빌리티, 자율주행, 전기차' 논점을 중심으로 완성차와 테크기업 진영이 경쟁과 합종연횡을 꾀하고 있다. 자동차, IT, 서비스 산업이 융합되면서 모빌리티 산업의 변화가 빠르게 일어난다. 최근 'C.A.S.EConnectivity, Autonomous, Sharing and Service, Electrification' 또는 'M.E.C.AMobility, Electrification, Connectivity, Autonomous'가 바로 이런 변화를 말해준다. 미국의 우버와 리프트, 중국 디디추싱, 동남아시아 그랩 등 공유차 업체들을 중심으로 제너럴모터스GM, 다임러 벤츠, 도요타 등 전통의 완성차 제조사들이 발 빠르게 연합전선을 구축하고 있다.

공유 모빌리티 용어 정리

현재 카셰어링car-sharing, 카헤일링car-hailing, 라이드셰어링Ride-sharing, 라이드헤일링ride-hailing 등 용어들이 혼재되어 있다. 모빌리티를 다른 사람들과 나눠 사용한다는 점은 같지만 자동차car 혹은 승차ride를 공유하느냐에 따라 구분된다. 다만, 우버나 리프트는 주력 사업을 고려하면 라이드헤일링 기업으로 분류하는 것이 합당하다. 그러나 언론 또는 기업 스스로 라이드셰어링 카테고리에 포함시키는 경우가 잦다. 단순히 수익 목적이 아니라 '공유를 통한 사회적 공익'을 내세운 점과 관련되어 보인다. 결국 라이드셰어링과 라이드헤일링은 의미와 지향점에서 차이가 있으나 실제로는 같은 말처럼 사용되고 있다. 엄밀하게 라이드셰어링 기업은 프랑스의 블라블라카BlaBlaCar 정도를 들 수 있다.

1987년 스위스에서 시작된 카셰어링(차량 공유)은 자동차를 공유하는 것인데 차를 빌려 탄다는 의미에서는 렌터카와 같다. 차량을 함께 쓰되, 운전은 사용자가 직접 한다. 렌터카는 하루 단위로 빌리는 데 비해 카셰어링은 보통 회원제로 운영되며 주택가 근처에 보관소가 있고 시간 단위로 필요한 만큼만 쓰고 차를 갖다주는 방식이다. 미국의 집카ZIPCAR, GM의 메이븐, 다임러의 카투고, 폭스바겐의 퀵카, BMW의 드라이브 나우, 인도의 레브revv, 호주의 P2P 카셰어링 카 넥스트 도어 Car Next Door, 한국의 쏘카와 그린카 등이 여기에 포함된다. 또한 대여

국내 카셰어링 대표 스타트업 현황 [7]

쏘카 (운영중)
리얼타임 커뮤니케이션 기술 기반의 자동차·렌털 분야에서 모바일앱-ios 형태로 O2O·대여합니다.
자동차 렌털 서비스

비슷한 회사	서비스·제품	기술	연차	총 투자유치	최근 투자단계
플랫 자동차·렌털	카플랫	리얼타임 커뮤니케이션	4.1년	2,051.0억	시리즈 C 2019. 10. 08
롯데렌털 자동차·렌털	롯데렌터카	리얼타임 커뮤니케이션	14.3년	10,200.0억	인수합병 2015. 03. 13
그린카 자동차·렌털	그린카	리얼타임 커뮤니케이션	10.2년	360.0억	시리즈 C 2018. 12. 19
제이카 자동차·렌털	제이카	리얼타임 커뮤니케이션	3.9년	46.0억	시리즈 A 2019. 05. 21
렌고 자동차·렌털	렌고	리얼타임 커뮤니케이션	4.2년	0.2억	A 전단계 2016. 10. 01
유카네트웍스 자동차·렌털	유카	리얼타임 커뮤니케이션	1.2년	0.5억	시드 2019. 12. 22
렌카 자동차·렌털	렌카	리얼타임 커뮤니케이션	4.2년	비공개	인수합병 2018. 12. 01
한국카셰어링 자동차·렌털	카썸	전자상거래	8.9년	19.0억	A 전단계 2016. 05. 03
팀오투 자동차·렌털	카모아	전자상거래	4.4년	6.0억	시리즈 A 2019. 06. 26
뿅카 자동차·렌털	뿅카	리얼타임 커뮤니케이션	1.1년	비공개	비공개 2019. 04. 03

및 반납 방식에 따라 지정된 주차장 어디든 반납이 가능한 원웨이, 대여한 곳으로 다시 돌아와 반납하는 투웨이, 특정 반납처가 아니라 특정 지역 내 자유롭게 픽업 및 반납이 가능한 유동식Free Floating으로 구분된다.

라이드셰어링(차량 공유)은 자동차가 아닌 이동 서비스를 제공하는 형태다. 차량의 공간이 다른 사람과 공유되므로 개인 교통 수단은 아니며 다른 탑승자를 태우기 위해 중간에 수차례 멈출 수 있다. 출퇴

국내 라이드셰어링 대표 스타트업 현황[8]

풀러스 (운영중)
리얼타임 커뮤니케이션 기술 기반의 자동차·택시/카풀 분야에서 모바일앱-ios 형태로 O2O·중개합니다.
실시간 매칭 카풀 앱

비슷한 회사	서비스·제품	기술	연차	총 투자유치	최근 투자단계
럭시 자동차·택시/카풀	럭시	리얼타임 커뮤니케이션	5.6년	358.6억	인수합병 2018. 02. 14
콜버스랩 자동차·택시/카풀	콜버스	리얼타임 커뮤니케이션	4.6년	7.0억	시드 2016. 06. 20
위츠모빌리티 자동차·택시/카풀	어디고	리얼타임 커뮤니케이션	2.3년	비공개	시드 2017. 11. 30
벅시 자동차·택시/카풀	벅시	리얼타임 커뮤니케이션	4.3년	15.5억	시리즈 A 2019. 07. 16
위모빌리티 자동차·택시/카풀	위풀	리얼타임 커뮤니케이션	1.7년	2.0억	시드 2019. 08. 25
카모니 자동차·택시/카풀	카모니	리얼타임 커뮤니케이션	3.4년	비공개	시드 2016. 12. 01
브이씨엔씨 자동차·택시/카풀	타다	리얼타임 커뮤니케이션	9.4년	100.0억	인수합병 2018. 07. 16
카카오모빌리티 자동차·택시/카풀	카카오T	리얼타임 커뮤니케이션	2.8년	5,000.0억	시리즈 D 2017. 06. 30
케이에스티모빌리티 자동차·택시/카풀	마카롱택시	빅데이터· 분석	2.1년	180.0억	시리즈 A 2020. 01. 15
버틀러 자동차·택시/카풀	모시러	리얼타임 커뮤니케이션	4.3년	5.0억	A 전단계 2017. 01. 10

근 시간대 카풀이 대표적 라이드셰어링이다. 우버나 리프트도 우버풀UberPool, 리프트셰어드Lyft Shared와 같은 라이드셰어링 서비스를 제공하고 있다. 국내에서는 여객자동차 운수사업법에서 출퇴근 시간 카풀은 허용되므로 출퇴근 시간대를 이용한 라이드 셰어링 서비스가 인기를 끌고 있는데 풀러스, 럭시, 그리고 공항픽업 서비스인 벅시 등이 있다.

카헤일링(호출형 차량 공유)은 이동 중인 자동차를 원하는 위치로 부

세계 차량공유 시장 전망

● 이용객 수(명)　■ 시장 규모(달러)

2억
740만

3억
9,910만

5억
3,950만

701억
2,600만

418억
7,500만

148억
6,100만

2015　2016　2017　2018　2019　2020　2021년

(자료: 대외경제정책연구원KIEP, 스태티스타)

르는 서비스다. 카셰어링과의 차이점은 자동차가 고객이 원하는 시간과 장소로 맞춰 오기 때문에 지정된 장소로 직접 가서 차를 타는 카셰어링에 비해 더 편리하다. 우버가 대표적인 서비스인데 국내에서 우버는 리무진 서비스인 우버 블랙과 장애인을 위한 우버 어시스트만 지원한다. 카카오택시나 스마트 앱을 통한 콜택시 호출이 여기에 해당된다.

　라이드헤일링(호출형 차량 공유)은 탑승자가 호출하거나 개인 운전자를 고용하여 필요한 곳으로 정확하게 이동하는 형태를 말한다. '카헤일링+대중교통+기존 택시 서비스' 형태로 이동을 원하는 고객과 서비스 제공 사업자를 실시간으로 연결하여 매칭을 통해 차를 호출하는 서비스다. 우버가 대표적인데 아직 국내에는 규제의 벽에 가로막혀 있다. 시장 규모의 전망치가 주는 기대감 외에도 라이드헤일링은 도시와 지역 나아가 국가의 교통 정책까지 전환시키는 힘이 있다.

모빌리티 고지를 향한 끝없는 전쟁

우버와 디디추싱, 리프트, 그랩, 올라 같은 기업들은 라이드헤일링이나 라이드셰어링, 온디맨드 물류 등을 제공한다. 이러한 기업들을 운송 네트워크 회사TNCs, transportation network companies라고 부른다. 톱 5의 운송 네트워크 회사들은 각자 다수의 투자자들이 연결되어 있고, 톱 5 스스로 전략적인 목적으로 투자자가 되기도 한다. 이들은 때로는 피를 나누는 파트너십을, 때로는 명운을 건 일전을 벌이면서 복잡한 거미줄같이 서로 연결되어 있다.

공유 모빌리티 시장은 우버 대 디디추싱을 중심으로 하는 반우버 연합군 간의 거대한 전장이다. 승차·차량 공유의 거대한 전장에 참여한 주요 기업들과 전략적 투자자들을 정리하면 그림과 같다.

우버 대 반우버 연합에서 눈여겨볼 점은 다수의 투자자들이다. 그림에는 재무적 투자자는 제외했다. 주로 전략적 목적으로 투자하는 기업들을 표시했다. IT 자이언트들과 자동차 제조사, 커머스 기업들이 주를 이룬다. 특히 '가장 큰 차량 공유 기업은 우버가 아니라 소프트뱅크'라는 지적이 나올 만큼 전략적 투자자들의 베팅은 아군과 적군의 개념을 뛰어넘는다. 소프트뱅크의 경우 세계 최대 규모의 펀드인 비전펀드를 활용해 우버는 물론 경쟁기업들인 디디추싱, 올라, 그랩 등에 적극 투자하고 있다. 이를 통해 차량 공유 다음으로 펼쳐질 새로운 산업의 밑그림을 그렸다는 평가를 받는다. 구글, 애플, 마이크로소프트와 전통적인 자동차 기업들과 커머스 기업들도 전장에 뛰어들어 후방에서 자금이라는 보급품을 조달하고 있다.

'중국의 우버'라 불리는 디디추싱이 업계 1인자인 미국 우버의 자리

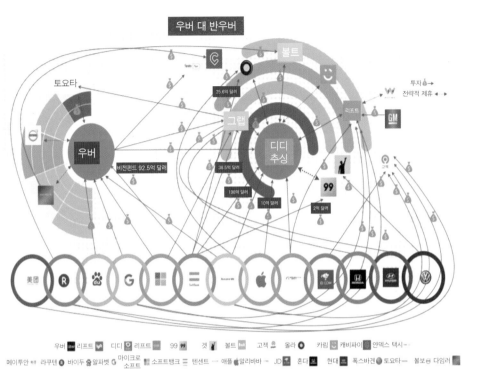

우버 대 반우버

투자
전략적 제휴

우버 리프트 디디 리프트 99 겟 볼트 고젝 올라 카림 캐비파이 얀덱스 택시
메이투안 라쿠텐 바이두 알파벳 마이크로소프트 소프트뱅크 텐센트 애플 알리바바 JD 혼다 현대 폭스바겐 토요타 볼보 다임러

를 위협하고 있다. 우버는 2018년 7월 러시아 현지 최대 경쟁사인 얀 덱스Yandex와의 혈투 끝에 합작사 설립에 합의했고 2018년 3월엔 동남 아의 그랩Grab에 밀려 현지 사업을 매각하기로 결정했다. 우버에게 남 은 카드는 브라질과 인도 정도인데 이마저도 녹록지 않다. 디디추싱이 2017년 말 브라질 차량 공유업체 '99'를 인수한 것이다. 또 2017년 8월 에는 중동과 북아프리카 80여 개 도시에서 영업 중인 차량 호출업체 카 림Careem과 전략적 제휴를 맺었고 유럽, 북아프리카, 호주 전역에서 운 영 중인 택시파이Taxify에 자금 투자와 기술 지원을 선언했다. 이 타격으 로 우버는 70%에 달하는 중동 시장점유율이 50% 수준으로 격감하기

지역별 라이드헤일링 경쟁 현황

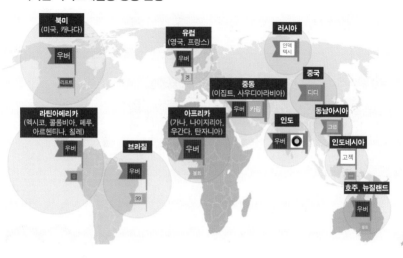

도 했다. 이에 위기 의식을 느낀 우버는 2019년 3월 31억 달러라는 거금을 들여 전격적으로 카림을 인수했다. 인도도 현지 기업인 올라Ola와의 경쟁에서 밀리는 추세이다. 올라는 디디추싱이 투자한 기업이다.

2020년 2월 기준 전세계에서 차량 공유 영역에서 수위를 다투는 기업들의 현황을 지역별로 정리했다. 중국과 러시아, 동남아시아 정도를 제외하고는 1, 2위 기업이 치열하게 경쟁하고 있는 모양새이다. 특히 절대 강자 우버와 대등한 경쟁을 펼치고 있는 인도의 올라 그리고 로컬 기업으로서 확고한 수성에 성공한 중국의 디디추싱, 러시아 얀텍스 택시, 동남아시아 그랩, 인도네시아 고젝과 같은 기업들의 선전에 주목할 필요가 있다. 현재 차량 공유 플랫폼은 지역별 강자가 존재한다. 해당 지역의 문화적 특수성이 뚜렷하거나 규제가 심할수록 승자독식이 쉽지 않다. 하지만 '일방적인 로컬 기업의 승리 또는 세계 1등 기업 우버의 패배'라는 이분법적 관점을 경계해야 한다. 관점을 달리하면 우버는 큰 출혈 없이 로컬 챔피언들의 상당히 의미 있는 지분을 얻은 셈이기 때문이다(디디추싱 17.7%, 얀덱스 36.6%, 그랩 27.5%).

그들은 어떻게 우버라는 거대 군단의 포화 속에서도 살아남을 수 있었을까? 미국 내 차량 공유 사업의 최근 화두는 '차량 공유 산업의 통폐합 지속'이다. 우버의 카피캣으로서 영국, 러시아, 이스라엘과 미국에서 차량 공유 서비스를 제공하는 겟Gett이 2019년 11월 18일 뉴욕 지역 사업 철수를 발표했다. 겟은 이스라엘에서 시작해서 주로 영국의 런던에서 성장해왔는데 우버와 달리 B2B 법인 시장에 주력해왔다. 2017년 뉴욕 기반 차량 공유 서비스인 주노Juno를 2억 달러에 인수한 이후 뉴욕에서 영업을 지속했지만 뉴욕시의 규제가 강화되며 사업 확장에 어려움을 겪었다. 겟과 주노의 뉴욕 철수로 인한 반사 이익은 우버의 카피캣이자 미국 내 2위 기업인 리프트에게 돌아갔다. 리프트는 2020년부터 주노가 보유했던 1만 5,000개 기업 고객을 관리하기 위한 협업 관계를 구축해두었고, 주가는 4.2% 상승했다. 2019년 8월 기준으로 뉴욕의 차량 공유 시장점유율은 우버가 69.2%, 리프트 23.3%, 비아Via 4.4%, 주노 3.1% 순이다. 뉴욕시는 차량 공유와 관련한 규제를 앞장서 도입한 곳인데 오히려 규제로 인해 공정한 경쟁이 힘들어지는 아이러니가 빚어지고 있다.

우버나 리프트처럼 이미 시장에 먼저 진입하여 덩치를 키운 사업자의 독과점적 지위가 강화되고 있다. 비아나 주노같이 중소 후발 기업들은 고객 확보에 상대적으로 더 큰 비용을 부담하게 되고 결국은 더욱 왜소해지는 악순환에 빠진다. 플랫폼 사업의 특성상 현재 수십 개에 달하는 로컬 기업들은 소수의 글로벌 리딩 기업들로 통폐합될

우버의 비즈니스 타임라인[9]

2009년 3월 우버캡 이름으로 설립

2010년 7월 샌프란시스코에서
우버의 첫 시범 서비스 시작

2011년 2월 1,100만 달러(시리즈 A) 투자 유치

2011년 5월 뉴욕에 시범 서비스 시작

2011년 12월 3,700만 달러(시리즈 B) 투자 유치

2012년 7월 우버 엑스 발표 및 런던 영업 개시

2013년 8월 2억 5,800만 달러(시리즈 C) 투자 유치 및
남아프리카, 인도 등으로 확장

2014년 6월 12억 달러(시리즈 D) 투자 유치

2014년 7월 공식적으로 중국과
나이지리아 라고스에서 출시

2014년 8월 우버풀 발표

2014년 12월 6억 달러(시리즈 E) 투자 유치

2015년 7월 10억 달러(시리즈 F) 투자 유치

2015년 1월 16억 달러 자금 확보 및 우버카고 개시

2015년 8월 사모펀드를 통해 1억 달러 자금 확보

2015년 9월 사모펀드를 통해 12억 달러 자금 확보

2015년 12월 우버의 음식 배달 서비스인 우버이츠를
별도의 독립형 앱으로 분리

2016년 1월 사모펀드를 통해 20억 달러 자금 확보

2016년 3월 우버이츠 서비스를 미국 내 모든 주요 도시로 확대

2017년 12월
우버의 기업가치 222억 달러 달성

2018년 4월 점프바이크를 인수해
우버바이크 시작

2019년 5월
기업 상장을 통해 주당 45달러로
총 81억 달러 모금. 기업가치 820억 달러로 평가

2019년 11월 우버의 모든 플랫폼에 적용될
핀테크 기반의 우버머니 발표

우버의 비즈니스 영역

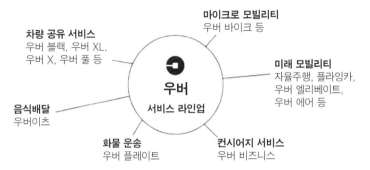

우버의 서비스 라인업

차량 공유 서비스
우버 블랙, 우버 XL,
우버 X, 우버 풀 등

마이크로 모빌리티
우버 바이크 등

미래 모빌리티
자율주행, 플라잉카,
우버 엘리베이트,
우버 에어 등

음식배달
우버이츠

우버
서비스 라인업

화물 운송
우버 플레이트

컨시어지 서비스
우버 비즈니스

(자료: 우버)

것이다. 이 과정에서 자국 내 상황에 맞추어 강력한 로컬리티를 확보한 퓨처 유니콘들에게 상상 이상의 기회가 있을 것이다. 배달의민족 엑시트가 좋은 예다.

우버 연합의 선제공격

'자동차를 직접 보유하지 않고도 이동에 불편이 없는 서비스를 제공하겠다.' 우버는 최초의 상용화된 모빌리티 서비스로 공유경제의 문을 활짝 연 기업이다.

우버의 혁신성은 특별한 기술이 아니라 콜택시처럼 업체와 개인을 연결하는 서비스에서 탈피하여 차량을 소유한 불특정 개인과 이동을 위한 승차ride를 원하는 고객을 P2PPeer to Peer로 연계하는 사업을 최초로 시작했다는 데 있다. 이후 우버는 스마트폰의 대중화와 앱 비즈니스 활성화라는 흐름에 올라타 보편적 기술을 토대로 글로벌 기업으로 성장했다. 유휴 차량을 그때그때 발생하는 수요에 대응시키는 형태로

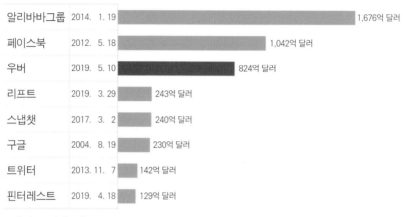

주요 테크 기업들의 상장 시 가치평가 순위

기업	날짜	가치
알리바바그룹	2014. 1. 19	1,676억 달러
페이스북	2012. 5. 18	1,042억 달러
우버	2019. 5. 10	824억 달러
리프트	2019. 3. 29	243억 달러
스냅챗	2017. 3. 2	240억 달러
구글	2004. 8. 19	230억 달러
트위터	2013. 11. 7	142억 달러
핀터레스트	2019. 4. 18	129억 달러

(출처: 스태티스타)

서 공유경제를 O2O 방식으로 사업화한 것이다.

우버는 2009년 설립되어 미국 라이드셰어링 시장 1위, 유럽·남미·호주에서 65% 이상, 중동·인도에서 50% 이상 점유율을 차지하고 있다. 중국·동남아·러시아에서는 사업을 철수했고 해당 지역 공유업체들의 지분을 확보했다. 우버의 주요 비즈니스 모델은 라이드셰어링(우버), 음식배달(우버이츠)이고, 화물운송(우버 플레이트) 등의 분야로 확장하고 있다.

주요 주주는 소프트뱅크(13%), 벤치마크 캐피털(9%), 캘러닉(6%) 등이다. 총 23번의 투자 라운드를 통해 247억 달러의 투자를 유치했고 2019년 5월 9일 824억 달러의 가치로 뉴욕증권거래소에 상장되었다.

우버의 라이드헤일링 사업은 세계 각지로 확산되었다. '제2의 우버'를 꿈꾸는 수많은 카피캣들이 생겨났다. 다음의 표는 2020년 2월 기

우버 경쟁기업들: 총 55개[10]

(단위: 백만 달러)

경쟁기업	지역	총 펀딩금액	최근 펀딩 일시
올라	인도	3,869	2019. 10. 30
고젝	인도네시아	3,385	2019. 10. 17
디디추싱	중국	19,166	2019. 7. 25
이지택시	브라질	81	2019. 6. 28
그랩	싱가포르	8,800	2019. 6. 27
리프트	캘리포니아	4,762	2019. 3. 29
블라블라카	아랍에미리트	449	2018. 11. 13
99	프랑스	243	2018. 1. 03

준 파악한 전세계 우버의 경쟁기업 수는 55개에 달한다. 그리고 여기에 미처 소개되지 못한 세계 각국의 군소 카피캣들을 감안한다면 그 수는 더욱 늘어날 것이다.

그런데 놀랍게도 우버 또한 당시 앱을 통해 택시를 호출하는 서비스였던 '택시매직'의 카피캣이었다. 공동창업자인 가렛 캠프Garret M. Camp는 2008년 여름 택시를 잡기 위해 동분서주하고 있었다. 비슷한 불편을 겪었던 사람들은 택시회사에 직접 전화를 걸어 택시를 호출했다. 캠프 또한 옐로우Yellow와 룩소Luxor 두 곳의 택시회사 번호를 저장해두고 있었다. 하지만 20~30분이 지나도록 호출한 택시가 제때 도착하지 않는 경우가 빈번했다. 당시 금전적으로 여유가 있던 캠프는 마침 아이폰이 세상에 나온 시기와 맞물려 머릿속에 하나의 아이디어가 번뜩였다. '아이폰으로 차를 부르면 안 될까?'

2016년 9월 우버는 자율주행 자동차를 이용한 서비스를 시작했다. 자체적으로 세계 지도를 구축해서 차량과 연동하겠다고 밝히면서 미래 자율주행자동차 시장에서 독자적인 노선을 분명히 했다. 결국 모

우버 사용자 연도별 비교 (단위: 명)

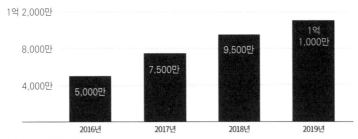

(자료: 스태티스타)

우버 지역별 현황-유럽[11]

두가 차량을 소유하지 않아도 되는 자동차 공유경제를 완성하겠다는
목표다. 우버는 2019년 기준 65개국 600개가 넘는 도시에서 영업 중
이다. 라이더 7,500만 명이 매일 1,500만 건의 호출을 소화하고 있으
며 2019년 전세계에서 70억 건의 사용자 운송을 담당했다. 이미 미국

공항과 호텔 등에는 택시와 분리된 카셰어링 또는 라이드셰어링 존이 설치될 정도로 도심 교통 시스템 정책도 변화시켰다.

유럽의 경우 프랑스와 영국에서의 격전은 우버의 승리로 보인다. 나머지 국가들에서는 힘겨운 모양새다. 독일에서는 주도권이 없는 상태이며 스페인은 현지 택시 호출 서비스인 캐비파이Cabify와 공동으로 택시 기사들과 맞서고 있다. 러시아에서는 얀덱스Yandex의 아성에 힘이 부친 모양새다. 결국 양 사가 손을 잡고 합작사 방향으로 마무리되고 있다.

아시아 쪽에서 우버는 의욕적으로 중국 시장 공략에 들어갔으나 2016년 중국의 디디추싱에게 우버 차이나를 매각하고 백기를 들었다. 그랩은 2018년 3월 우버의 차량 공유 서비스와 음식배달 사업 전부를 인수했다. 대신 우버는 합병회사의 지분 27.5%를 보유함으로써 동남아시아 시장에서 원조 기업 우버를 뛰어넘었다. 또 인도네시아의 고젝Go-Jek은 우버가 철수한 베트남 시장에 고비엣Go-Viet이라는 브랜드로 오토바이를 이용한 택시, 푸드 딜리버리, 택배 서비스에 집중함으로써 그랩과의 일전을 벌이고 있다.

인도에서 우버는 수년간 현지 기업 올라Ola와 치열한 경쟁을 벌이고 있다. 두 기업 모두 동일한 큰손의 투자를 받았는데 소프트뱅크가 둘의 싸움을 관전하는 양상이다. 한국은 2015년 론칭 실패 이후 카카오 택시가 맹주로 버티고 있다. 일본은 차량 공유가 법으로 금지되어 있는데 우버는 최근 현지 지역 택시와의 상생을 도모하려는 입장이다. 호주에서는 우버가 선전하고 있지만 올라Ola Australia가 인도를 벗어나 경쟁에 뛰어들었다. 에스토니아에 본사를 둔 택시파이Taxify와 디

우버 지역별 현황-아프리카 및 중동[12]

이집트
메이저: 우버,

이스라엘
메이저: 겟
마이너: 우버

터키
메이저: 바이택시
마이너: 우버, 카림

**나이지리아, 케냐,
탄자니아, 우간다,
남아프리카**
메이저: 우버, 택시파이

아랍에미리트와 중동
메이저: 우버, 카림

디DiDi Express 또한 호주에서의 일전을 다짐하고 있어서 호주 토종 기업 고캐치GoCatch의 입지는 더욱 줄어들 전망이다.

사하라 이남 아프리카Sub-Saharan Africa 지역의 맹주는 우버와 택시파이다. 택시파이는 확장에 소극적인 반면 우버와 카림Careem은 중동 및 아프리카 국가MENA, Middle East and North Africa 지역 쟁탈전이 한창이다. 이스라엘은 토종 기업 겟의 아성과 러시아의 얀덱스 택시에 밀려 발붙이기가 힘들고 터키는 카림이 철수한 자리를 현지 택시 앱 바이탁시BiTaksi가 발 빠르게 메워버렸다. '중동의 우버'로 불리는 카림은 카타르, 파키스탄, 이집트, 터키 등 15개국의 100여 개 도시에서 2,000만 명 이상 사용자를 확보하여 중동 지역에서 우버를 제치고 점유율 1위

우버 지역별 현황-북남미[13]

캐나다
메이저: 우버
마이너: 리프트, 택시파이

미국
메이저: 우버, 리프트
마이너: 비아, 주노(겟)

멕시코
메이저: 우버
마이너: 캐비파이, 이지택시, 디디,
       택시파이, 블라블라카

아르헨티나, 칠레,
콜롬비아, 에콰도르,
페루
마이너: 우버, 캐비파이

브라질
메이저: 디디, 우버
마이너: 캐비파이, 이지택시

를 지키고 있었다. 결국 우버가 카림을 인수하는 계기가 되었다.

멕시코에서도 경쟁은 치열하다. 2018년 멕시코로 사업을 확장한 중국 디디의 추격이 맹렬하다. 2019년 1월 99를 인수하면서 디디는 브라질에서 우버와의 혈전에 돌입했다. 다른 중남미 국가에서는 스페인에서의 앙숙 캐비파이와 주도권 쟁탈전 중이다.

2014년 12월 영국의 일간지 『파이낸셜타임스』는 '우버드Ubered'라는 표현을 써서 모든 것이 '우버화'되어가고 있다며 바야흐로 거대한 공유경제 시대가 왔다고 밝혔다. 세계적인 광고회사 퍼블리시스Publicis의 CEO 모리스 레비Maurice Lévy는 "모두가 '우버화'될까 걱정하고 있습니다. 하루아침에 자신들의 사업이 사라져버릴 수 있다고 생각하는 거죠."

라고 말했다. 우버의 파괴적인 혁신 모델은 '우버드' '우버화'로 불리며 전 사업 분야로 확장되고 있다. 새로운 기술과 기업의 등장으로 기존 산업 시스템을 재편하는 '우버 모멘트uber moment'도 같은 맥락이다.

현재 우버를 포함한 차량 공유 기업들의 '오리지널리티originality'는 중요한 화두가 아니다. 유니콘 등극의 핵심은 고객이 느끼는 불편함을 어떻게 더 혁신적으로 해결하는 창조적 '진통제pain-killer'가 되느냐에 달려 있다. 단기간에 유니콘을 졸업하고 성공적인 엑시콘으로 도약하느냐의 여부도 바로 이러한 역량에 좌우될 것이다.

반우버 연합의 반격과 승전보
카피캣 사례: 디디추싱

'중국의 우버' 디디추싱은 중국 특유의 원 투 헌드레드 카피캣 전략의 대명사로서 무섭게 성장하고 있다. 성공 비결로는 해외의 검증된 비즈니스 모델을 발 빠르게 도입한 기민함, BAT의 자금투자 그리고 정부의 규제완화를 꼽을 수 있다. 지금까지 총 18번의 투자 라운드를 통해 210억 달러 이상의 투자를 유치했다(「크런치베이스」 기준). 2012년 사업을 시작한 지 8년인데 합병 후 디디추싱으로 출발한 때부터 따지면 불과 5년 만의 성과다.

디디추싱과 우버의 성장 과정에는 뚜렷한 차이점이 있다. 우버 스스로 '단 한 곳도 현지의 택시 및 규제와 대립하지 않은 곳이 없다'고 밝혔듯이 성장 과정이 '투쟁의 역사'에 가깝다. 반면 디디는 택시업계와 협업관계를 구축했다. 중국 내 140만 대의 택시기사에게 무료 호출 서비스를 제공하고 간편결제나 금융 서비스 등 다양한 혜택들을 제

DiDi 디디추싱

설립연도	2012년
창업자	청웨이
기업가치	560억 달러
사업분야	카풀, 택시, 전용차, 럭셔리카, 소형 버스, 대리운전 등
서비스 지역	중국 400개 도시, 전세계 1,000개 도시
실적	누적 적자 390억 위안(2012~2018년)
엔지니어	약 5,000명
협력·투자자	동남아 그랩, 인도 올라, 브라질 99, 유럽·남아프리카 택시파이, 중동 카림, 미국 우버·리프트

공했다. 사업 초기 택시운전자에게 콜당 3~5위안의 리베이트를 제공하고 디디추싱 플랫폼의 모든 서비스를 택시기사에게 제공했다. 택시 사업자도 디디추싱의 콜서비스를 이용하면 배차 효율성이 올라간다. 중국 택시 호출 시장의 99%를 점유할 수 있었던 이유다. 기존 택시업계와의 관계 설정에서 우버는 경쟁과 공존을 선택하고 디디는 협력을 선택한 셈이다.

디디추싱은 택시 면허를 보유한 운전기사와 승객을 연결하는 서비스로 사업을 시작했기 때문에 불법 논란을 피했다. 2014년 8월부터 중국 당국의 묵인하에 택시 면허가 없는 운전자들을 대상으로 차량 공유 서비스인 좐처專車를 시작하면서 카풀, 대리운전, 통근버스 및 스쿨버스까지 다양하게 사업 영역을 확대했다. 결국 2015년 상하이시가 디디추싱의 서비스를 합법으로 인정했다. 중국은 국가 단위에서는 세계 최초로 2016년 7월 자국의 공유경제 발전을 지지하기 위해 차량 공유 서비스를 합법으로 인정했다. 이에 최대 경쟁사인 우버는 '중국은 비즈니스 혁신에서 늘 앞선 생각을 하고 있다.'라는 지지 성명을

중국 차량 공유 서비스[14]

택시   디디추싱   이따오용처   쇼우치위에처   디다추싱   하루오추싱

콰이처   디디추싱   이따오용처   선조우좐처   메이투안다처

좐처   디디추싱   이따오용처   선조우좐처   쇼우이위에처   차오치오추싱   씨트립좐처   오라추싱   샹따오추싱   리치나우
  아우디좐처   허싱위에처   T3추싱   동펑추싱   온타임

카풀   디디추싱   디다추싱   하루오추싱

(출처: ⓒ 2019 Platum Inc)

발표하기도 했다.

중국의 차량 공유 서비스는 택시 호출뿐 아니라 중국 내 우버처럼 개인 차량 호출 서비스 콰이처, 고급 차량을 이용한 프리미엄 서비스 좐처, 그리고 카풀 등 4가지로 구분된다.

중국 차량 공유시장 현황

중국 차량 공유 시장점유율 (단위: %)

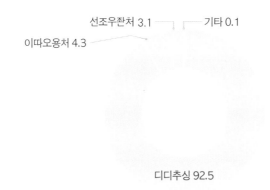

선조우좐처 3.1 ── 기타 0.1
이따오용처 4.3 ──

디디추싱 92.5

(자료: 하이투자증권)

중국 차량 공유 연혁¹⁵

중국 차량 공유 서비스 타임라인 1

이따오용처 출시	2010. 04	
	2012. 06	콰이다처 출시
디디다처 출시	2012. 09	
	2014. 03	우버 차이나 요뿌 출시
디디추싱 출시	2014. 09	
	2015. 01	선조우좐처 출시
콰이디다처와 디디다처 합병	2015. 02	
	2015. 09	디디다처, 디디추싱으로 서비스명 변경
쇼우치그룹, 쇼우치위에처 출시	2015. 09	
	2015. 11	지리그룹, 차오차오좐처 출시

중국 차량 공유 서비스 타임라인 2

디디추싱과 우버 차이나 합병	2016. 08	
	2017. 02	메이투안, 메이투안다처 출시
까오더 쑨펑처, 씨트립좐처 출시	2018. 03	
	2018. 08	창청자동차, 오라추싱 출시
하루오자전거, 하루오추싱으로 서비스명 변경 후, 차량 공유 서비스 진출	2018. 10	
	2018. 12	상하이자동차, 샹따오추싱 출시 BMW, 청두에서 리치나우 서비스 시작 아우디, 아우디좐처 서비스 시작
장화이자동차, 허싱위에처 출시	2019. 01	
	2019. 03	이치자동차, 동펑자동차, 창안자동차 등 난징에서 T3추싱 서비스 시작
동펑자동차, 우한에서 동펑추싱 서비스 시작	2019. 05	
	2019. 06	텐센트와 광저우자동차, 광저우에서 온타임 오픈 베타테스트 시작

(출처: ⓒ 2019 Platum Inc)

중국 모바일 사용자는 2018년 12월까지 8.17억 명이고 그중 모바일 결제 사용자는 71.4%에 달하는 5.83억 명으로 집계되었다. 디디추싱은 400개 도시, 이용자 수 5억 5,000만 명, 하루 승차 횟수 3,000만 회, 누적 주문 100억 회, 등록 운전자 2,100만 명, 수집하는 교통 데이터는 하루에 100테라바이트 이상인데 중국 내 점유율 93%로 사실상 시장을 독점하고 있다.

중국은 우버가 설립되어 본격적인 서비스를 시작한 다음 해인 2010년부터 일찌감치 차량 공유 서비스가 출현했다. 그리고 현재 100여 개의 플랫폼이 존재하는 것으로 알려졌다. 디디추싱은 확고하게 중원을 평정한 뒤 '반 우버 연합군'의 수장 역할을 하며 눈길을 해외로 돌리고 있다. 막강한 내수 고객을 바탕으로 2015년 말 미국의 리프트, 인도의 올라, 동남아시아의 그랩택시와 공동 서비스를 선보였

디디추싱 주요 해외 진출

지역	내용
홍콩	디디추싱의 전신인 콰이디다처가 택시 호출 서비스(콰이디 택시)를 론칭. 2018년 2월 디디 앱으로 브랜드 통합
대만	2018년 1월, '디디지청처'와 '디디순펑처' 서비스를 출시했으나 그해 4월 서비스 잠정 중단
브라질	2018년 1월, 브라질 최대 차량 승차 공유 서비스 업체 99택시를 인수. 99택시를 통해 서비스
일본	2018년 2월, 투자자인 소프트뱅크와 합작회사 '디디 모빌리티 재팬'을 설립한 뒤 그해 9월 오사카 일대를 중심으로 국지적인 서비스를 시도 2019년 4월, 도쿄와 교토까지 범위를 넓히며 일본 3대 도시에서 서비스 돌입 중국과 홍콩의 기존 디디추싱 이용자들은 별도의 앱 설치 없이 인앱으로 일본에서 사용 가능, 중국 관광객을 위해 실시간 번역 서비스 지원
멕시코	2018년 4월, 멕시코에서 서비스 시작
호주	절롱에서 한 달간 시범 운행을 한 뒤 2018년 6월 멜버른에서 정식 서비스 돌입. 이후 뉴캐슬로 서비스 지역 확대. 2019년 7월 브리즈번에서도 서비스 시작
칠레와 콜롬비아	2019년 6월, 칠레와 콜롬비아에서 콰이처 서비스 시작

(출처: ⓒ 2019 Platum Inc)

디디추싱 해외투자 현황

업체	시기	투자유형	금액(백만 달러)	주요 국가(지역)
리프트	2015. 5 2016. 1	시리즈 E 투자 시리즈 F 투자	150 1,000	미국
그랩	2015. 8 2017. 7	시리즈 E 투자 -	350 2,000	싱가포르
올라	2015. 9	시리즈 F 투자	500	인도
99택시	2017. 1 2018. 초	시리즈 C 투자	300+ a	브라질
볼트(전 택시파이)	2017. 8	-	1,000만 달러 이상	유럽, 아프리카
카림	2017. 9	전략투자	미공개	두바이

(출처: 언론종합, 디디추싱, 삼성증권)
(참고: 2018년 기준)

다. 이들 4개 서비스가 지원하는 지역이면 어떤 앱을 써도 같은 서비스를 받을 수 있다. 디디추싱은 2017년 4월 스타트업계 사상 최대 규모의 후속투자를 받아 화제가 되기도 했다. 소프트뱅크가 주도한 투자에서 55억 달러를 투자받으며 설립 5년 만에 기업가치 500억 달러로 불어난 것이다. 2018년에는 브라질 업계 1위 99를 인수하며 남미에 진출했다. 멕시코, 호주에 지사를 내는 한편 일본에서는 소프트뱅크와 합자회사를 설립해 온라인 택시 서비스 제공에 나섰다. 최근 칠레와 콜롬비아에서도 서비스를 시작했다. 디디추싱은 지분 투자를 통한 간접 진출을 포함하면 전세계 80% 이상의 인구에게 서비스를 제공하는 글로벌 모빌리티 플랫폼으로 성장했다.

디디추싱의 성장을 바라보며 생각해볼 점은 무엇일까?

최근 이방인에게 문을 열지 않던 아카데미 시상식에서 역대 처음으로 주요 오스카를 쓸어 담은 한국 영화 「기생충」이 화제가 되었다. "가장 개인적인 것이 가장 창의적인 것"이라는 봉준호 감독의 수상 소감

영화 「기생충」으로 아카데미 시상식에서 상들을 휩쓴 봉준호 감독은 수상소감으로 "가장 개인적인 것이 가장 창의적인 것"이라고 말했다. 창의적인 아이디어로 혁신을 꿈꾸는 모든 스타트업에게 디디추싱의 창의성을 다시 들여다보게 한다.

은, 창의적인 아이디어로 혁신을 꿈꾸는 모든 스타트업에게 디디추싱의 창의성을 다시 들여다보게 한다. 디디추싱에는 비즈니스 모델을 입증한 우버, 우버의 단점인 신뢰를 보완한 리프트, 한국의 카카오택시, 콜버스, 대리운전, 오포의 자전거까지 모두 모자이크처럼 들어 있다. 게다가 다양한 오프라인과의 편리한 결제 시스템 등 모빌리티 생태계와도 촘촘하게 연계되어 있다. 가장 중국적이지만 동시에 가장 글로벌한 교통 O2O 서비스다.

'도광양회韜光養晦'라는 말이 있다. 빛나는 모습을 감추고〔韜光〕 어둠 속에서 실력을 기른다〔養晦〕는 뜻이다. 『삼국지』에서 세가 약했던 유비는 조조에게 몸을 의탁했다. 막강한 권력자 조조의 경계심을 풀고자 유비는 뒷마당에 채소를 심고 물을 주는 일로 소일했다. 어느 날 조조가 유비를 불러 둘은 정원에 앉아 '영웅'을 논했다. 조조가 "천하의 영웅은 그대와 나, 오직 둘 뿐"이라고 말하자 유비는 깜짝 놀라 숟가락을 떨어뜨렸다. 조조는 얼굴빛이 변하며 벌벌 떠는 유비를 보고 의심을 하던 마음이 눈 녹듯 사라졌다.

조조는 결국 호랑이를 키운 셈이 되어 훗날 큰 낭패를 본다. 늘 변하는 상황에서 주도권을 쥐기 위해서는 선불리 행동하지 않고 물결의 흐름을 따라 함께 흘러가야 한다. 미래의 카피타이거는 제로 투 원 비즈니스 모델의 성공을 누구보다 먼저 기민하게 알아채고 목표 시장에 가장 최적화된 형태로 '개선'하여 빠르게 실행에 옮겨야 한다. 미래의 유니콘은 때로 산 위에 앉아 호랑이 두 마리가 다투는 것을 지켜보는 '좌산관호투坐山觀虎鬪'처럼 냉정한 방관자의 입장이면서 집요하게 '셈算'하는 자세가 필요하기 때문이다.

카피캣 사례: 리프트

북미 시장에서 우버를 가장 긴장시키는 존재는 리프트다. 2012년 설립된 차량 공유업체 리프트는 2018년 기준으로 미국 라이드셰어링 시장의 점유율 39%를 기록했다(2016년 22%). 대학 내 카풀 서비스로 출발한 리프트는 현재 미국 내 우버의 가장 강력한 대항마로 꼽힌다. 주요 시장은 미국이고 캐나다는 일부 도시에서 이용 가능하다.

주요 비즈니스 모델은 라이드셰어링이고 자전거·스쿠터 공유사업, 대중교통 길안내, 자율주행 분야로 확장하고 있다. 고객들은 앱을 통해 요금을 지불하는데 기본요금과 주행거리당 비용과 시간당 비용이 포함되고, 실시간 수요 상황과 교통 상황이 반영된다. 리프트는 2018

우버 vs. 리프트 주요 지표 비교

우버, 리프트 주요 사용자 지표 추이

유저 숫자는 지속 상승세

(백만 명)

(백만 명)

── 우버 월간 활성 플랫폼 유저 (좌측)
── 리프트 활성 탑승자 수 (우측)

우버, 리프트 순매출액 추이

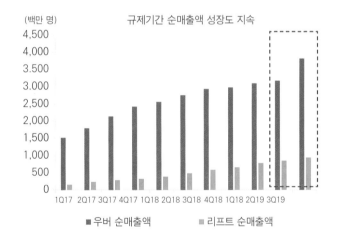

규제기간 순매출액 성장도 지속

(백만 명)

■ 우버 순매출액   ■ 리프트 순매출액

(자료: 각사, 삼성증권)

년 10월부터 업계 최초로 구독형 서비스All-Access Plan를 시작했다. 고객이 30일에 299달러를 지불하면 회당 15달러에 최대 30회까지 서비스 이용이 가능하다. 그러자 우버도 앱 사용시 요금 할인을 받고 음식은 무료로 배달받을 수 있는 라이드 패스Ride Pass 월정액(24.99달러) 서비스를 내놓았다.

리프트는 우버보다 먼저 2019년 3월 29일에 기업공개를 통해 엑시콘으로 전환되었는데 시가총액 264억 달러로 첫날 거래를 마쳤다. 차 한 대 보유하지도 않은 기업의 가치를 렌터카 1위 회사 허츠Hertz보다 23배나 높게 평가하고 유나이티드항공보다도 높게 평가한 것이다. 상장 당일 현대차와 시가총액이 비슷한 수준이었다. 리프트는 상장 전 대규모 적자에 대한 우려가 있었다. 110만 명의 운전기사와 1억 8,600만 명의 승객을 보유한 리프트는 기업공개를 앞두고 우버와 출혈 경쟁을 벌여 2018년 21억 6,000만 달러 매출에도 9억 1,100만 달러 적자를 기록하는 등 수익이 좋지 못했다. 그럼에도 차량호출 사업의 미래에 대한 기대가 우려를 압도했다는 평가다. 리프트 상장은 긱이코노미 기업이 처음 기업공개를 했다는 의미도 있다. 주요 주주는 일본 전자상거래업체인 라쿠텐(11.5%)을 비롯해 GM(6.8%), 피델리티(6.8%), 앤드리슨호로위츠(5.1%), 구글(4.7%) 등이다.

우버가 고급 리무진 차량 이용 서비스로 시작한 것과 달리 리프트는 저렴한 택시를 표방하며 시작했다. 또한 차량 공유 서비스 이용자가 느끼는 불안감을 없애기 위해 철저한 검증 시스템을 도입했다. 리프트의 서비스는 도시마다 차이가 있는데 우버처럼 다양한 형태로 제공된다(오리지널 리프트, 리프트 XL, 리프트 럭스, 럭스 블랙, 럭스 블랙 XL 등).

카림은 맥킨지 출신의 무다시르 세이카(왼쪽)가 직장 동료 마그누스 올센과 2012년 두바이에서 공동 창업했다.

카피캣 사례: 카림

반우버 연합은 주로 지역 단위의 강호들이 연합하는 형태다. '중동판 우버'로 불리는 카림이 2019년 우버에 31억 달러로 매각되었다. 카림은 중동 중심의 15개국의 100여 개 도시에서 3,000만 명 이상 사용자로 중동 지역에서는 점유율 1위를 지키고 있었다. 2005년 두바이에서 창업한 중동 최대 전자상거래 업체 수크닷컴Souq.com이 2017년 아마존에 인수(5억 8,000만 달러)된 데 이어 두바이 출생 스타트업의 두 번째 성공 신화로 기록되었다.

카림이 우버를 누르고 중동 지역의 맹주로 군림할 수 있었던 비밀은 어디에 있었을까? 우버가 쉽게 따라할 수 없을 만큼 '현지화'에 성공했다는 점이다. 카림은 맥킨지 출신의 무다시르 세이카Mudassir Sheikha가 직장 동료 마그누스 올센Magnus Olsson과 2012년 두바이에서 공동 창업했다. 우버와 경쟁해 작은 현지 기업이 성공하려면 특별한 전략이 필요했다. "중동의 특수한 문화를 잘 아는 '로컬 스타트업'이었기 때문이다." 카림의 무다시르 셰이카가 털어놓은 성공 비결이다. 중동은 신용카드는 물론 중국처럼 모바일 결제가 익숙하지도 않은 상황이었다. 카림은 고객의 불편함을 우버보다 1년 먼저 해결했다. 고객은 콜센터와 통화로 차를 부르고 이용대금은 현금으로 지급할 수 있다. 누구보다 현지 상황에 밝은 로컬 기업의 장점을 십분 발휘한 경우다.

라이드헤일링이라는 생활 밀착형 비즈니스의 특성상 다양하고 기발한 마케팅은 불가피한 측면이 있다. 우버는 성 패트릭의 날(3월 17일)에는 승객에게 백파이프 연주를 들려주는 이벤트를 펼쳤고, 미국 최대의 스포츠 이벤트인 미식 축구 결승전 슈퍼볼Super Bowl 선데이에 열리는 강아지 슈퍼볼인 '퍼피볼Puppy Bowl'을 우버 회원의 집에서 개최했다. 우버 앱에서 '강아지PUPPY' 버튼을 발견해 신청하면 된다. 또 크리스마스에는 크리스마스 트리를 나눠주었고 여름에는 아이스크림을 나눠주었다. 하지만 중동지역에 진출한 우버가 도저히 엄두도 내지 못한 이벤트를 카림은 실행에 옮겼다. 2016년 9월 카림은 이슬람 율법에 따라 제의로 사용된 양고기를 사우디아라비아의 수도 리야드 승객에게 제공했다. 지역 목장에서 양이나 염소를 사서 어떻게든 집으로 운반해 제사를 지낸 후 고기를 친구와 가족과 어려운 이웃과 함께 나눠먹는 이드 알아드하Eid al-Adha 전통을 현지 실정에 맞추어 좀 더 편하게 지키도록 돕기 위한 서비스였다.

중동은 주소와 도시의 구획이 명확하지 않아 차량 호출에 불편함이 컸다. 카림은 자체 지도를 만들어 고객이 원하는 정확한 지점으로 차량이 도착할 수 있도록 배려했다. 여성 승객에게는 불안감을 덜기 위해 노력했다. 여성 인권과 관련한 문제 방지를 위해 운전자 이력 검증을 엄격하게 했다. 최근 사우디가 여성 운전을 허용하자 카림은 여성 '캡틴'(운전자)을 교육하기 시작했다. 후발기업 카림의 성공 사례는 이처럼 살아 있는 밀착형의 세심한 현지화 전략이 있었기 때문이다. 우버에 매각이 발표된 2019년 3월 26일 두바이 군주 셰이크 무함마드 빈 라시드 알막툼은 SNS를 통해 '1999년 두바이 인터넷 시티를 사막에 세우겠다는 생각에 많은 사람들은 의문을 던졌다. 2년 전 아마존이 수크닷컴을 인수했는데 오늘 우버가 카림을 인수했다. 이들 초대형 기업이 두바이의 사막에서 꽃을 피웠다.'라고 소회를 밝혔다.

카피캣 사례: 그랩

2018년 3월 '동남아시아 우버' 그랩은 차량 공유의 대명사인 우버의 동남아시아 사업부문 인수를 공식 발표했다. 그랩은 우버의 차량 공유 서비스와 음식배달 사업 전부를 인수하고, 우버는 합병회사의 지분 27.5%를 보유하는 내용이다. 싱가포르에 기반을 둔 그랩은 동남아 8개국 약 500여 개 도시에서 누적 운행 25억 건, 710만 명의 기사, 1억 명이 넘는 가입자를 확보한 상태다. 2020년 5월 기준 기업가치는 143억 달러의 데카콘으로 분류된다. 지금까지 총 21번의 투자라운드를 통해 88억 달러의 투자를 유치했다.

2016년 8월 우버 차이나가 중국 디디추싱에 합병되자 그랩 최고경영자 앤서니 탄Anthony Tan은 사내 구성원들에게 이메일을 보냈다. "우버는 이미 한 번 졌다. 우리는 우버에 한 번 더 실패를 안겨주겠다We

그랩 서비스

will make them lose again." 탄은 중국에서 백기를 든 우버가 동남아시아 시장으로 관심을 돌릴 것을 예상했고 사내 구성원들에게 강한 자신감을 불어넣으려 한 것이다. 그의 예상은 적중했고 그랩은 아시아 시장을 놓고 벌어진 우버와의 혈전에서 승리한 두 번째 기업으로 기록되었다.

동남아시아 여행객이라면 그랩 앱 하나로 일상의 대부분이 해결된

그랩 바자이 (출처: 그랩)

다. 자카르타의 식당에 가면 음식배달 서비스 '그랩 푸드' 전속 배달원들이 초록색 셔츠를 입고 대기 중이다. 길거리의 전통 소매점에선 그랩 앱을 통해 바코드를 찍어 결제한다. 관광지에선 전통 삼륜차를 이용한 '그랩 바자이bajay'를 타고 안내를 받는다. 그랩은 차량 호출을 넘어 음식배달, 티켓 예매, 집 청소에서 수리 등 14가지 서비스를 통해 매일 사용하는 앱으로 진화했다.

그랩은 동남아시아처럼 상대적으로 주목받지 못하는 지역을 중심으로 일상의 불편함을 개선하는 생활밀착형 혁신을 선보였다. 탄은 말레이시아의 부유한 사업가 집안에서 태어났다. 그의 증조할아버지는 택시기사였고 할아버지는 일본 자동차를 수입해 말레이시아에 판매하는 탄청모터스의 창업주였다. 그리고 아버지는 최고경영자였다. 가업을 물려받을 예정이었던 탄은 미국 유학 시절 사귄 친구의 불평불만에 삶의 경로를 바꿨다. 2011년 탄을 만난 한 동기생은 말레이시아에서는 택시를 잡는 것도 어렵고, 택시기사가 제대로 목적지를 가

왼쪽부터 앤서니 탄, 후이 링 탄. 두 사람은 부부이다.

는지도 알 수 없으며, 택시 요금은 기사 마음대로 결정한다며 푸념을 늘어놓았다. 탄은 이 말에서 사업 기회를 발견했다. 말레이시아인들에게 그처럼 불편한 서비스는 어제오늘 겪은 일이 아니었다.

탄은 택시 타기란 원래 불친절하고 체계가 없는 것이라는 오래된 관념을 뒤바꾸는 혁신을 떠올렸다. 그랩의 전신인 마이택시MyTeksi의 출발점이었다. 하버드 비즈니스 스쿨 동창생인 앤서니 탄과 후이링 탄은 교내 아이디어 경진대회에서 택시 호출 서비스 아이디어를 냈고, 2012년 6월 탄은 마이택시 프로젝트를 바탕으로 만든 그랩택시 Grabtaxi 서비스를 쿠알라룸푸르에서 시작했다. 스마트폰을 소유한 소비자가 늘면서 통화보다는 앱을 선호하기 시작했고 이용자가 늘기 시작했다. 이들은 서비스 론칭과 동시에 해외 진출에 나섰다. 2013년에 싱가포르, 필리핀, 태국에 진출했고 2014년에는 베트남과 인도네시아 시장에 진입했다. 이용자나 운전자의 반응은 폭발적이었다.

그랩이 우버에 대해 꺼내 든 필승 전략은 현지화였다. 당시 우버는 동남아시아 시장에 세심한 관심을 두지 않았다. 현지 법인과 지사장을 배치하지도 않을 정도였다. 그랩은 동남아 시장 맞춤형의 지속적인 서비스를 선보였다. 2014년 본사를 말레이시아에서 싱가포르로 옮기고 콜택시인 '그랩택시', 차량 공유인 '그랩카', 카풀 서비스 '그랩히치', 오토바이 공유 '그랩바이크' 등 서비스를 다양화했다. 베트남, 인도네시아 등 오토바이가 차를 능가하는 개인 교통수단인 곳에서는 그랩바이크가 각광받았다. 현지 전자상거래업체들을 위한 '그랩익스프레스'라는 배달 서비스도 출시했다. 앤서니 탄은 이처럼 다양한 서비스를 무기로 택시호출을 넘어 모빌리티 공유 기업으로 전환하려는 의지를 담아 2015년에 '그랩'으로 브랜드를 통합했다.

창업 초기 어려움은 많았다. 부잣집 도련님의 취미 정도로 보는 시선도 팽배했다. 가장 골칫거리는 말레이시아의 낮은 모바일 보급률이었다. 탄은 발로 뛰는 영업을 택했다. 공항, 호텔, 주유소 등을 직접 돌아다니며 그랩택시를 알리고 기사들을 모집했다. 점차 그랩택시에 가입하는 기사들이 늘어났다. 기사들에게 스마트폰 구매 보조금을 지급하도록 스마트폰 제조사와 이동통신사를 설득했다. 결국 그랩택시 운전자 수가 급증하고 덩달아 많은 현지인과 관광객들이 앱을 깔고 사용량도 늘어났다. 탄은 이를 바탕으로 말레이시아를 벗어나 동남아 주요 국가로 사업 범위를 확대할 수 있었다. 그랩은 택시업계와 상생을 택했고 현지 정부와도 갈등을 일으키지 않는 전략을 구사하며 동남아 시장을 장악했다. 그랩은 현금으로도 결제할 수 있는 시스템을 구축하여 가입자를 끌어 모았다. 저렴한 수수료도 빼놓을 수 없는데 싱가포르에서는 1건당 0.2달러(약 220원), 태국은 0.7달러(약 760원)로 알려졌다.

그랩은 오토바이 같은 다른 교통수단을 추가하는 등 사업을 다각화

했다. 2015년 5월에 인도네시아, 7월에 태국 방콕에서 그랩바이크라는 오토바이 공유 서비스도 시작했다. 그밖에 국가별로 지역화된 서비스를 제공하고 있다. 최근 동남아시아에서의 위상을 반영하듯 그랩은 한국 대기업들의 러브콜이 잇따르고 있다. 현대차그룹은 2018년 1월 2,500만 달러(284억 원)에 이어 11월 2억 5,000만 달러(2,840억 원) 그랩에 투자한다고 밝혔다. 총금액은 2억 7,500만 달러(약 3,120억 원)에 이른다. 대기업의 전형적인 '유니콘 헤지'로 해석될 수 있다. 현대차 입장에서는 미래차 산업의 핵심인 '스마트 모빌리티' 사업을 본격화하기 위해 해당 영역의 일부를 선점하고 있는 유니콘 기업들에 적극적인 투자와 제휴를 맺는 미리 맺어두는 것이다.

현대차가 1월에 투자 발표를 한 지 한 달도 지나지 않은 2월에 삼성전자 또한 그랩과 전략적 제휴MOU를 체결한다고 발표했다. 이를 통해 삼성전자는 스마트폰과 태블릿 등 최신 스마트 기기와 함께 기업 고객에 최적화된 모바일 솔루션과 보안 기능을 동시에 제공하는 '녹스Knox', 스마트폰 구입을 위한 파이낸싱 프로그램도 제공한다. 또한 그랩이 설치를 확장해 나가고 있는 그랩 키오스크GrabKiosks와 그랩 부스GrabBooths에 삼성전자 제품을 공급하며 싱가포르 그랩택시에 도입 예정인 차량용 인포테인먼트 시스템도 맡기로 했다. 재계 3위 SK그룹의 지주회사인 SK㈜ 또한 그랩이 진행한 약 20억 달러(약 2조 1,200억 원) 규모의 투자 유치에 재무적 투자자로서 중국 디디추싱과 일본 소프트뱅크와 함께 참여했다.

단기간 급성장을 통해 데카콘으로까지 발돋움한 그랩에서 주목할 점은 무엇일까? 첫째, 철저히 틈새시장을 집요하고 효과적으로 공략한 점이다. 인구 수 6억 명의 동남아 시장은 분명 큰 시장임에도 글로벌 기업들은 단일 국가인 중국이나 인도가 우선이었다. 중국 시장에서 우버가 디디추싱과 사활을 건 혈전을 벌이는 동안 그랩은 동남아 시장을 서서히 잠식했다. 우버는 매년 여름 우버 차량을 통해 아이스크림을 배달해주는 '아이스크림 데이' 이벤트를 진행한다. 앤서니 탄은 그랩을 통해 이 프로모션을 카피했다. 차이가 있다면 현지 사람들이 아이스크림보다 더 좋아하는 '두리안'을 배달하는 것이었다. 지독한 냄새 때문에 배달에 엄두를 못내던 과일을 특수 포장을 해서 단돈 1링깃(280원 정도)에 제공했다. 반응은 폭발적이었다. 탄은 "외국인은 이런 아이디어를 생각해낼 수 없습니다. 제아무리 우버라고 해도 동남아의 로컬라이제이션을 우리보다 잘할 수는 없죠."며 자평했다. 그랩은 그동안 자신의 영토에 누구도 침범 못 할 '로컬라이제이션'이라는 해자moat를 구축한 것이다.

둘째, 서비스 이용자와 공급자 양쪽을 다 만족시키는 다양하고 실질적인 가치제안을 제공한 점이다. 그랩은 양면 시장을 연결하는 플랫폼 비즈니스의 가장 어려운 숙제를 철저한 현지화를 통해 해결했다. 수수료 일부를 택시 기사에게 보조금으로 돌렸다. 또한 자사 운전자로 1주일 48시간 일하면 한 달에 약 400달러를 제시했는데 현지 금융업 종사자 초봉과 비슷한 수준이다. 현지 사정에 능통했고 현지인들이 느끼는 가장 큰 불편을 누구보다 빨리 파악했다. 현금결제는 현지인들의 소비 습관을 정확히 알고 있었기 때문에 가능했던 일이다. 그랩의 매력을 경험한 사람들 사이에 '동남아에서 그랩만한 서비스가 없다'는 것이 점차 불문율처럼 퍼졌다.

"우리는 단순 차량 공유 기업이 아니라 생활 필수 앱으로 진화하겠다."라는 그랩의 선언이 주목받고 있다. 후이 링 탄Hooi Ling Tan 최고운영책임자COO는 "더 이상 교통에만 머물지 않고 오픈 플랫폼 전략에 따라 다양한 파트너십을 확보해나갈 것이다."라고 밝혔다. 그랩의 최종 목표는 '사용자들이 매일 사용하는 슈퍼 앱'이 되어 음식배달, 전자결제, 금융, 헬스케어 영역 등 사람들의 모든 일상과 접점을 공유하는 것이다. 이를 위해 '그랩 플랫폼'이라는 개방형 서비스를 통해 다른 기업의 여러 기술을 융합하려는 계획이다.

이미 중국의 알리페이와 위챗이 입증했고 페이스북도 뒤를 따르고 있다. 일상의 다양하고 전문화된 버티컬vertical 영역들을 통해 매출과 데이터를 확보할 수 있는 슈퍼 앱 모델은 단일 영역인 차량 호출에 비해 안정성과 수익성 그리고 규모의 경제를 확보하는 데 유리할 수밖에 없다.

3

에어비앤비가 쏘아올린 '공유의 공'

카피캣 사례: 카우치서핑과 에어비앤비

에어비앤비는 우버와 함께 공유경제를 상징하는 대표 기업이 되었다. 브라이언 체스키Brian Chesky, 조 게비아Joe Gebbia, 네이선 블레차르지크Nathan Blecharczyk가 공동으로 2008년 미국 샌프란시스코에서 설립했다. 현재 기업가치는 180억 달러(2020년 5월 기준)이다. 온라인과 모바일을 통해 빈방과 여행객들을 연결하는 플랫폼이다. 단순히 숙박업소 이용이 아니라 현지인들의 삶에 들어가 생활하는 경험을 제공해 준다는 것이 차별점이다.

산업디자인을 전공한 브라이언 체스키는 2007년 샌프란시스코로 가서 로드아일랜드 디자인 스쿨 동창생인 조 게비아와 함께 생활을 시작했다. 그러던 중 2008년에 샌프란시스코에서 국제 디자인 콘퍼런스 연례회의가 열렸다. 두 사람도 참석하기 위해 행사 홈페이지를 보다가

에어비앤비 현황[16]

기본정보

700만 이상
전세계 에어비앤비 숙소 수

100,000
에어비앤비에 숙소가 등록된 도시 수

220+
에어비앤비 숙소가 있는 국가 수

2008년, 브라이언 체스키, 조 게비아, 네이선 블레차르지크는 에어비앤비를 설립했습니다. 에어비앤비에 등록된 최초의 숙소는 샌프란시스코 라우시 거리에 있는 브라이언과 조의 아파트였습니다.

에어비앤비는 전세계 34개 도시에 지사가 있습니다.

에어비앤비에는 14,000개 이상의 초소형 주택과 4,900개 이상의 성, 2,400개 이상의 트리하우스가 숙소로 등록되어 있습니다.

5억+
에어비앤비 총 게스트 체크인 수

200만+
하룻밤에 에어비앤비에 머무는 게스트의 평균 수

1,000+
에어비앤비 체험을 이용할 수 있는 도시

50,000+
전세계 예약 가능한 체험

참가자들이 숙소를 잡지 못해 고생한다는 걸 알았다. 무려 1만 명이 참석하다 보니 생긴 일이다. 두 사람은 아파트 임대료나 벌자는 생각에서 참가자들을 대상으로 잠자리를 제공하기로 했다. 게비아가 가진 3개의 에어매트릭스를 활용해 거실에 잠자리를 만들고는 사진을 찍어 인터넷에 올렸다. 그러자 놀랍게도 세 명이나 신청을 해왔고 그들에게 1인당 1박에 80달러를 받고 공항 픽업과 아침 식사 제공까지 했는데 5일 만에 1,000달러를 벌었다. 두 사람은 사업으로 키워보자는 생각을 하고 마이크로소프트에서 일하던 네이선 블레차르지크를 끌어들였다. 그렇게 셋이서 의기투합해 만든 게 에어비앤비이다. 에어비앤비는 에어매트릭스와 조식을 뜻하는 에어 베드 앤드 브랙퍼스트Air Bed and Breakfast의 약자다.

　독특한 창업 스토리와 놀라운 성과에도 불구하고 에어비앤비의 비즈니스 모델 또한 카피캣에 해당한다. 원조격은 바로 카우치서핑couch surfing인데 여행자가 잠잘 수 있는 소파couch를 찾아다니는 것surfing을 뜻한다. 호스트는 여행자들을 위해 자신의 남는 카우치를 제공하고 여행자(서퍼)들은 이 카우치에 무료로 머무를 수 있는 전세계 여행자들의 숙박 공유 커뮤니티이다. 유년시절 넉넉지 못한 가정 형편으로 여행을 많이 해볼 수 없었던 미국 보스턴의 대학생 케이시 펜턴Casey Fenton은 1999년 아이슬란드행 항공권을 저렴하게 구할 수 있었다. 현지를 여행하며 숙박비를 아낄 방법을 생각하던 중 아이슬란드 대학생 1,500명에게 자기를 무료로 재워줄 수 있냐고 이메일을 보냈는데 그 중 50명에게 연락이 왔다.

케이시 펜턴은 아이슬란드 여행을 끝내고 돌아오는 길에 카우치서핑에 대한 구상을 하게 되었다. 그는 3명의 친구들과 함께 카우치서핑 소규모 프로젝트를 시작했고 2004년에 정식으로 카우치서핑 사이트를 오픈했다. 초창기에는 사무실이나 직원 없이 세계 곳곳의 도시별로 공동체collectives를 구축하는 방식으로 운영했다. 현재 인터넷 사이트와 페이스북을 통해 운영되고 있으며 회원들은 카우치 제공 내용과 후기를 공유한다. 경험이 많고 중요한 역할을 수행하는 자원봉사자들을 '홍보대사Ambassador'로 부르는데 카우치서핑을 통해 얻은 경험을 바탕으로 거주 지역 안에서 다양한 모임을 이끌고 있다. 여행하고자 하는 국가의 현지인들 도움을 받아 무료 숙박뿐 아니라 현지인의 생생한 가이드까지 받을 수 있어 문화 교류로 이루어질 수 있다는 장점이 있다.

에어비앤비가 비영리적 커뮤니티인 카우치서핑에서 출발하여 본격적인 숙박공유 비즈니스를 정립시켰다. 그러자 이 비즈니스 모델을 사람이 아닌 반려동물계에 접목하여 확장을 시도하는 기업들도 생겨

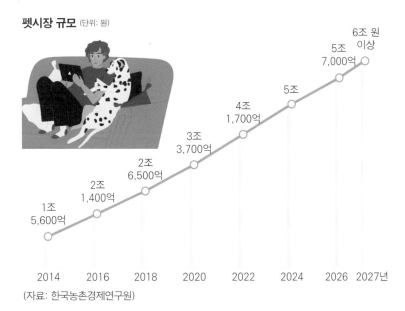

펫시장 규모 (단위: 원)

1조
5,600억

2조
1,400억

2조
6,500억

3조
3,700억

4조
1,700억

5조

5조
7,000억

6조 원
이상

2014   2016   2018   2020   2022   2024   2026   2027년

(자료: 한국농촌경제연구원)

났다.

　최근 국내만 하더라도 반려동물 인구가 1,000만 명을 돌파하며 '펫코노미Pet+Economy'가 빠르게 성장하고 있는데 한국농촌경제연구소에 따르면 2027년에는 무려 6조 원 규모로 성장할 전망이다. '펫시터(임시로 반려동물을 돌봐주는 사람)'와 반려동물 보호자를 연결해주는 '펫시터 중개 플랫폼'도 급성장하고 있다. 반려동물을 키우는 1인 가구가 늘어나면서 장시간 집을 비워야 할 때 동물을 돌봐줄 사람에 대한 수요가 증가했기 때문이다. 펫시터 중개 플랫폼은 미국 등 반려동물 문화가 정착한 선진국에선 이미 대중적인 서비스로 자리잡았다. 반려동물판 우버와 에어비앤비로 불리는 도그베케이DogVacay, 로버닷컴Rover.com, 와그Wag 등 대형 중개 플랫폼이 경쟁 중이다.

카피캣 사례: 도그베케이

에어비앤비 서비스를 애완동물계에 접목시킨 한 부부가 있다. 도그베케이의 설립자인 애런 허쉬혼Aaron Hirschhorn과 카린 니심Karine Nissim이다. 미국 로스엔젤레스에 거주하는 이들은 각각 금융업과 미디어업에서 일하던 평범한 부부였다. 이들 부부는 매번 휴가 때마다 애견 두 마리를 데리고 다니는 게 고민이었다. 그러던 중 애견호텔에 애견을 맡겨두고 휴가를 다녀 온 적이 있었다. 그들은 여행 후 키우던 강아지가 3일 동안 책상 밑에만 숨어 있는 것을 보고 놀랐고 작고 밀폐된 케이지에서 생활할 수밖에 없는 애견호텔의 문제점을 확실하게 깨달았다. 이후 에어비앤비를 보면서 강아지에게도 동일한 비즈니스 모델을 적용할 수 있겠다는 아이디어를 떠올렸다.

그로부터 2년 뒤인 2012년 그들은 반려견 주인과 반려견을 돌봐줄 시터sitter를 연결하는 서비스를 시작했다. 2012년 3월에 벤처캐피털 달러 쉐이브 클럽으로부터 600만 달러를 투자받아 애견 보호인 중개 서비스 도그베케이를 설립한 것이다. 반려견을 키우는 가정이라면 휴가 동안 애완동물을 어디에 맡길지 고민되게 마련이다. 주변에 맡길 사람은 마땅치 않고 애견 호텔은 가격이 높지만 신뢰가 가지 않기 때문이다. 도그베케이는 이 문제를 훌륭하게 해결하면서 애견계의 에어비앤비로 불리며 미국뿐 아니라 여러 나라에서 큰 인기를 얻고 있다. 현재 도그베케이 서비스는 전세계 3,000곳에서 가능하다.

사용법은 간단하다. 사용자가 우편번호나 주소를 입력하면 해당하는 장소에 있는 호스트가 연결되며 시터(강아지 돌보미)를 하기 위해 청소년, 프리랜서, 가정주부, 은퇴 노인 등 다양하게 지원한다. 그럼 도그베케이는 그들의 환경과 평판을 조회하고 영상교육과 시험을 통과한 사람에 대해서만 자격을 부여한다. 엄격하게 선정된 시터들은 자신의 프로필에 강아지가 지낼 환경이 어떤지, 현재 몇 마리의 반려견이 있는지 등을 기재한다. 프로필을 보고 신청한 이용자가 장기간 반려견을 맡길 경우에는 매일매일 상태를 촬영해 보내주기도 한다. 호스트로 등록된 사람 역시 애완동물을 길렀거나 기르는 사람들이기 때문에 안심하고 맡길 수 있다. 에어비앤비처럼 사용자가 호스트를 평가하는 것도 가능해 만족도 역시 높은 편이다. 요금은 애견 보호인이 스스로 책정한다. 서비스에 등록할 때 산책, 털 빗겨주기 등 가능한 추가 서비스를 적고 요금을 차등해 받는다. 애견 한 마리를 맡기는 데 하루 평균 30달러 정도이다. 도그베케이는 수수료 15%를 가져간다.

도그베케이는 이런 성공 덕분에 설립 1년여 만에 벤처캐피털 벤치마크, 앤드리슨호로비츠 등의 투자자들로부터 2,200만 달러를 유치하는 데 성공했다. 이후 2017년 경쟁사인 로버와 합병했다.

카피캣 사례: 로버닷컴

세인트 루이스 소재 워싱턴 대학의 컴퓨터 사이언스 3학년에 재학 중이었던 필립 키미Philip Kimmey는 어느 주말 고향 시애틀에서 열리는 스타트업 컨벤션에 참석했다. 그리고 그곳에서 벤처캐피털의 간부로 일하고 있던 그렉 고츠만Greg Gottesman을 만나게 되었다. 그렉은 키미의 여러 활동에 깊은 인상을 받았고, 여름 동안 자신의 벤처캐피털 사무실 한 구석에서 프로젝트를 진행하는 것을 제안했다. 그렉은 애견 산업에 대한 구체적인 아이디어를 가지고 왔다. 키미는 이러한 아이디어를 현실화할 수 있는 플랫폼을 만드는 데 동의했다. 이렇게 2011년 9월 공식적으로 시작된 로버닷컴Rover.com은 애견 산책 서비스 제공업체이다. 서비스를 원하는 주인과 개를 대신 돌보는 사람들을 연결하는 서비스를 제공하고 있는데 연결 수수료가 주요 수입원이다. 이후 마이크로소프트 매니저 출신의 애런 이스터리Aaron Easterly가 합류했다.

로버닷컴은 주문형 애완동물을 위한 서비스 회사로 기본적으로 애견의 보행과 숙식 서비스를 제공하고 있다. 미국 내 1만 개 도시에서 8만 5,000명의 회원을 보유하고 있다. 2018년 기준 3억 7,500만 달러의 매출을 기록했다. 벤처캐피털로부터 총 10번의 투자 라운드를 통해 총 3억 1,000만 달러의 펀딩을 받았고 회사 설립 8년 만에 기업가치 10억 달러인 유니콘에 등극했다.

4

'소셜 세대' 쇼핑법

카피캣 사례: 그루폰 – 쿠팡, 위메프, 티몬

소셜 커머스는 소셜 미디어와 온라인 미디어를 활용하는 전자상거래의 일종이다. 전자상거래를 통한 매매 과정에서 SNS를 활용하는 것이다. 티몬(티켓몬스터)의 원조 비즈니스 모델로 알려져 있는 소셜 커머스의 효시 '그루폰Groupon'은 '그룹 쿠폰스group coupons'에서 유래되었다. 그루폰의 시작은 더포인트The Point라는 기업에서 시작된다. 2007년 어느 날 웹디자이너인 앤드류 메이슨Andrew Mason은 후일 빅데이터 분석업체인 업테이크uptake의 창업자 브래드 키웰Brad Keywell과 에릭 레프코프스키Eric Lefkofsky에게 그때는 생소한 '소셜 커머스' 웹사이트 아이디어를 내놓았다. 세 사람은 좋은 아이디어라고 생각해 함께 더포인트닷컴ThePoint.com을 창업했다. 그리고 이 기업은 후에 그루폰으로 이름을 바꾸고 소셜 커머스의 원조로 큰 성공을 거두었다.

처음에 더포인트닷컴은 혼자 해결하기 어려운 일을 여러 사람을 통해서 해결할 수 있도록 도와주는 비즈니스 모델이었다. 결과는 신통치 않았고 새로운 시도를 해야 하는 상황이 되었다. 그루폰의 첫 거래는 20명 고객을 대상으로 하는 그루폰 건물 1층 피자 가게의 50% 할인 쿠폰이었다. 그들은 다소 조악한 형태의 그루폰 스킨을 입힌 워드프레스 블로그에 매일 딜 포스팅을 올렸다. 당시 완성도는 낮았지만 그들은 소셜 커머스라는 새로운 비즈니스 모델의 아이디어를 테스트하는 데 집중했다. 결국 사업의 개념과 틀에 사람들이 열광한다는 점을 확인했고 소셜 커머스의 원조 그루폰이 탄생했다.

10년 전인 2010년은 국내 소셜 커머스 시장의 원년이었다. 수백 개의 기업들이 시장에 뛰어들었지만 불과 1년 만에 옥석은 가려졌다. 티몬, 쿠팡, 위메프, 그루폰코리아가 시장을 주도했다. 시장을 선도한 티몬과 쿠팡의 1위 다툼 다음으로 위메프와 그루폰이 3위 자리를 놓고 경쟁했다. 2014년에 티몬과 그루폰이 합병되면서 소셜 커머스 시장은 티몬, 쿠팡, 위메프 빅3의 전장으로 재편되었다. 마침 그 무렵 스마트폰 보급이 폭발적으로 늘어나면서 소셜 커머스 시장은 급격하게 성장했다. 30%는 기본이고 반값 심지어 70% 안팎의 할인도 자주 등장했다. 특히 '몇 명 이상 모이면 거래 성사'라는 조건 때문에 고객은 스스로 '소셜 미디어'화하여 직접 상품을 알리며 마케팅에 나섰다. 기존의 구매 방식과는 확연하게 차별화되었다. 소셜미디어를 통해 정보를 공유하고 구매하는 진정한 '소셜 커머스' 형태가 초창기에는 유지되었다.

시장의 확장세를 확인하자 '넘버 1'이 되려는 무한 경쟁이 시작되었다. 소셜 커머스는 온라인쇼핑 시장 전체에서는 후발주자였지만 모바일에 특화된 구매 경험과 가격 경쟁력을 내세우며 폭발적으로 성장했다. 당시 빅3가 주력한 지점은 서로 달랐다. 쿠팡은 로켓배송과 쿠팡맨을 앞세워 신속하고 편리한 배송 서비스에 주력했다. 위메프는 철저하게 최저가에 집중했는데 가격 경쟁력으로 고객을 확보하는 것이 목표였다. 티몬은 가격과 함께 품목 다양화에 주력했다. 폭발적 성장세는 시간이 지나면서 급격하게 둔화됐다. 단순히 판매자와 고객을 연결만 하는 기존의 오픈마켓과는 달리 소셜 커머스는 판매에 대한 모든 책임을 져야 했다. 공동구매 제품의 선별은 물론 경쟁력 있는 가격을 확보해야 하므로 제품 확장에 제한이 뒤따랐다. 특히 공동구매이므로 최종 배송에 상대적으로 시간이 더 소요되었다. '빠른 배송'을 원하는 국내 고객들의 요구에 대해 소셜 커머스는 치명적인 약점이 노출되었다.

국내 소셜 커머스 시장은 2010년부터 2014년까지 연평균 360% 내외의 성장을 기록했지만 영업 손실은 오히려 커지고 있었다. 경쟁 심화로 과도한 마케팅 비용과 물류-배송 인프라 구축을 위한 대규모 투자와 오픈마켓 대비 관리 비용과 인건비 상승 등이 주요 원인이었다. 결국 원조 빅3는 대대적인 전략 수정에 나섰다. 쿠팡은 2017년 로컬 상품 판매를 접고 원래 의미의 소셜 커머스 형태에서 탈피했다. 대신 직매입 상품 판매와 오픈마켓 등 전통적인 이커머스 기업으로 전환했다. 티몬도 오픈마켓 사업 형태로 전환했다. 위메프는 기존의 '최저가' 전략에 더욱 집중하면서 경쟁력을 높였다.

매출 면에서는 쿠팡이 독보적이다. 2019년 쿠팡은 국내 이커머스 업계 최대 규모인 7조 1,531억 원의 매출을 달성했다. 쿠팡을 통한 거래액은 14조 원에 달하는데 위메프(약 6조 4,000억 원)와 티몬(약 4조 원)을 합친 것보다 월등히 높다. 쿠팡은 로켓배송, 로켓프레쉬, 쿠팡이츠 등 혁신적인 서비스와 로켓페이 결제 시스템 등을 내세워 고객의 요구를 충족시키며 한국의 아마존으로 한 발 더 다가섰다는 평가를 받고 있다. 쿠팡은 2018년 일본 소프트뱅크 손정의 회장이 이끄는 비전펀드에서 20억 달러를 투자받으면서 기업가치를 90억 달러(약 10조 원)로 평가받았다. 당시 쿠팡의 거래액은 약 7조 원이었는데 거래액의 1.4배에 해당하는 기업가치를 인정받은 셈이다. 위메프는 2019년 시리즈 C 투자를 IMM인베스트먼트로부터 받으면서 약 23억 달러로 기업가치가 산정되었다. 티몬의 기업가치는 약 20억 달러로 알려졌다. 2020년 초 소셜커머스 업체 최초로 월 흑자를 기록한 티몬은 2021년을 목표로 기업공개를 추진하고 있다.

5

교육을 혁신하다

내 작은 책상 위의 아이비리그

최근 코로나 사태로 대학 등 교육기관에서의 온라인 강의가 활성화됨에 따라 더욱 각광받는 분야가 있다. 바로 무크MOOC, Massive Open Online Course이다. 수강인원에 제한 없이Massive 모든 사람이 수강 가능하며Open 웹 기반으로Online 구성된 강좌Course를 말한다. 무크는 학습자가 수동적으로 듣기만 하던 기존의 온라인 학습동영상과 달리 교수자와 학습자, 학습자와 학습자 간 질의응답, 토론, 퀴즈, 과제 제출 등 양방향 학습이 가능한 새로운 교육 환경을 제공한다. 아울러 학습자는 세계를 넘나들며 배경지식이 다른 학습자 간 지식 공유를 통해 대학의 울타리를 넘어 새로운 학습 경험을 하게 된다. 무크는 기존 이러닝e-learning의 카피캣 형태이다. 이러닝은 대학교육의 커리큘럼으로 출발했고 강의실이 아닌 컴퓨터로 강의를 듣는 방식이다. 대학생 또는 일반인을 대상으로 하는 이러닝은 대부분 유료이고 성과 테스트용 시험을 치러야 학점을 받게 된다. 반면 무크는 이러닝을 대학 '밖으로' 오픈한 형태다. 무크에서는 해당 대학의 학생만이 아니라 국적, 인종, 나이, 성별의 차별 없이 지식을 원하는 모든 사람들에게 인터넷이 연결된 곳이라면 세계 어느 곳에서나 수업에 참여할 수 있다. 동시에 일부 예외를 제외하면 대부분 '무료'라는 점에서 차이가 크다.

글로벌 무크 플랫폼으로는 유데미Udemy, 코세라Coursera, 유다시티Udacity, 에덱스edX, 퓨처런FutureLearn 등이 있다. 그중에서도 비즈니스 관점에서 대표 무크 기업은 유데미와 카피캣 형태인 코세라와 유다시티를 꼽을 수 있다. 세 업체 모두 온라인 강좌를 주요 서비스로 제공하고 있지만 비즈니스 모델에서는 차이가 크다. 무엇보다 강사진의 성격이 구별된다. 유데미가 회사 차원에서 강사를 선정하거나 별도의 검증 절차가 약한 반면 코세라와 유다시티는 강사 자격에 제한을 두고 있다. 코세라는 세계 유수의 대학과 학술기관 등과 협력 관계를 맺어 강사를 공급한다. 유다시티는 구글, 페이스북 같은 글로벌 IT 기업과 파트너십을 맺어 현직 전문가들에게 콘텐츠 기획과 제작을 맡기고 있다. 또한 핵심 콘텐츠의 특성에서도 플랫폼별로 차이가 뚜렷하다. 유데미는 해당 지식을 가진 강사에게 전적으로 의존하는 형태이므로 다루는 분야와 수준이 매우 다양하다. 반면 코세라는 주로 대학교수가 담당하므로 학술적인 전공 분야의 강좌들에 초점을 맞추고 있다. 유다시티는 외부 파트너 IT 기업의 특성에 따라 주로 공학 분야의 실무 강좌가 대부분이다.

비즈니스 모델에서도 차이점이 있다. 유데미는 개별 강사들의 강좌

무크 기업 비교[17]

	유데미	유다시티	코세라
설립	2010년 5월	2012년 1월	2012년 4월
수강생 수	2,000만+	16만+	2,500만+
강좌 수	6만 5,000+	27(나노디그리 기준)	2,000+
외부 파트너	3만여 명의 개인 강사	50개 이상 기업	149개 대학
강좌 분야	IT 개발, 비즈니스, 라이프 스타일, 헬스케어, 예술 등 다양	인공지능, 데이터 분석, 딥러닝 등 최신 IT 관련 이슈 위주	인문학, 비즈니스, 컴퓨터공학, 생명과학 등 학술적인 주제
강사 자격	제한 없음	제휴 회사 전문가	대학과학기술관 교수
강좌 가격	20~200달러	월평균 199달러(나노디그리)	29~99달러
가격 정책	강사 재량	회사에서 책정	회사에서 책정
주 수입원	강의별 매출 배분	나노디그리	자체 제작 강의 저작권, 전문가 과정 등 수료증 발급
비즈니스 모델	1) 강사 자율 강좌 2) 유데미 포 비즈니스	1) 나노디그리(월 평균 199달러) 2) 유커넥트(월 99달러) 3) 유다시티 포 비즈니스 4) 조지아공대와 AT&T, 컴퓨터공학 석사 과정	1) 시그니처 트랙(50달러) 2) 전문가 과정(250~500달러) 3) 코세라 포 비즈니스 4) 온라인 석사학위(1만 5,000~2만 5,000달러)

매출 수익의 일부를 수수료로 인식한다. 반면 코세라와 유다시티는 강좌를 무료로 제공하되 별도의 유료 교육 과정을 통해 수익을 창출한다. 유료로 일정 과정을 이수할 경우 수료증을 발급하는 형태다. 코세라는 기본적인 강의는 무료로 제공하고 강의 외에 프로젝트. 과제 제출, 수료증 발급을 유료화해 운영하고 있다. 대표적으로 유다시티의 '나노디그리' 과정은 기업과 공동으로 만든 단기 교육과정 인증제도다. 아마존웹서비스AWS, 깃허브, AT&T, 구글 등이 기획에 참여했고 평균 6개월~1년 과정 이수자를 대상으로 취업까지 연계된다. 이 밖에도 기업 또는 대학과의 협약을 통해 기업 맞춤형 유료 과정을 개발하고 공급하기도 한다. 유다시티 포 비즈니스와 코세라 포 비즈니스는 기업 임직원을 위한 교육 과정이다. 또한 각 대학과 협력해 학위 과정

을 도입해 수익을 창출하기도 한다.

IT 발전에 힘입어 온라인 교육이 활성화되면서 무크가 대중화된 지 오래다. 하지만 국내에서 무크는 대학 같은 제도권 교육기관 중심으로, 또는 특정 참가자와 주제에 한정돼 운영되면서 확장성에 한계를 보인다. 특히 빠른 기술 변화의 속도에 따른 직장인들의 온라인 교육 요구는 커지고 있지만 전통적인 기업교육은 이에 따라가지 못하는 미스 매치 문제도 크다. 현재 국내는 교육부와 국가평생교육진흥원 주도로 국내 우수 대학의 최고 강좌를 제공하는 한국형 무크K-MOOC를 운영하고 있다.

카피캣 사례: 유데미

유데미는 국적과 배경에 상관없이 세계 곳곳의 강사와 수강생이 자유롭게 지식을 공유하는 글로벌 온라인 교육 플랫폼이다. 제도권 교육에서 소외됐지만 유데미를 통해 저렴한 비용으로 자기 지식을 쉽고 편리하게 공유할 수 있다. 유데미의 목표는 '모든 사람이 배움을 통해 더 나은 삶을 살 수 있게 만드는 것'이다. 이런 비전은 터키 출신 창업자 에렌 발리Eren Bali의 개인적인 경험에서 시작됐다. 그는 터키의 외딴 시골에서 교실이 하나뿐인 초등학교에 다녔다.

어느 날 부모가 사준 컴퓨터 한 대는 열악한 환경에서 암울했던 그의 삶을 근본적으로 바꾸었다. 그는 인터넷을 통해 각종 커뮤니티는 물론 해당 전문가들에게 도움을 청하는 등 자발적인 온라인 학습으로 학업 환경을 극복해나갔다. 온라인 학습의 잠재력을 몸소 체험한 에렌은 동료 옥테이 카글라Oktay Caglar, 가간 비야니Gagan Biyani와 함께 누구나 자신이 원하는 강의를 쉽게 찾을 수 있는 플랫폼을 창업했다. 처음엔 모국인 터키에서 창업을 계획했지만 제대로 된 투자를 통해 본격적인 사업을 하고자 미국 실리콘밸리로 주 무대를 옮겼다.

'유데미'란 '당신의 학교The Academy of You'의 줄임말인데 모든 사람마다의 맞춤형 학교가 되겠다는 비전이 담겨 있다. 수많은 강의가 담겨 있는 확장된 도서관 같은 형태로서 최종적으로는 전세계 사람들마다 자기 수준에 맞는 교육 기회를 제공하는 것이 목표다. 2010년 출범한 유데미에는 2020년 15만여 개의 강의가 올라와 있다. 전세계적으로 5만 7,000명이 넘는 강사들과 강좌등록만 약 3억 건에 달한다. 유데미는 이들 강사와 수강생을 연결하는 것으로 수익을 창출한다. 참가자들의 네트워크를 통해 수익을 내는 플랫폼 기업이다.

유데미는 무크 중에서도 개방형 플랫폼 모델을 도입한 성공 사례로 주목할 만하다. 창업 이후 최근까지 총 9번의 펀딩 라운드를 통해 2억 2,300달러를 투자받으며 성장세를 이어가고 있다. 미국 샌프란시스코에 본사를 설립했다. 2014년 아일랜드 더블린에 지사를 설립했고 2017년 말 브라질 상파울루에 지사를 설립했다. 최근에는 기업 단위의 맞춤형 교육 프로그램을 제공하면서 B2C에서 B2B로 수익 모델을 확장하고 있다. 2020년 5월 기준 20억 달러의 기업가치 평가로 유니콘으로 인정받고 있다.

카피캣 사례: 코세라

코세라는 스탠퍼드대학 컴퓨터과학과 교수인 베트남 출신 앤드루 응Andrew Ng과 이스라엘 출신 다프네 콜러Daphne Koller가 2012년에 공동으로 설립했다. 스탠퍼드대학 산하 비영리 교육 지원단체로 출발했으며 지금은 영리 교육기관으로 전환되어 현재까지 총 10라운드의 투자를 통해 3.3억 달러를 유치했다. 2019년 4월 기준 10억 달러의 기업가치로 유니콘에 진입했다.

코세라는 2020년 4,100여 개 이상의 강좌와 17개의 학위 인증을 갖추고 있다. 기본적으로 코세라의 강의는 무료이며 수료증을 받으려면 유료로 등록해야 한다. 강의 기간은 짧게 4~6주, 길게 4~6개월 과정으로 구성되어 있다. 강의를 제공하는 대학과 연계하여 온라인 학위 과정도 운영하고 있다. 스탠퍼드대학은 물론 맨체스터대학, 듀크대학, 런던대학, 캘리포니아대학(어바인), 연세대학, 브라운대학, 펜실베니아주립대학, 취히리대학, 상파울루대학, 칼텍, 베이징대학, 라이스대학, 예일대학, 시드니대학, 존스홉킨스대학, 보코니대학 등 149개 대학이 참여하고 있다. 코세라의 운영 시스템은 강의 오픈 기간을 제한하여 기간 내에 강의를 듣도록 하며 10~20분 단위의 비디오 강의 후 예습이나 복습을 통해 스스로 학습과정을 조절해나갈 수 있다. 또한 비디오 강의 중간에 토론 포럼Discussion Forum을 별도로 두고 있다.

코세라는 강의를 촬영하고 인터넷을 통해 콘텐츠를 운영하는 일종의 프로덕션 회사 역할을 하고 있다. 대학마다 재정적·기술적으로 독자적인 무크 시스템을 구축하기는 현실적으로 어렵다. 따라서 스탠퍼드대학이 대표로 강의 콘텐츠를 제작하여 참여 대학들에게 제공함으로써 강의 콘텐츠 제공자의 역할을 수행하고 있다. 대학마다 맞춤형의 강의 프로그램을 스탠퍼드대학에 의뢰하면 코세라가 이에 맞춘 최고의 콘텐츠를 제작하고 제공할 뿐 아니라 코세라가 먼저 해당 대학에 새로운 콘텐츠를 제시하기도 한다.

코세라에는 '시그니처 트랙Signature track'이라는 인증제도를 통해 강의를 마치고 시험이나 과제를 일정 성적 이상으로 통과하면 50달러 수준의 수수료를 내고 수료증을 받을 수 있다. 이 수료증은 강의가 제공되는 대학에서 실제로 발급하며 링크드인 등 인맥 사이트의 학력란에 게재할 수 있다. 2016년 이후 코세라는 다양한 변모를 시도하고 있다. 코세라 설립자들은 경영진에서 물러나고 현재 코세라 CEO는 예일대 회장을 지낸 릭 레빈Rick Levin의 지휘 아래 인텔, 이베이, 넷플릭스, 구글 등에서 오랫동안 근무했던 전문가들이 경영진으로 활동하고 있다.

카피캣 사례: 유다시티

유다시티는 스탠퍼드 대학 컴퓨터학과 교수인 세바스찬 스룬Sebastian Thrun이 최고 수준의 대학 강의를 세계 모든 사람이 자유롭게 접할 수 있어야 한다는 목적으로 2012년 1월 설립되었다. 당시 스탠퍼드 대학은 3개의 온라인 수업을 열었다. 그중 첫 번째가 컴퓨터공학 강좌였다. 이 강좌에만 16만 여 명의 학생들이 등록했다. 그 강의의 주인공이 바로 유다시티의 설립자 세바스찬 스룬 교수였다. 나머지 두 강의를 담당했던 교수는 코세라의 설립자 앤드루 응과 다프네 콜러 교수다. '유다시티'의 유래는 'audacious for you, the student(대담해져라, 학생들이여!)'로 알려졌다. 주로 강좌는 비즈니스, 컴퓨터과학, 수학, 물리학, 심리학의 카테고리가 있다. 수업마다 레벨이 표시돼 있어 수준에 맞는 수업 선택이 가능하다. 유다시티에는 조지아 공대, 산호

세 주립대 등이 참여하고 있으며 컴퓨터, 과학, 물리학 등 이공계과정이 많다. 기초과정부터 심화과정까지 전 교육과정이 무료다. UC버클리 등과 함께 분야별로 심화과정에 해당하는 '온라인 마스터' 과정을 만들기도 했으며 산학 협력차원에서 구글, 엔비디아Nvidia 등 9개 기업과 공동으로 기업들이 원하는 인재 양성을 목표로 '공개교육연합Open Education Alliance' 프로젝트를 추진하기도 했다.

세바스찬 스룬 교수는 구글의 무인차량 연구를 주도한 학자로도 유명하다. 그는 16만 명의 학생이 등록한 인공지능 관련 강좌를 계기로 벤처캐피털로부터 1,500만 달러를 유치했고 개방형 온라인 강좌 프로그램을 열었다. 유다시티는 일반적인 대학 강의처럼 개강일과 종강일은 물론 동영상 과제 시험도 실시된다. 그리고 강의를 이수한 사람은 수료증을 발급받는다. 유다시티의 차별화된 핵심 교육 서비스는 취업을 위한 기술 교육 과정인 '나노디그리Nano-degree'다. 데이터 분석, 통합 웹 개발, 기초 프로그래밍 과정, 머신러닝, 가상현실VR 개발자 과정 등이 개설되어 있다. 나노디그리는 대학 수업처럼 다양한 프로젝트와 과제를 수강생에게 부과한다. 대부분의 강의는 무료지만 나노디그리는 유료로 수강할 수 있다.

2016년 기준 10억 달러의 기업가치로 유니콘에 오른 유다시티는 2019년에 음성녹음만으로도 강의 동영상을 만들 수 있는 획기적인 인공지능 솔루션을 개발하여 온라인 동영상 강의 분야에 혁신을 가져왔다.

6

밀키트, 가정식의 혁신

북미와 유럽을 중심으로 간편한 가정식사대용 밀키트Meal Kit 수요는 지속적으로 증가하고 있다. 이에 따라 종류는 더욱 다양해지고 레스토랑 요리 수준으로 고급화되고 있다. 밀키트는 2007년 스웨덴에서 먼저 등장했다. 이후 유럽에서 인기를 얻으면서 미국 시장에는 2012년부터 도입되었다. 이때 밀키트 구독 서비스 1위인 블루에이프런이 사업을 시작했고 독일 업체인 헬로프레쉬도 미국 시장에 진출했다.

미국의 밀키트 시장은 2025년까지 16조 5,000억 원에 이를 것으로 전망된다. 월마트는 2018년 3월 250개 매장에서 2,000개 이상으로 밀키트 판매를 확장하고 있으며 아마존프레쉬Amazon Fresh 등이 밀키트 배달 사업을 시작함으로써 기존의 밀키트 선두주자들을 압박하고 있다. 밀키트는 바로 요리가 되도록 재료가 손질되어 간단한 조리만으로

서빙이 가능하게끔 소스나 양념과 함께 배달된다. 최근의 밀키트는 채식주의, 비건, 글루틴프리, 유기농, 체중감소, 어린이용, 당뇨치료식 등 다양한 식이요법이 필요한 소비자 요구에 맞게 준비되는 추세다.

현재 주요 밀키트 업체들은 비즈니스 모델 측면에서 예외 없이 카피캣 형태라 할 수 있다. 블루에이프런, 헬로프레쉬, 홈셰프Home Chef, 선배스킷Sun Basket, 플레이티드Plated, 아마존프레쉬, 비스트로Veestro, 그린 셰프Green Chef, 피치디쉬PeachDish, 고블Gobble 등이 이에 해당한다.

주요 기업들의 특징들을 간단히 살펴보자. 블루에이프런은 신선함, 환경 보존, 질 좋은 재료를 내세운다. 밀키트의 선두주자로 소비자 평판이 좋으며 셰프와 농부들이 연합하는 형태다. 2인분 또는 4인분으로 준비되며 호르몬프리 육류, 환경보존 해조류, non-GMO 재료 등을 사용한다. 식이요법과 취향에 따라 다양한 메뉴를 선택할 수 있다. 헬로프레쉬는 패밀리 플랜이 1인당 8.99달러부터 시작된다. 배달 일정과 메뉴를 자유롭게 바꿀 수 있으며 글루틴프리, 견과류프리, 채식, 팔레오식 등 프로그램이 다양하며 어린이들도 즐길 수 있도록 준비된다. 홈셰프는 고객이 신선한 식품을 쉽게 조리하면서도 다양한 응용이 가능하도록 했다. 조리시간을 30분 이내에 가능하도록 준비했고 14가지의 프로그램 중 매주 다르게 선택할 수 있다. 채식, 저탄수식, 저칼로리식 등 다양하게 선택이 가능하며 빠르게 성장하는 업체다. 2, 4, 6인분 옵션 선택으로 1인분 최소 6.99달러이다.

선배스킷은 셰프와 영양학자들이 준비한 메뉴가 특징이며 99% 유기농과 non-GMO 메뉴로 건강에 중점을 뒀다. 100% 재생 가능한 재질의 포장박스에다 농장직영 조리식임을 내세운다. 특히 글루틴프리, 채식, 팔레오식의 메뉴가 다양하다. '살림의 여왕' 마사 스튜어트와 NBA 스타 스테판 커리의 아내 아이샤 커리가 론칭한 마사 앤 말리 스푼Martha & Marley Spoon은 2014년에 시작된 업체로 글루틴프리와 채식 옵션이 있으며 2인분 박스로 주 2회 주문 시 10.25달러 수준이다. 요리를 즐기는 소비자들에게 취향에 맞게 요리할 수 있는 기회를 제공하며 신선함을 유지하기 위해 냉장 박스로 배달된다.

밀키트 업계는 2018년 블루에이프런의 1.93억 달러(약 2,300억 원) 등 총 6.5억 달러(약 7,600억 원)의 벤처캐피털 자금을 제공받았다. 간편함을 선호하는 바쁜 도시인들의 요구에 부응해 밀키트 시장은 빠르게 성장하고 있으며 다양하고 차별화된 메뉴로 어필하고 있다. 다만 월마트나 아마존 등 대형 유통업체들이 밀키트 시장에 합류해 경쟁이 심화될 전망이다. 최근 미국 시장 선두주자로서 상장했던 블루에이프런의 성장세가 꺾였고 셰프드, 저스트 애드 쿠킹 등 서비스 중단 업체들이 생기면서 밀키트 시장 자체는 성장 여력이 있지만 구독 서비스 모델로서는 한계가 있다는 비관론이 대두되고 있다. 그러나 최근 코로나 19 확산에 따라 밀키트 서비스 수요 증가로 다시 폭발적인 성장세를 보이고 있다.

카피캣 사례: 블루에이프런

블루에이프런은 2012년 벤처캐피털 회사에서 일하던 하버드 MBA 졸업생 매트 살즈버그Matt Salzberg와 전직 컨설턴트이자 엔지니어 일리아 파파스Ilia Papas, 매트 워디악Matt Wadiak이 공동 설립했다. 중산층 도시 뉴저지에서 고고 졸업 후 하버드 대학에 진학한 매트 살즈버그는 어렸을 때부터 꿈은 기업가였다. 미국 사모펀드 블랙스톤에서 3년을 재직 후 하버드 경영대학원을 졸업했다. 어느 날 보스턴에서 IT 컨설턴트로 일하고 있던 동창 파파스와 우연히 마주쳤는데 서로 아이디어를 나누다가 의기투합했다. 이들이 식재료 키트 사업을 선택한 계기는 우연히 찾아왔다. 하루는 파파스가 아르헨티나식 스테이크 요리를 하겠다며 재료를 구하러 다녔는데 식재료 구입에만 몇 시간이 걸렸다. '딱 필요한 만큼만 식재료를 배달해 주는 서비스는 왜 없을까?'라는 생각이 들었고 둘은 즉시 시장조사에 들어갔다.

그들은 스웨덴에서 식재료 키트를 판매하는 업체 리나스 맛케스 Linas Matkasse를 발견했다. 총 인구 1,000만 명도 안 되는 스웨덴에서 6,000만 달러의 매출을 올리는 기업이었다. 카피캣의 기회를 포착한 그들은 파트앤파슬리Part & Parsley라는 온라인 사업을 시작했다. 그런데 당시 베를린에 본사를 두고 카피캣 양성을 전문으로 하는 로켓인터넷이 스웨덴의 식재료 키트 사업을 제일 처음 발견했고, 2011년 말 유럽 시장에서 헬로프레쉬를 출범시켰다. 블루에이프런은 부정하지만 헬로프레쉬의 콘셉트를 차용한 점은 분명해 보인다. 그런데 헬로프레쉬 또한 카피캣 기업임은 부정할 수 없다.

블루에이프런의 공동창업자인 워디악은 식재료 가격 협상가이자 요리 연구가다. 이탈리아에서 요리를 공부하다가 미국의 유명 요리학교 CIAThe Culinary Institute of America에 교환학생으로 왔다가 2012년 살즈버그와 파파스를 만났다. 워디악은 살즈버그가 파트앤파슬리에서 전담 요리사를 제안하자 회사 이름부터 바꾸라고 요구했다. 결국 프랑스 셰프들이 전통적으로 훈련을 받을 때 입는 '블루에이프런(파란색

앞치마)'으로 이름을 바꾸었다.

블루에이프런은 신선함을 우선으로 하며 환경을 보존하고 질이 좋은 재료와 육류를 사용한다. 신선한 제철 재료를 사용하며 조리법 카드를 함께 준비한다. 식이요법과 취향에 따라 다양한 메뉴를 선택할 수 있다. 초창기 블루에이프런은 가족 단위 농장 100여 개에서 300만 파운드(약 54억 원)의 농산물을 주문했다. 식재료는 일주일에 3번 먹을 수 있는 분량만큼 준비되어 요리법을 적은 노트와 함께 상자에 담겨 배달된다. 키트는 배달을 신청한 2인 또는 4인 회원 가구의 저녁을 위해 필요한 양만큼 배달된다. 블루에이프런이 노리는 시장은 수요가 풍부하다. 미국인은 매년 식품에 1조 달러를 지출하는데 이 중 4,000억 달러는 저녁 식사에 쓰인다. 블루에이프런은 식사용 식재료 배달의 편의성은 물론 '집밥'의 분위기를 잃지 않으려 노력했다. 음식물 쓰레기를 최소화하는 정량 맞춤과 색다른 재료 제공 등의 편의를 모두 포함해 1인분에 10달러 수준이다.

블루에이프런은 2017년 19억 달러의 가치로 기업공개를 했으나 그 후 수요 감소로 어려움을 많이 겪었다. 그러다 2020년 3월 코로나 사태로 수요가 급증하면서 4일 만에 주가가 무려 1,164% 상승하는 등 제2의 도약을 노리고 있다.

카피캣 사례: 헬로프레쉬

헬로프레쉬는 2011년 독일 베를린에서 설립됐다. 독일 WHU 대에서 친구 사이인 도미니크 리히터Dominik Richter와 토마스 그리에셀 Thomas Griesel, 그리고 스웨덴 출신으로 런던의 컨설팅 회사를 다니던 제시아 닐슨Jessia Nilsson이 공동 창업했다. 2011년 도미니크는 베를린 으로 건너갔을 때 창업하고 싶었고 지인들이 건강한 음식과 요리를 즐길 방법이 있었으면 좋겠다고 생각했다.

그는 토마스와 제시아를 창업 멤버로 모았고 함께 창업하기 위해 독일 베를린으로 건너갔다. 세 창업자는 식료품 분야에 대한 무한한 가능성을 보고 차별화된 서비스를 제공할 방안을 고민했다. 충분한 시장조사 후 음식재료를 포장해 배달하는 서비스는 인구밀도가 높은 베를린, 암스테르담, 그리고 런던을 타깃으로 시작하는 것이 효과적이라 판단했다. 얼마 지나지 않아 수요는 급격히 증가했고 2012년 말에 헬로프레쉬는 미국에 진출했다. 헬로프레쉬는 '무조건 쉬워야 한다'는 것을 목표로 간단하고 빠르게 조리할 수 있는 레시피를 제공하고 있다. 이들은 유명 셰프의 레시피와 유기농 식자재를 매주 가정으로 배송하는 서비스로 타 경쟁업체와 서비스를 차별화하면서 미국 내 30개 주까지 서비스를 확대했다.

요리 레시피에 맞게 계량화된 재료를 2~3인분 양으로 제공한다. 매주 소비자에게 신선한 유기농 재료를 담아 3가지 또는 5가지 요리를 배달하고 있으며 채식주의자든 아니든 모두 이용할 수 있다. 식단을 짜고 마트에 가서 식자재를 고르고 재료를 다듬는 시간을 대폭 줄여주는 것은 물론이고 전문 셰프가 짠 식단에는 필수영양소가 골고루 배합되어 있다. 직장인들만이 타깃은 아니다. 전업주부에게 평소엔 접하기 어려운 유명 셰프의 요리를 배울 기회를 제공하기도 한다. 네덜란드 식품소매 기업인 아홀드 델헤이즈Ahold Delhaize와 파트너십을 맺고 산하 브랜드인 스탑앤숍Stop & Shop과 자이언트 푸드Giant Food

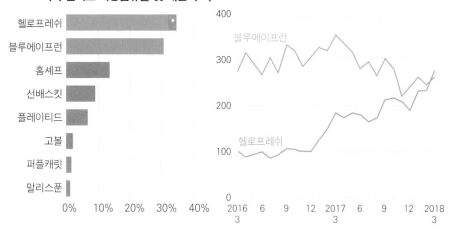

미국 밀키트 시장점유율 및 매출 추이

600여 매장에 판매를 시작했다. 헬로프레쉬에게 잠재적인 큰 기회가 될 수 있다. 헬로프레쉬는 2012년 미국 상륙 후 급성장해왔으며 최근 자료에 따르면 그동안 독점적인 위치를 차지하던 블루에이프런이 헬로프레쉬에게 점유율 1위 자리를 내준 상태다. 2017년 독일 주식시장에 상장한 헬로프레쉬는 2020년 초 미국의 밀키트 업체인 그린 셰프Green Chef를 인수하면서 미국에서의 사업 기회를 확장하고 있다.

7

고기의 반란, 대체육의 시대

실리콘밸리에서 푸드테크 산업이 급성장하고 있다. 임파서블푸드 Impossible Food, 비욘드미트Beyond Meat 등 성공 사례가 나오면서 이제는 콩고기를 넘어 인공 계란, 인공 참치 등 혁신 음식의 범위가 확대되고 있다. 환경에 대한 우려와 건강에 대한 관심에 힘입어 식물성 재료로 '인조 고기'를 만드는 대체육 시장은 폭발적으로 성장하고 있다. 대체육은 두 가지로 나눌 수 있다. 하나는 식물에서 추출한 단백질을 이용해 고기와 비슷한 형태와 맛이 나도록 만든 '식물성 고기'다. 이 시장을 비욘드미트와 임파서블푸드가 주도하고 있다.

임파서블푸드가 만든 고기는 실제 고기처럼 육즙이 흐른다. 식물성 고기는 현재 미국식품의약국FDA 승인 절차를 거쳐 시중에 판매되고 있다. 버거킹은 임파서블푸드가 개발한 식물성 고기를 넣어 만든 '임파서블 와퍼'를 시범 판매하기도 했다. 또 다른 하나인 '배양육'은 살아 있는 동물의 세포를 채취해 세포공학 기술로 배양해 생산하는 식용고기다. 푸드테크 스타트업 멤피스미트Memphis Meat가 배양육 분야의 대표 기업으로 꼽힌다. 배양육은 아직 시제품 생산 단계며 미국 당국 승인 절차를 거치고 있다.

2019년 5월 『파이낸셜타임스』는 영국 바클레이즈은행 보고서를 인용해 대체육 시장이 10년 내로 최대 1,400억 달러 규모만큼 커질 전망이라고 보도했다. 2018년 기준 46억 달러에 비해 30배 이상 증가할 것이란 분석이다. 이 경우 대체육 소비는 지난해 기준 전세계 육고기 소비 시장 규모인 1조 4,000억 달러의 10%를 차지한다. 최근 고조되고 있는 환경오염 문제에 대한 관심이 대체육 시장을 키우는 요인이라고 분석했다. 가축을 사육하는 과정에서 발생하는 분뇨와 가스 등으로 인한 이산화탄소 배출량 증가 문제에 대해 우려를 나타내는 목소리가 커지고 있다. 육고기 섭취에 따른 건강 악화 가능성도 더 많은 소비자들을 대체육 시장으로 이끌고 있다. 또한 최근 글로벌 유제품 소비 시장에서도 두유와 같은 대체 유제품 소비가 빠르게 증가하고 있듯 육류 시장에서도 유사한 결과가 예측된다.

대체육 제조업체로는 처음으로 2019년 5월 2일 미국뉴욕증시에 상장한 비욘드미트는 순조로운 성장세를 이어가고 있다. 비욘드미트와 임파서블푸드 두 회사는 완두콩과 대두콩을 베이스로 식물성 단백질, 코코넛·해바라기 오일, 감자 전분 등의 재료를 혼합해 고기의 식감과 맛을 재현한 제품을 개발해 햄버거 패티 형태의 제품으로 제공하고 있다. 두 회사는 식물성 대체육을 통해 보다 건강한 식재료 공급 및 가축 감소로 지속적인 지구 환경 개선이라는 미션을 공유하고 있다. 임

대체육 제조업체 비교

글로벌 대체 육류 시장 전망치

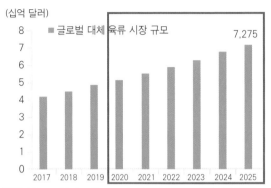

(자료: Varant Market Resesrch, 메리츠종금증권 리서치센터)

세계 주요 바이오 푸드테크

기업	국적	제품
임파서블푸드	미국	식물성 햄버거 패티
램프틴크릭푸드	미국	식물성 달걀
무프리	미국	인공 우유
엠피스미트	미국	배양 닭, 오리고기
모사미트	네덜란드	배양육
모던메도	미국	배양육 이용한 3D프린팅 고기
인테그리컬처	일본	배양 푸아그라
제이명헬스케어	한국	식물성 소, 돼지, 닭, 칠면조 고기

(자료: 언론사 메리츠종금증권 리서치센터)

파서블푸드의 주장에 따르면 임파서블 버거Impossible Burger는 비슷한 소고기 패티보다 96% 적은 토지와 87% 적은 물을 사용하면서 89% 적은 온실가스를 배출하고 있다고 한다. 730만 명에 달하는 미국 내 채식 인구에 축산업의 환경오염 개선에 동감하는 소비자가 더해져 대체육 시장은 빠르게 성장하고 있다.

카피캣 사례: 비욘드미트

'단백질의 미래The Future of Protein'라는 슬로건을 내건 비욘드미트는 빌 게이츠와 레오나르도 디카프리오 등 유명인들이 투자한 기업으로 화제를 모았다. 이선 브라운Ethan Brown이 2009년 LA에서 창업한 이후 현재 400여 명의 직원을 고용하고 8,700만 달러의 매출(2018년 기준)을 내는 기업으로 성장했다. 2016년 론칭한 햄버거용 패티가 전세계에 약 2,500만 개 이상 팔렸다. 이런 성장세에 힘입어 2019년 나스닥에 상장했고, 25달러였던 공모가는 2주도 안 되어서 90달러를 넘는 등 주목을 끌었다. 2019년 7월 기준 기업가치는 117억 달러에 이르기도 했다(2020년 5월 기준 57억 달러).

이선 브라운은 유제품 사업을 하는 부모님 밑에서 주말에는 농장에서 시간을 보냈고 열정적인 동물보호가였다. 그는 가축의 도축을 대신할 단백질 섭취 방식에 호기심을 가지게 되었다. 연구를 거듭한 그는 동물성 단백질에 대한 의존도를 줄이고 환경에 미치는 부정적인 영향을 줄이기 위해서 식물성 제품에서 동물 단백질을 복제하여 식물성 육류 대체품을 개발했다. 비욘드미트의 고기는 단백질, 지방, 미네랄, 탄수화물 및 물 모두 식물에서 추출되는 성분들을 사용하는 것으로 알려졌다. 단백질은 일단 완두콩, 녹두, 현미에서 완전한 단백질과 9가지의 필수 아미노산을 추출하는데 육류 단백질에 비해 부족한 부분은 쌀과 콩을 결합하면 거의 동물성 단백질을 재현할 수 있다. 지방을 추출하기 위해서는 코코아 버터와 코코넛 오일, 해바라기 오일, 카놀라유를 사용한다. 물까지 포함해서 98%의 구성 성분은 완성되는데 나머지 부족한 2%는 감자전분, 효모 추출물, 소금, 해바라기유, 셀

룰로오스, 메틸 셀룰로오스, 글리세린, 아라비아 고무, 감귤 추출물, 비트, 아세트산 등으로 채운다. 열거한 구성성분을 단순히 투입하는 게 아니라 단백질을 섬유화하여 질감을 살리고 오일 등을 정제해 고기 특유의 마블링과 육즙을 구현한다.

카피캣 사례: 임파서블푸드

미국 실리콘밸리 대체육 제조 스타트업 임파서블푸드는 2020년 3월 5억 달러(6,140억 원) 규모의 투자를 유치했다. 이번 투자는 한국 미래에셋자산운용 프라이빗에쿼티PE가 주도했으며 싱가포르 국부펀드인 테마섹, 글로벌 벤처캐피털 호라이즌벤처스, 코슬라벤처스 등이 참여했다. 이로써 이미 2019년 20억 달러의 가치로 유니콘이 되었던 임파서블푸드는 40억 달러의 기업가치를 인정받게 되었다. 임파서블푸드는 지금까지 11번의 투자 라운드를 통해 총 12억 달러의 자금을 확보하면서 기업공개도 나설 계획이다.

임파서블푸드는 2011년 미국 스탠퍼드대 출신 생화학자 패트릭 브라운이 식물성 재료를 기반으로 고기 맛을 내는 대체육을 개발해 상용화하면서 설립했다. 패트릭 브라운은 "우리는 2035년까지 식량으로 사용되는 고기를 대체육으로 전환하는 것이 목표다"라며 "이를 위해 매년 생산량을 두 배로 늘리고 연구와 혁신을 거듭하겠다"고 밝혔다.

먹는 고기를 생산해내기 위해서는 상당한 환경 비용이 발생한다. 소고기 1킬로그램을 생산하는 데에 물 1만 5,000리터가 들어간다. 전세계에는 2013년 기준으로 71억 명의 육식 인구가 있는데 UN 식량농

2세대 식물육 스타트업 비교[18]

구분	비욘드미트	임파서블푸드
창업	2009년	2011년
본사	캘리포니아주 로스앤젤레스	캘리포니아 레드우드시티
창업자	이선 브라운	패트릭 브라운
주력 제품	햄버거 패티, 소시지, 간 고기	햄버거 패티
제품 성분	콩, 쌀, 카놀라, 코코넛 오일 식물성 단백질 혼합	콩과 감자 단백질, 해바라기, 이스트 추출물, 소금 등
특징	2019년 5월 나스닥 상장	동물 혈액의 '헴'을 발효 콩에서 추출해 고기 맛 재현
판매처	칼스주니어 등 패스트푸드 체인과 홀푸드마켓 등 유통매장	버거킹 등 패스트푸드 체인과 레스토랑

업기구FAO 예측으로는 2050년에는 연간 육류 소비량도 현재의 2배인 약 1,000억 마리에 달할 것으로 추정했다. 늘어나는 수요에 맞추어 육류 소비를 충당하려면 지금부터 생산량을 매년 2억 톤씩 늘려야 한다. 이 과정에서 토지와 물은 고갈되고 막대한 양의 식량이 사료로 투입된다. 거대한 축산업에서 발생하는 분뇨와 가스 배출, 사료 생산 과정에서 발생하는 온실가스로 인한 환경오염 역시 매우 심각하다. 전 세계에서 발생하는 온실가스 중 3분의 1이 축산업에서 발생한다는 주장도 있다. 4분의 1 파운드인 임파서블 버거 하나를 먹는 것만으로도 10분 동안 샤워하는 데 쓰는 물을 아낄 수 있고 약 28킬로미터를 운전할 때 배출되는 온실가스를 줄일 수 있으며 75제곱미터의 생태계를 보존할 수 있다.

현재 전세계 약 2억여 명이 채식을 하고 있다. 75억 명에 달하는 세계 인구에 비하면 미미한 숫자다. 아직은 건강, 종교, 환경, 생명윤리 등의 이유보다는 맛을 중요하게 여기는 소비자가 더 많다. 임파서블 버거는 바로 이 점에 주목했다. 목표 고객은 채식주의자들이 아니라 고기를 좋아하는 사람들이다. 패트릭 브라운은 자신의 블로그에서 "모든 사람에게 채식주의자가 되라고 강요할 수는 없다."라고 밝힌 바 있다. 그는 대규모 공장식 축산업의 폐해에 대처하는 방법은 '고기를 먹지 않는 것'이 아니라 '자원을 고갈하지 않는 고기를 먹는 것'이라고 생각하고 있다.

임파서블푸드가 5년간의 연구 끝에 선보인 임파서블 버거의 독특한 맛은 여러 프로틴에 '고기의 맛과 향'을 내는 유기철분 '헴(heme, 유기철분)'을 섞어 만드는 게 비법이다. 임파서블 버거는 '고기 마니아를 위한 채식 버거'라는 기치 아래 소고기 패티의 외형, 식감, 냄새, 맛 등 모든 것을 그대로 재현시키고자 노력했다. 패트릭은 소고기를 분자 단위로 분석해 연구하는 과정에서 단백질 성분인 '헴' 단백질이 고기의 맛과 색을 낸다는 것을 알게 되었다. 그는 콩 뿌리혹 부분으로부터 헴 단백질을 추출해 사용하는 한편 코코넛 오일로 소기름의 효과를 내고 밀가루와 감자 전분을 섞어 고기를 구울 때 표면이 바삭해지는 효과까지 고스란히 재현하는 데 성공했다. 이러한 노력 덕분에 임파서블 버거는 '식물로만 만들었다고는 믿을 수 없는 수준'이라는 평을 받고 있다. 반면 비욘드미트는 이러한 자세한 제작공정을 공개한 바 없다. 임파서블푸드의 패티는 현재 그 맛을 인정받아 미국 버거킹에서 '임파서블 와퍼'로 출시되기도 했다. 임파서블푸드는 2020년 미국 CES와 2019년 스위스 다보스 포럼에서 모든 사람들의 스포트라이트를 받으며 커다란 화제를 일으킨 바 있다.

5장

카피타이거
전망하기

1

우버의 후예들

무소유라 쓰고 공유경제라 읽는다

지금은 엑시콘이지만 우버만큼 '말도 많고 탈도 많은' 유니콘은 드물다. 2009년부터 사업을 시작하여 스타트업으로서는 역대급의 가장 비싼 기업으로 수년간 이름을 올렸다. 우버는 '앱을 통한 모빌리티 제공'이라는 비즈니스 모델을 글로벌 범위로 성공시켰다. 덕분에 여분의 자산을 남들과 공유한다는 의미인 '공유경제sharing economy'의 선두주자로 부각되었다.

'공유경제'라는 용어는 1984년 마틴 와이츠먼Martin L. Weitzman 하버드대 교수가 저서 『공유경제The Share Economy: Conquering Stagflation』를 통해 이미 있는 자원을 여러 명이 빌려 쓰거나 물물교환을 통해 소유하지 않고 공동으로 소비하는 형태로 정의하면서 경제 침체의 극복 방안으로 제시했다. 당시의 공유경제는 '수익공유'의 개념에 가까웠다.

오늘날 공유경제 개념은 2008년 하버드대학의 로렌스 레식Lawrence Lessig 교수의 정의에 가깝다. 그는 '한 번 생산된 제품을 여럿이 공유해 쓰는 협업소비를 기본으로 한 경제 방식'이라고 정의했다. 화폐 대신 인간관계나 자기만족감이 교환의 매개가 되는 것이 공유경제의 기본 개념이라는 것이다. '소유'에서 '사용'으로 소비자의 의식과 태도가 전환되는 데 힘입어 공유경제는 급성장하고 있다. 공유경제 규모는 2025년 3,350억 달러로 성장할 전망이다.

엄밀하게 본다면 우버나 에어비앤비는 공유경제보다는 수요자와 공급자를 중개하는 '온디맨드 경제On-demand economy'에 걸맞는다. 온디맨드 기업들은 초창기엔 '공유'에 중점을 두었으나 점차 '발생하는 수요에 맞추어 빠르게 대응'하는 방향으로 옮겨가고 있다. 온디맨드 비즈니스는 컨시어지 경제Concierge Economy, 피어 경제Peer Economy, 협업 경제Collaborative Economy 등의 신조어를 탄생시키며 점차 적용 범위와 규모가 확장되고 있다.

스타트업 영역에서 O2Oonline to offline를 제외하면 어떠한 논의도 이어가기 힘들 정도다. 유니콘 기업들의 70% 이상이 O2O 융합 영역이라는 발표도 있었다. 우버의 비즈니스만 살펴도 '온디맨드, O2O, 공유경제'의 핵심을 파악하는 데는 부족함이 없다. 우버의 이용자(승객)와 제공자(기사)는 서로를 평가한다. 차량 호출 시 승객은 기사의 평판을 먼저 확인한다. 반대로 승객 스스로의 신뢰성과 매너 또한 기사의 평가를 피할 수 없다. 이용 가격은 고정된 게 아니라 상황에 따라 실시간으로 바뀌며 결제는 미리 입력된 신용카드 정보를 통해 도착 즉시 진행되어 신경 쓸 필요조차 없다. 우버의 O2O 플랫폼은 차량의 종류

디지털 경제 개념 구분[19]

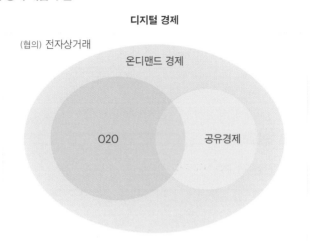

디지털 경제

(협의) 전자상거래

온디맨드 경제

O2O

공유경제

를 가리지 않을 뿐 아니라 어떤 형태의 서비스에도 적용 가능하다. 그동안 우버는 자전거 택배나 음식·생필품 배달 등의 다양한 서비스를 출시하는 등 다각화 시도를 게을리하지 않았다. 우버가 보여준 놀라운 성장의 핵심 동력은 고객들의 취향, 이동 패턴, 자주 이용하는 장소 등 광대한 빅데이터를 축적하고 분석하여 자사 서비스와 마케팅에 고스란히 반영하는 데 있다. 이제 대출, 가사노동, 법률 자문 및 의료 서비스 등 생각지도 못한 영역들에서 '우버화Uberfication'가 진행되고 있다. 온라인으로 고객을 모아 오프라인에서 상거래를 유발하는 O2O의 잠재력은 무한에 가깝다. 아직은 음식배달, 부동산 중개, 승객 운송, 숙박 등의 일부 분야에 집중되어 있지만 앞으로 인테리어, 이사, 청소, 세탁, 레저, 미용, 웨딩, 놀이방, 자동차 정비 등 다양한 분야로 확대될 것이다.

지금부터는 미래의 카피타이거들이 등장할 영역을 살펴보고자 한다. 먼저 '우버의 후예들'이다. 우버의 비즈니스 모델로 파생한 마이크로 모빌리티Micro-mobility, 다음으로는 최근 배달의민족의 인수합병으로 부각되고 있는 딜리버리delivery 영역에서 미래의 유니콘을 전망하고자 한다.

마이크로 모빌리티

라스트 마일을 잡아라!

우버의 등장은 단순히 라이드헤일링이라는 사업 영역을 성장시키는 데 그치지 않았다. 다양한 퍼스트first 및 라스트last 마일mile 모빌리티 수단을 활용한 비즈니스에 우버의 비즈니스 모델을 접목하는 기업들이 속속 등장하기 시작했다. 이들은 자연스럽게 퍼스트 앤 라스트 마일과 우버로 대표되는 공유 비즈니스를 연결하여 새로운 형태의 꿈들을 만들어가고 있다.

출발 지점에서 첫 번째 교통수단에 도달하기까지의 이동 구간을 퍼스트 마일이라 한다. 라스트 마일은 마지막 교통수단에서 최종 목적지까지의 이동 구간이다. 도보로 이동했던 양쪽 구간의 이동 수단으로 자전거나 전동스쿠터가 최근 강력하게 부상하고 있다.

대중교통 형태의 이동수단에 비해 퍼스트 앤 라스트 마일은 비교적 짧은 거리이며 이용자에게 선택의 권한이 더 주어지는 편이다. 미국의 경우 스케이트보드는 2킬로미터, 자전거는 4.8킬로미터, 인라인 스케이트는 3.7킬로미터, 도보는 약 800미터를 적정한 퍼스트 앤 라스트 모빌리티 수단과 이동 거리로 제시하고 있다.

최근 모빌리티 흐름은 라스트 마일에 집중되는 추세다. 대상은 사

퍼스트앤 라스트 마일 전략

(출처: First Last Mile Strategic Plan & Planning Guideline. Los Angeles County Metropolitan Transportation Authority & Southern California Association of Government, 2014. 3.)

퍼스트-라스트 마일 이동수단과 적정 이동 거리

(출처: First Last Mile Strategic Plan & Planning Guideline. Los Angeles County Metropolitan Transportation Authority & Southern California Association of Government, 2014. 3, 재편집)

람의 이동에만 국한되지 않고 물품의 이동도 포함된다. FBA**Fulfillment by Amazon**로 대표되는 아마존의 신뢰도 높은 물류 서비스가 가장 대표적이다. 쿠팡은 2014년부터 자체 배송인 로켓배송을 시작으로 2018년 10월 새벽배송을 시작했다. 마켓컬리, 헬로네이처 외에 이마트, GS리테일 등 대기업까지 새벽배송에 나설 때였다. 쿠팡은 하루 새벽배송 주문 약 3만 건으로 기존 1위 마켓컬리를 제치고 단숨에 1위를 차지했다. 가정간편식HMR, 신선식품, 가공식품뿐 아니라 장난감, 학용품 등 약 200만 개 품목을 새벽에 보내준다. 업계에선 국내 새벽배송 시장 규모가 연내 1조 원을 넘어설 것으로 예상하고 있다. 라스트 마일의 다음 초점은 음식배달이다. 이 영역의 스타트업들도 퓨처 유니콘을 향해 무섭게 질주하고 있다.

　기존 대중교통 수단이 커버하지 못하는 상대적으로 짧은 거리를 이동하는 데 사용되는 자전거, 스쿠터 등 친환경 저공해를 주요 특징으로 하는 모빌리티 수단을 '마이크로 모빌리티Micro Mobility'라고 한다. 글로벌 시장에서 마이크로 모빌리티에 대한 관심은 중국이 처음으로 쏘아 올렸다. 2014년과 2015년 나란히 창업한 중국의 오포ofo와 모바이크Mobike는 자국 내 엄청난 유동인구와 열악한 교통 인프라를 개선하는 대안으로서 공유자전거 서비스를 내놓았다. 반응은 폭발적이었고 두 기업 모두 단기간에 유니콘 대열에 합류하면서 다른 국가들도 퍼스트 앤 라스트 마일 모빌리티 시장에 눈길을 돌리기 시작했다. 오포의 경우 2018년까지 11번의 투자 라운드 동안 약 22억 달러를 모았고 모바이크는 총 9번의 투자 라운드에 20억 달러를 모으는 데 성공했다. 하지만 두 회사 모두 도크리스dockless 시스템의 한계를 넘지 못했다. 오포는 미국 등 해외 시장 진출에 실패하면서 2018년 12월 이후로 비즈니스를 접은 상태이며 모바이크는 해외 시장에서 철수하는 등 공유자전거 시장은 어려움을 겪고 있다.

　공유자전거와 공유전동스쿠터의 도크리스 서비스는 최근 인기와 비난을 동시에 받고 있다. 도크리스 시스템은 고정된 스테이션 없이 스마트폰으로 주변을 검색해 픽업하고 사용 후 주변에 거치하는 것이다. 스테이션 프리Station Free라고도 불리는 이 시스템의 핵심은 사물인터넷IoT 기술을 활용해 기존의 스테이션 기반보다 편리한 사용자 경험을 제공한다는 점이다. 스마트폰 앱만 있으면 간편하게 탈 것을 검색하고 QR코드로 잠금을 해제할 수도 있다. 목적지에 도착하면 반납

공유 전동 킥보드 현황

(단위: 달러)

순위	기업	자본조달액	시장 가치	지출국가
1	라임	7억 7,770만	24억	미국, 독일, 프랑스, 한국 등 총 31개 국가
2	버드	6억 2,300만	27.7억	미국, 독일, 프랑스, 벨기에, 폴란드 등 총 15개 국가
12	빔	640만	–	호주, 말레이시아, 싱가포르, 뉴질랜드, 대만, 한국 등 총 6개 국가

※ 2019년 2월 기준, 업계 순위는 자본 조달액 기준 (자료: 「크런치베이스」 등)

장소에 구애받지 않고 주차시키면 되므로 이용자 접근성이 높은 편이다. 특히 결제도 간편하게 모바일페이로 끝낼 수 있다. 따라서 걷기는 멀고 지하철로 이동하기에는 짧은, 이른바 퍼스트 앤 라스트 마일에 해당하는 거리의 이동수단으로 각광받고 있는 것이다.

전동스쿠터는 성능이 고도화되면서 기존 교통수단을 대체할 정도로 도심 이동 수단으로도 환영받고 있다. 미국에서 공유전동스쿠터 붐을 처음 일으킨 기업은 '버드'이다. 최단 기간에 유니콘 기업으로 등극해 '스쿠터의 우버'라고 불릴 정도다. 버드보다 두 달 늦게 출발한 경쟁사 '라임'도 2조 5,000억 원의 평가를 받으며 유니콘 기업 반열에 올랐다. 전동스쿠터가 관심을 받는 이유는 무엇보다 탑승자의 힘이 들지 않는다는 데 있다. 전기자전거도 주행하려면 페달을 계속 밟아야 하지만 전동스쿠터는 힘을 쓸 필요도 없고 땀 흘릴 일도 없다. 더구나 속도도 빨라 단거리 출퇴근용이나 퍼스트·라스트 마일 용도로 효율적이다. 공유자전거보다 관리가 효율적이라는 장점도 있다. 자전거보다 부피가 작고 무게도 가벼워 관리가 쉽다. 버드와 라임은 모두 무게 12.5킬로그램, 1회 충전에 30킬로미터 주행 가능한 500달러 수준

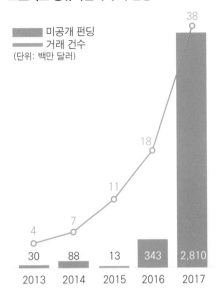

도크리스 공유자전거 투자 현황

미공개 펀딩
거래 건수
(단위: 백만 달러)

2013	2014	2015	2016	2017
4	7	11	18	38
30	88	13	343	2,810

(출처: he Global Bike-Share Boom: Dockless
Models Look To Solve Urban Commules &
Transit Access, CBINSIGHTS, 2018. 3. 22)

의 샤오미 미Mi 전동스쿠터를 사용하고 있다.

우버, 디디추싱, 리프트 같은 글로벌 라이드셰어링 기업들이 공유자전거와 전동스쿠터 분야로 뛰어들면서 2013년 4건 총 3,000만 달러 규모의 공유자전거 스타트업 투자는 2017년 38건 28억 1,000만 달러 규모로 94배나 증가했다.

두 바퀴로 굴리는 공유경제

2014년 창업한 베이징 기반의 오포와 2015년 창업한 상하이 기반의 모바이크는 2017년부터 본격적으로 글로벌 서비스를 확장했다.

(출처: 「베이징거」, 2017. 2. 7)

두 기업은 중국에서의 급격한 성장을 바탕으로 도크리스 공유자전거로 새로운 퍼스트 앤 라스트 마일을 책임지는 대안으로 성장했다. 오포는 알리바바 그룹의 금융 자회사 앤트파이낸셜로부터 투자를 받았고, 모바이크의 최대 주주는 텐센트다. 이를 두고 『월스트리트저널』은 '공유자전거 시장에서 모바이크와 오포의 경쟁은 텐센트와 알리바바의 대리전'으로 해석했다.

자전거 모양과 비슷한 영문 알파벳 조합ofo이 기업명인 오포는 세계 최초의 '도크리스 공유자전거 플랫폼' 서비스 기업이다. 베이징대학교 경제학과 출신의 창업자 다이웨이Dai Wei는 모교 캠퍼스를 테스트 베드로 활용해 자전거 공유 서비스를 론칭했고 성공적인 비즈니스로 연결했다.

베이징에 본사를 둔 오포는 2018년 중반까지 전세계에서 자전거 1,500만 대를 운용했다. 「피치북」에 따르면 2018년 기준 오포의 기업 가치는 30억 달러다. 오포는 2018년 3월 알리바바가 주도한 투자 라운드에서 투자금 8억 6,600만 달러를 모집했다.

오포는 2017년 알리바바와 디디추싱 등으로부터 총 11억 5,000만 달러를 투자받으며 한국을 포함해 오스트레일리아, 오스트리아, 중국, 체코, 프랑스, 독일, 헝가리, 인도, 이스라엘, 이탈리아, 일본, 카자흐스탄, 말레이시아, 포르투갈 등 22개국 250여 개 도시에서 2억 명 이상의 사용자가 1,000만 대 이상의 자전거로 1일 3,200만 건 이상의 서비스를 기록하는 등 세계 최대 규모의 자전거 공유 플랫폼으로 성장했다.

그러나 북미 시장 진출은 쉽지 않았다. 미국에서도 2018년 1~5월 동안 2억 6,000만 달러 이상의 자금이 자전거 및 스쿠터 공유 기업에 투자됐다. 게다가 미국인들은 자전거보다 자동차를 매우 선호한다는 점도 간과한 사실이었다. "미국의 도시는 자전거보다 자동차를 타고 다니기 좋게 되어 있다." 오포의 공동창업자 엔치 장이 털어놓았다. 오포는 2018년 들어 수익 구조가 불분명하다는 이유로 투자 유치에 번번이 실패했다. 오포처럼 자금난에 봉착했던 모바이크는 다행히 2018년 메이투안 디엔핑에 인수되었다. 하지만 오포는 알리바바와 디디추싱 등과 벌인 매각 협상에서 2017년 기업가치의 절반 수준의 인수가로 결국 계약이 불발됐다. 심각한 자금난으로 오포는 해외 사업 전부를 2018년 10월까지 철수 완료했다. 현재까지 파산 신청을 하지 않았으나 회생은 거의 불가능할 것으로 판단된다.

모바이크는 10년간 정보통신기술ICT·자동차 업계를 취재한 기자 출신 창업자 후웨이웨이Hu Weiwei가 취재원이었던 자동차 전문가 시아이핑Xia Yiping과 함께 중국의 심각한 대기오염과 교통문제 해결을 통한 미래 모빌리티 산업 재편을 위해 창업했다. 심벌인 주황색 모바이크 자전거에는 사용자 식별용 이동통신 심SIM 카드와 GPS 칩이 내장되어 있어서 자전거에 대한 실시간 수요 및 동선을 파악할 수 있다. 축적되는 운행 기록들을 빅데이터화하여 인공지능을 통해 최적의 장소 및 비치 대수가 산출된다. 창업 후 3년만에 중국을 포함한 15개국 200개 도시에서 900만 대의 공유자전거 서비스를 제공했다. 서비스

공유자전거 발달 단계

1단계
흰색 자전거
· 암스테르담 첫 도입
· 50대의 무료 공공 자전거로 서비스
· 도난과 훼손에 취약

2단계
동전 대여 시스템
· 코펜하겐 첫 도입
· 색상 디자인으로 차별
· 거치대에 고정
· 동전으로 이용료 지불
· 안정적이지만 이용객 데이터는 전무

3단계
IT 시스템
· 프랑스 헨네 첫 도입
· 광고 삽입
· 거치대에 고정
· 사전등록 시스템 도입
· 이용자 정보, 위치 정보, 예약 시스템 등 IT 기술 도입

4단계
멀티모달 시스템
· 베이징에서 첫 도입
· 전세계로 확산
· 스마트폰 활용한 잠금 장치 도입
· 거치대 없앤 비고정형 시스템 도입
· 실시간 트래킹 기술 도입
· 대중교통과의 연계
· 전기자전거 등 신기술 접목

(출처:「이코노미조선」, 재편집)

출시 2년 만에 2억 명의 회원을 확보했고 하루 이용자 수는 3,000만 명을 돌파했다.

모바이크는 2018년 4월 텐센트가 최대 주주인 중국 최대 외식배달 서비스 업체인 메이투안디엔핑Meituan-Dianping이 지분(35%)과 현금(65%)을 지급하는 조건으로 인수가 27억 달러(약 2조 8,700억 원)에 지분 100%를 인수했다. 모바이크의 인수 발표 전에 알리바바가 메이투안 디엔핑의 최대 경쟁 업체인 어러머ele.me를 95억 달러에 인수했다. 경쟁관계인 텐센트는 이에 대응하는 차원에서 모바이크의 인수에 영향을 미쳤다는 분석이 나왔다.

두 바퀴로 세상을 달리다

중국의 공유자전거 열풍은 미국을 중심으로 공유전동스쿠터로 확산되고 있다. 2018년 4월 우버는 공유 전기자전거 업체인 점프바이크Jump Bikes를 인수했고, 7월에는 경쟁사 리프트가 미국 공유자전거의 약 80%를 운영 관리하는 모티베이트Motivate를 인수했다. 그러면서 라이드헤일링에 이어 우버와 리프트의 퍼스트 앤 라스트 마일 2라운드의 공이 울렸다. 그뿐만 아니라 포드는 2018년 전동스쿠터 공유 기업 스핀Spin을 1억 달러에 인수했다. 다임러도 남유럽과 독일 등지에서 전동스쿠터 공유 사업을 진행 중이다. GM은 자체 제작한 전기 자전거 '아리브'를 유럽에 선보였고 테슬라도 전기 자전거 사업 진출 계획을 밝혔다. 공유자전거 업체는 물론 기존의 라이드 셰어링·헤일링 기업들이 너도나도 전기자전거와 전동스쿠터 시장에 뛰어든 이유는 무엇일까?

우버의 점프바이크 통합 실험[20]

이용 비율

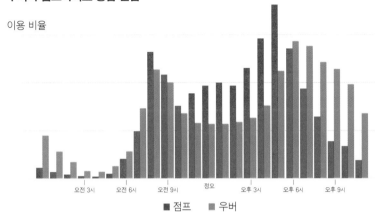

오전 3시　　오전 6시　　오전 9시　　정오　　오후 3시　　오후 6시　　오후 9시

■ 점프　　■ 우버

2018년 7월 우버의 연구원인 산토시 라오Santosh Rao는 우버 앱에 점프바이크 서비스를 통합한 후 샌프란시스코에서의 사용 패턴 변화를 분석했다. 2018년 2월부터 7월까지 평균 일주일에 1회 이상 점프바이크나 라이드셰어링 서비스 이용자들을 대상으로 한 결과, 전체 사용 비율은 점프바이크 도입 후 15%나 증가했다. 반면 우버의 라이드셰어링 사용은 10%, 특히 교통 혼잡도가 높은 평일 오전 8시~오후 6시 사용량은 15%나 감소했다. 점프바이크는 얼리 어답터들에게 인기가 있었고, 특히 혼잡 시간에 우버의 라이드셰어링이 점프바이크로 대체된 것이다. 전동바이크가 교통 혼잡을 완화시키고 자동차 운행을 줄이는 유력한 대안이 될 수 있다는 것이다. 실험 당시 점프바이크 대수가 250대로 제한되어 있던 점을 고려하면 더욱 기대감이 커진다.

그래프에서 모든 점프바이크 사용의 3분의 2 이상(69 %)이 낮시간 (8시~18시) 동안 발생한 반면 대부분의 차량 사용(54%)은 이 구간을 비껴갔다. 오후 6시 이후 전동바이크를 타지 않을 가능성이 큰 시간에는 자연스레 차량을 이용한 라이드셰어링으로 전환된다는 것이다. 또한 폭우가 쏟아지는 금요일에는 평균보다 점프바이크 이용이 78% 줄어드는 반면 우버 라이드는 40%나 증가했다. 상황에 따라 두 옵션을 자연스럽게 대체하여 이용한다는 점을 알 수 있다. 두 가지 모드는 상호보완적이다.

결국 비즈니스 관점에서 보자면, 개인의 차량 소유와 일대일의 경쟁 형태를 탈피할 필요가 있다. 우버의 실험처럼 라이드셰어링·헤일링+전동바이크 같은 다양한 모빌리티 수단의 결합을 적극 고민해야 할 것이다. 사람들의 라이프스타일은 시간이 지날수록 더욱 다양하게 분화하는 법이다. 개인이 만들어내는 동선의 궤적 또한 복잡하고 방대한 데이터를 생산해낸다. 다행히 최근 이러한 빅데이터를 수집하고 해석해서 응용할 수단이나 기술 또한 비약적으로 발전하고 있다. 머지않아 개인 맞춤형의 모빌리티 서비스도 기대할 수 있을 것이다.

다양한 형태로 진화하는 모빌리티 수단들을 하나로 묶어서 통합관리하려는 움직임은 이미 시작되었다. 서비스형 모빌리티MaaS, Mobility as a Service의 개념과도 연결된다. 서비스형 모빌리티MaaS란 유저 입장에서 보자면 자동차, 라이드셰어링·헤일링, 카셰어, 렌터카, 택시, 자전거, 전동스쿠터, 철도, 주차장, 숙박에 이르기까지의 모든 것들을 모바일 앱 하나로 이용할 수 있는 상황을 뜻한다. 사용자가 처한 상황에 가장 적합한 수단을 원스톱으로 끊김 없이 제공하는 플랫폼, 이른바 '멀티모달 플랫폼Multimodal Platform for traffic·mobility'이 현재 모빌리티 산업에 속한 기업들이 궁극적으로 도달하고자 하는 지향점이라 볼 수 있다. 철도와 버스, 택시, 렌터카, 자전거 등을 이용해 저렴한 가격에 빨

윔

리 목적지까지 도착할 수 있는 수단을 제공하며 결제까지 가능하다. 이는 자동차를 중심으로 하는 우버보다 한 단계 더 넓은 개념의 모빌리티 서비스다.

모든 교통수단을 간편하게 앱 하나로 사용한다는 개념의 서비스형 모빌리티MaaS는 핀란드의 마스 글로벌MaaS Global이 2016년 출시한 윔Whim이 그 선구다. 윔은 출시 당시 '수송의 넷플릭스the Netflix of Transportation'를 모토로 등장했다. 넷플릭스를 통해 동영상 서비스를 구독하듯, 다양한 교통수단들도 구독 형태로 이용하는 방식이다. 출발지에서 목적지까지 트램(노면전차), 버스 등 대중교통은 물론 택시, 렌터카, 공유 모빌리티 등 모든 교통수단을 조합해 최적 경로를 제안한다. 결제방식은 월정액제로서 도시에서 일상 이동성을 무제한 제공한다.

완성차 업체들도 서비스형 모빌리티MaaS 도입에 나서고 있다. 하드웨어(자동차)의 판매를 통한 비즈니스 모델에서 점차 데이터와 소프트웨어 중심으로의 전환을 의미한다. 2018년 CES에서 토요타 아키오 회장이 "제 세대에 토요타는 자동차 회사에서 모빌리티 회사로 변신할 것입니다."라고 선언하며 전격적인 정체성의 전환을 선언했다. 자율주행 셔틀 기반의 모빌리티 서비스 플랫폼인 '이팔레트E.Pallete'를 통해서다.

이팔레트는 카셰어링·라이드셰어링같이 사람을 이동시키는 일반적 역할을 할 수도 있고 이동형 병원이나 상점이나 연구소도 될 수 있으며 때로는 이동형 호텔이 될 수도 있다. 이름처럼 작업용, 판매용, 물류용 등 목적에 맞게 대상을 실어 나를 수 있다. 피자를 주문하면 아예 이동형 피자 가게가 집 앞으로 와서 갓 구운 피자를 먹는 식이다. 토요타는 이를 위해 아마존, 디디추싱, 마쯔다, 핏자헛, 우버 등과 연합체를 결성했다. 그밖에 GM, 다임러 그룹 등의 거대 자동차 기업들도 이러한 변화에 발맞추고 있다.

공유 전동스쿠터 비즈니스는 후발 주자에 해당한다. 하지만 누구보

다 빠르게 성장하면서 글로벌로 진출하고 선구안 좋은 대형 전략적 및 재무적 투자자들로부터 투자 러시가 이어지는 이유는 무엇일까?

첫째, '닥치고 실행'이다. 이것저것 재지 말고 일단은 거리마다 '눈에 띄게' 선점한다는 의미이다. 라임Lime은 공유 전동스쿠터 시장에 뒤늦게 뛰어들었지만, 미국 시장은 물론 해외 진출에 놀라운 확산 속도를 보여주었다. 유럽 주요 도시 진출에까지 1년이 채 걸리지 않았다. 빠른 확산을 보여준 우버조차 해외(파리) 첫 진출은 론칭 후 약 3년이 걸렸다. 라임이 그토록 발 빠르게 해외 진출을 진행한 큰 이유는 당시 샌프란시스코 시 당국의 규제에 막혀 검토 결과를 기다릴 수밖에 없었기 때문이다. 불확실한 결과를 마냥 기다리느니 한발 앞서 글로벌 진출을 택한 것이다. 규제의 아이러니이기도 하다.

둘째, 확장성, 즉 스케일업scale-up 전략을 최우선에 둔다는 점이다. 공유 모빌리티 기업들은 이미 우버 등 차량 공유 기업들의 성공과 실

라임 및 버드 승차 횟수 증가 추세

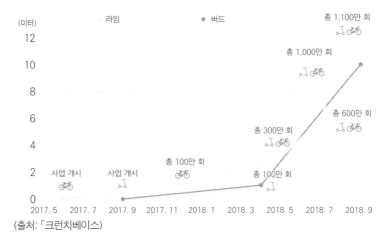

(출처: 「크런치베이스」)

패를 가까운 거리에서 면밀하게 지켜보았다. 플랫폼 비즈니스가 성공하기 위해서 무엇을 해야 할지, 하지 말아야 할지를 선행학습한 셈이었다. 이들의 결론은 '확장'으로 귀결되었다. 검증된 비즈니스 모델은 언제든지 카피캣들의 추격을 감수해야 하는 시대가 되었다. 따라서 아이템 차별화보다 누가 먼저 더 성장할 수 있느냐가 성공의 핵심요소이다.

그렇다면 라임이나 버드 같은 마이크로 모빌리티 기업들은 우버나 리프트의 성공은 계승하고 실패는 극복하며 성공적인 엑시콘이 될 수 있을까? 대부분의 유니콘들은 수익성을 거의 포기하면서까지 확장에 매달리게 된다. 그 과정에서 언론과 일반 투자자 등으로부터 수익성에 대한 비관적 지적들에 직면한다. 확실한 캐시카우cash-cow 영역을 기반으로 신규 사업으로 확장을 시도하는 기성 기업들과는 달리 스타트업의 스케일업 전략은 수익성을 돌볼 여력이 거의 없다. 따라서 가

시적인 성장을 실현하기까지 조직 안팎의 숱한 의문을 잠재우며 버틸 수 있는가가 관건이다. 그런 면에서 라임은 지금까지 지속적인 투자유치를 통해 모범적인 성장을 보여주고 있다. 단기간에 걸쳐 폭발적인 초반 스케일업을 달성하되 이를 과감하게 수행할 만한 충분한 자본을 지속적으로 유치할 수 있는지 여부에 마이크로 모빌리티의 승자가 판가름날 것이다.

라임

텐센트와 펩시 그리고 금융업계에서 경력을 쌓은 두 명의 중국인 토비 선Toby Sun과 브래드 바오Brad Bao가 2017년 1월에 설립한 라임은 라임 바이크LimeBike라는 공유자전거 서비스로 시작해 2018년 초 스쿠터 서비스로 확대했다. 서비스 시작 직후부터 플로리다, 인디애나, 캘리포니아주의 다른 도시로 확장했으며 불과 창업 1년 만인 2018년 알파벳과 앤드리슨호로위츠 등 유수의 투자사들로부터 기업가치 11억 달러의 유니콘 기업으로 인정받았다. 2019년 2월 3.1억 달러의 투자유치로 24억 달러의 기업가치를 인정받았다. 현재 30개 이상 국가의 120여 도시에서 서비스를 제공한다. 최근 글로벌 누적 탑승 횟수 1억 건을 돌파했다.

다음의 그래프처럼 라이드헤일링에서 전례를 찾기 힘들 만큼 급속한 성장을 보여준 우버와 비교해보면 흥미롭다. 먼저 5,000만 승차 건수를 기록하기까지 우버는 약 60개월이 걸린 반면 라임은 그 절반도 안 되는 기간(약 26개월 전후)에 달성했다. 기업가치 또한 우버에 비해 라임과 버드가 보여주는 상승 속도와 증가 폭은 매우 놀라울 정도다.

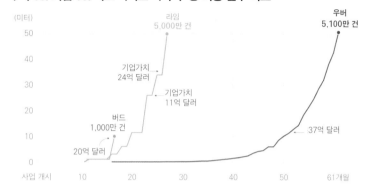

우버 vs. 라임 vs. 버드 서비스 시작 후 총 이용 건수 비교[22]

라임에는 우버도 전략적 투자자로 참여했다. 우버는 차량 공유에 이어 다음 먹거리 중 하나로 공유스쿠터를 선택한 것으로 알려졌다. 그런데 그 방식이 현재로선 직접 진출이 아니라 라임과 같은 선도 기업에 전략적 투자라는 점에서 흥미롭다. 더불어 기존 우버 앱에 라임의 스쿠터 서비스를 추가하고 공동 브랜딩 등 다양한 파트너십을 실천에 옮기고 있다. 우버에서 자전거, 스쿠터, 렌트카와 같은 새로운 서비스의 강화 및 보급을 책임지는 레이첼 홀트Rachel Holt 부사장은 "라임에 대한 투자와 파트너십은 우버가 모든 운송 요구에 맞는 원-스톱 숍이 되려는 비전을 향한 한 걸음이다. 소비자들은 특히 대중교통을 이용하여 도시를 돌아다닐 수 있는 빠르고 저렴한 옵션을 선택할 수 있다."라고 밝혔다. 우버는 라임 말고도 2018년 1월 공유 전기자전거 서비스 점프Jump와 비슷한 파트너십을 맺은 후 3개월 만인 4월 2억 달러에 인수했다. 라임의 경우도 이런 경로를 따라갈지는 흥미롭게 지켜볼 일이다.

버드

공유전동스쿠터 대표 기업인 버드Bird Rides는 '넥스트 우버'로 자주 거론되기도 한다. 2017년 설립 후 1년도 되지 않아 사상 최단 기간인 2018년 5월 세 번째 투자 라운드에서 3억 달러를 유치하며 기업가치 20억 달러로 단숨에 유니콘 기업으로 성장했다. 버드는 2020년 1월까지 7억 6,800만 달러의 자금을 유치하며 27억 달러 내외의 가치 평가를 받고 있다. 처음 공유전동스쿠터 붐을 일으킨 기업으로서 버드는 2017년 4월 캘리포니아 산타모니카에서 설립됐다.

버드의 창업자는 우버에서 글로벌 드라이브 성장 담당 부사장과 리프트 최고운영책임을 맡았던 트래비스 밴더젠덴Travis VanderZanden이다. 버드의 최대 라이벌은 버드보다 두 달 늦게 설립된 라임이다. 버드는 2017년 9월 미국 산타모니카(LA) 지역에서 테스트와 운영을 시작한 후로 급속하게 성장해 미국뿐 아니라 유럽 그리고 아시아까지 100여 개가 넘는 도시에서 운영 중이며 2018년 9월 이미 1,000만 라이드를 달성했다.

버드를 이끄는 트래비스 밴더잔덴은 우버 및 리프트와 복잡한 관계를 맺고 있다. 애초 설립했던 주문형 세차 스타트업인 체리Cherry를 2013년 리프트가 인수하면서 인연이 시작되었다. 이 인수로 리프트의 최고운영책임자가 되었지만 다음 해 우버로 자리를 옮겼다. 그 후 리프트는 그가 비밀유지 계약 위반했다고 고소했다. 결국 2016년 그는 우버를 떠났다.

국내 현황

국내 마이크로 모빌리티 사업에 참여하는 스타트업은 약 20개에 달하며 기존의 완성차 업체와 차량 공유 기업들도 참여하는 상황이다. 국내 공유 전동킥보드 시장 규모는 2020년까지 약 2만 대 규모가 될 전망이다.

고고씽 브랜드의 국내 최초 공유자전거 스타트업 매스아시아는 대전의 공유 전동킥보드 스타트업 알파카를 합병해 규모를 키우고 있다. 킥고잉의 울룰로는 전동킥보드 3,000대를 운영중인데 2018년 9월 서비스 시작 이후 1년 만에 사용자 10만 명을 돌파했다. 현대자동차는 대전 카이스트 캠퍼스에 전동스쿠터 50대를 두고 시범 운영을 했고, '제트'라는 브랜드로 2019년 9월 서울 구로구 가산디지털단지 부근과 종로구 혜화역 부근으로 서비스를 확장했다. 카카오는 카카오T 앱에 전기자전거를 빌리는 기능을 추가했고, '타다'를 운영하는 쏘카도 신촌과 마포 중심의 전기자전거 공유 스타트업 일레클에 지분 투자를 했다.

앞으로 마이크로 모빌리티 시장은 온통 장밋빛이기만 할까? 먼저 규제 문제를 해결해야 한다. 이륜구동은 현행법상 원동기장치 자전거(배기량 125CC 이하 이륜차 또는 50CC 미만 원동기를 단 차)로 분류되어 차도를 제외한 인도나 자전거도로를 다닐 수 없다. 또한 만 16세 이상으로 2종 운전면허를 보유하고 보호 장구를 착용해야 한다. 최근 트렌드는 거치대를 따로 두지 않는 방식(도크리스)인데 이는 도시 미관을 해칠 우려가 있다. 샌프란시스코 등 일부 도시는 1~2개 업체에게만 한시적으로 영업 허가를 주는 방식으로 초기 혼란을 줄이는 방법을 택하기도 했다. 도난 방지 및 탑승기기 관리 등 기술적 문제도 있다. 현재

국내 마이크로 모빌리티 업체[23]

(출처: © 차두원, 2019)

까지는 GPS에 의존해 스쿠터의 위치를 찾는 방식이기 때문에 고의로 위치를 찾을 수 없도록 장비를 손상시키는 등의 문제가 증가하고 있다. 그 외에 배터리 충전과 부품 관리 등을 효율화하는 방안도 찾아야 한다. 해외 전동스쿠터 공유 업체들이 활용하고 있는 솔루션을 참고할 필요가 있다. '쥬서juicer'라고 부르는 스쿠터 충전하는 사람들 덕에 아무데나 내버려지는 스쿠터를 찾아내고 또 스쿠터를 충전하는 문제를 해결할 수 있었다. 최근 화두인 긱 이코노미와도 부합한다.

전동킥보드 공유 플랫폼 현황

운영사	플랫폼	서비스 지역	보유대수
라임코리아	라임	서울 강남, 종로	최소 1,000대 관측
울룰로	킥고잉	서울 강남, 서초, 송파, 광진, 마포구, 경기 성남(판교), 시흥시, 부산 해운대구	3,000대
매스아시아	고고씽, 알파카	서울 강남, 경기 화성(동탄)시	600대
피유엠피	씽씽	서울 강남, 서초구	1,000대
현대자동차	제트	서울 금천, 종로구	80대

(출처: 업계 취합)

가장 큰 문제는 마이크로 모빌리티의 수익성이다. 버드는 전동스쿠터 1대 구입에 551달러를 지출하고 교체 기간은 평균 2개월 정도라고 밝힌 바 있다. 1회당 평균 매출은 3.65달러이다. 충전 비용이 1.72달러와 수리비용 0.51달러를 빼면 결국 이익은 1달러 수준인 셈이다. 수익성은 국내 업체들도 마찬가지로 보인다. 결국 당장의 수익성보다 확장에 전념할 만한 자금 확보가 가능한 기업이 등장해야 할 것이다. 대형화와 수직계열화로 규모의 경제를 통한 수익성 확보가 관건인 셈이다.

궁극적으로는 과열된 초기 단계를 지나면서 플레이어들의 합종연횡 이후, 마스 글로벌의 윔처럼 서비스형 모빌리티MaaS의 과점 형태로 발전할 것이다. 온디맨드 차량 승차부터 택시, 버스, 지하철 등 대중교통과 자전거나 스쿠터 같은 마이크로 모빌리티까지를 수직적으로 통합하는 기업이 등장하지 않을까? 그렇다면 사용자들은 자율주행 자동차와 배달 로봇과 드론까지 포괄하는 최적의 이동 경로와 교통수단을 통합된 형태로 제공받을 수 있을 것이다.

딜리버리

딜리버리 전성시대

음식배달 전성시대가 열렸다. 2019년 연말 독일의 딜리버리히어로는 '배민'의 우아한형제들 지분 100%를 40억 달러(약 4조 7,500억 원)에 인수한다고 밝혔다. 딜리버리히어로는 국내 2, 3위 업체인 요기요(33.5%)와 배달통(10.8%) 등을 운영하고 있다.

(푸드) 딜리버리 산업은 그토록 매력적인 영역일까? 마이크로 모빌리티가 '사람'의 이동이라면 '딜리버리' 영역은 고객이 필요로 하는 음

딜리버리히어로-우아한형제들 합작사 운영 구조[24]

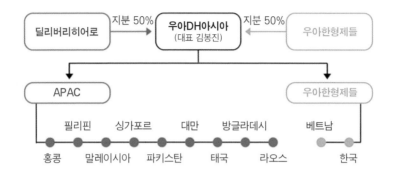

식 등의 '사물'에 대한 이동 가치를 제공한다. 스마트폰과 앱 경제의 확산, O2O 서비스의 정착 등으로 음식배달 시장은 전세계적으로 가파른 성장세를 보이고 있다. 미국 경제전문지 『포브스』는 컨설팅사 프로스트앤설리번을 인용해 2018년 820억 달러였던 세계 음식배달 앱 시장 규모가 2025년 2,000억 달러로 커질 것을 예상했다. 스위스 금융그룹 UBS는 세계 음식배달 시장이 2018년 기준 350억 달러에서 2030년 3,600억 달러 규모로 성장할 것이라는 전망을 내놓았다. 조사기관마다 예측 수치는 다소 차이가 있지만 대체로 글로벌 음식배달 시장 규모는 약 2,500~3,000억 달러로 추정되며 온라인(플랫폼) 음식배달 시장은 약 800~900억 달러규모로 추정된다. 국가별 시장규모는 중국(800억 달러 이상), 미국(470억 달러), 영국(76억 달러), 한국(60억 달러) 순이다.

음식배달 비즈니스는 두 그룹으로 구분할 수 있다. 먼저 21세기 초반에 설립되어 그런대로 수익을 내고 있는 미국의 그럽허브Grubhub와 유럽의 저스트이트Just Eat, 테이크어웨이닷컴Takeaway.com 같은 선발주

세계 주요 음식배달 서비스[25]

회사명	테이크어웨이	저스트이트	그랩푸드	딜리버리히어로	딜리버루	우버이츠
본사	네덜란드	영국	베트남	독일	영국	미국
설립 연도	2000	2001	2004	2011	2013	2014
주요 서비스 지역	유럽	유럽	동남아·북미	동남아·한국	유럽·동남아	북미·유럽

자들이 있다. 후발업체들로는 독일의 딜리버리히어로, 중국의 메이투 안과 어러머, 북미의 도어대시, 영국의 딜리버루 등이 있다.

사업의 핵심은 배달이며 수익을 배달원, 식당, 나누는 구조이다. 국 내의 경우 배민, 요기요, 배달통 말고도 바로고, 배달요, 부릉, 배민라 이더스 등과 같은 음식점과 이용자를 연계하는 배달대행 플랫폼이 성 행하고 있다.

세상은 넓고 '배달'은 많다

음식배달 시장은 배달 앱, 음식을 조리 하는 매장, 고객에게 조리된 음식을 직접 배달하는 배달대행사로 구성된다. 해당 지역(또는 국가) 마켓 리더만이 이윤의 대부분을 가져갈 수 있는 구조라서 시장점유율 의 확보가 무엇보다 중요하다.

글로벌 음식배달 시장은 선진시장, 신흥시장, 중국 시장 등 3개로 구분할 수 있다. 선진시장은 주로 서유럽과 북미 중심이고 신흥시장 은 동남아, 남미, 중동, 동유럽 등이 포함된다. 중국 시장은 워낙 단일 시장으로서 사이즈가 크고 독과점이라는 독특한 형태여서 따로 구분

글로벌 음식배달 경쟁 현황[26]　　　　　　　　　　　(2018년 11월 기준)

(출처: 업계 취합)

했다. 선진 시장은 시장 형성이 10년 이상으로 일반 고객 대상 침투율이 높으며 그만큼 경쟁이 치열하다. 비교적 시장이 큰 영국, 독일, 네덜란드 시장은 각각 저스트이트, 딜리버리히어로, 테이크어웨이가 로컬 기업으로서 유럽 전체 시장을 두고 사활을 걸고 있다.

　미국 시장은 최근 부진에 빠진 그럽허브와 후발업체인 도어대시, 우버이츠, 포스트메이츠 간의 경쟁이 심화되면서 수익성 확보가 화두로 부각되고 있다. 신흥시장은 아직 활성화가 상대적으로 부족하지만 초고속 성장을 기록 중이다. 대체로 특정 지역의 로컬기업 대 우버이츠 또는 딜리버리히어로의 경쟁구도가 뚜렷해지고 있다. 2019년 '배민'

인수처럼 글로컬(글로벌+로컬) 전략을 적극적으로 사용하는 딜리버리 히어로의 확산세가 눈에 띈다. 중국을 제외한 유럽과 북미 시장은 지배적인 1위 기업이 없이 백가쟁명의 상태다.

북미

북미 시장은 레스토랑의 음식을 배달해주는 배달 앱, 식료품 배달, 밀키트 배달 등 세 갈래로 나뉜다. 최근 점유율 1위로 올라선 도어대시가 36%에 이어 그럽허브가 33%, 우버이츠는 13%, 포스트메이츠가 12% 점유율을 차지하고 있다.

음식배달 앱은 고객이 앱에서 메뉴를 선택하면 레스토랑에서 음식을 픽업해 배달해주는 서비스로 그럽허브, 우버이츠, 도어대시, 포스트메이츠가 대표적이다. 이들의 비즈니스 모델은 단순하다. 기존에 배달 서비스를 제공하던 업체들을 모아 더 많은 고객들이 온라인으로 접근할 수 있도록 플랫폼을 제공하고 식당에서 수수료를 받는 것이다. 배달료는 5~10달러 수준이며 가장 경쟁이 치열한 영역이다. 시카고에 기반을 둔 그럽허브는 기숙사 생활을 하는 미국 대학생들을 초기 공략 대상으로 삼아 신속하고 편리한 음식배달 서비스를 제공하겠다는 사업 아이디어를 기반으로 2004년 창업했다.

2013년 미국 내 라이벌 기업 심리스Seamless를 전격 인수했고 이어 2014년 상장했다. 2017년 8월에는 또다른 경쟁 기업 이트24를 2억 8,750만 달러에 인수함으로써 미국 시장점유율 1위를 달성했다. 2018년 8월에는 시가총액이 130억 달러를 상회하며 최고의 전성기를 구가하던 그럽허브는 2018년 중반을 기점으로 서서히 약화되었다. 저스

미국 음식배달 서비스[27]

서비스 구분	회사명	서비스 내용
배달 앱	그럽허브	2004년 출시, 미국 음식배달 앱의 시초격 미국·영국 200개 도시 10만 5,000개 식당과 제휴 중
	우버이츠	우버가 2017년 내놓은 서비스로 이륜차로 음식 배달
	도어대시	2013년 창립 이후 무서운 속도로 성장 중 2018년 우버이츠와 그럽허브를 제치고 배달 앱 1위로 올라섰음 (소비자 지출 기준)
	포스트메이츠	2011년 설립된 스타트업으로 배달 로봇 '서브'를 현장에 투입할 예정
밀키트 배달 앱	블루에이프런	2012년 창립한 미국 최초 밀키트 업체로 구독을 신청하면 정기적으로 요리를 만드는 데 필요한 식자재와 요리법을 박스에 넣어 보내주는 서비스
식표품 배달	인스타카트	2012년 창립한 스타트업 앱에서 식료품점을 선택해 물품을 주문하면 인스타카트와 계약을 맺은 배송자가 직접 장을 봐서 배달해주는 서비스
	아마존	프라임 고객 대상, 2017년 인수한 홀푸드의 식료품 등 물품을 당일 배송하는 서비스 시작
	월마트	아마존에 대항하기 위해 온라인 장보기 서비스와 주차장 픽업 서비스 등을 시작, 2017년 전체 매출에서 온라인이 차지하는 비중은 7%에 불과하지만 향후 5년간 매출 비중을 두 배가량 늘린다는 계획

트위트 등 경쟁업체들로 인해 지금은 기업가치가 45억 달러 수준으로 떨어졌다. 최근 혜성처럼 나타난 우버이츠와 도어대시 등 신진 세력들에게 시장점유율을 빠르게 잠식당할 것이라는 시장의 우려가 반영된 것이다.

도어대시는 2018년에만 8억 달러 등 총 21억 달러의 자금을 유치했다. 이를 통해 회원제 프로그램을 도입했다. 또한 서비스 가능 도시를 600개에서 3,000개로 늘리면서 3위였던 점유율을 최근 대폭 끌어올리는 데 성공했다. 시장조사업체 세컨드 메저가 2019년 10월 기준 미

미국 주요 음식배달 서비스 매출 추이

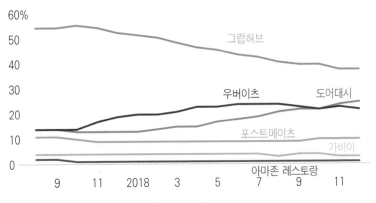

(출처: https://theatlas.com/charts/Hyp-ZHxrE)

국 15개 대도시 음식배달 서비스 업체 점유율을 조사한 보고서에 따르면 도어대시는 시장점유율 35%로 1위를 차지했다. 경쟁사 그럽허브나 우버이츠는 각각 30%와 20%를 기록했다. 도어대시는 파이브가이, 치포틀 멕시칸 그릴, 현지 레스토랑 등과 독점 계약을 맺는 제휴전략 덕분에 2019년에 전년 대비 100%가 넘는 성장을 기록했다. 도어대시는 워싱턴D.C, 휴스턴, 샌프란시스코 등의 대도시에서 인기가 높은 반면 그럽허브는 뉴욕, 우버이츠는 LA에서 가장 인기가 높은 편이다.

미국 시장은 2018년 105억 달러에서 2021년 216억 달러까지 커질 것이라는 투자은행 모건스탠리의 전망처럼 잠재력이 크다. 다만 아직까지는 배달 앱 사용이 일반적이지 않다. 특히 인구 20만 명 미만 소도시의 경우 이용 비율이 현저히 낮다. UBS의 최근 조사에 따르면 소도시의 이용률은 대도시(14%)의 절반 수준에 머물러 있는 것으로 파악되었다.

유럽

유럽의 경우는 좀 더 복잡하다. 유럽 최대 시장인 영국은 로컬기업으로 출발한 저스트이트의 시장점유율이 높으나 최근 우버이츠와 아마존이 투자하는 딜리버루의 추격세가 만만치 않다. 아마존은 2019년 5월 영국 딜리버루의 5억 7,500만 달러 자금 조달에 최대 투자자로 참여했다. 애초에 딜리버루 인수를 추진했으나 영국 정부의 반대로 지분 투자로 방향을 틀었다. 현재 영국에서는 딜리버루 말고도 우버이츠, 저스트이트, 테이크어웨이 등이 음식배달 시장에서 경쟁을 벌이고 있다.

네덜란드 테이크어웨이와 남아프리카 공화국 내스퍼스(딜리버리히어로의 대주주)는 최근까지 영국 저스트이트를 인수하기 위해 경쟁했다. 2000년에 창업해 주로 동유럽에서 수위를 달리던 테이크어웨이는 불가리아의 BG메뉴BGmenu와 루마니아의 올리비에라Oliviera를 포함해 총 19개 회사를 인수하며 몸집을 키웠다. 2018년에는 딜리버리히어로의 독일 사업 부문을 11억 달러에 인수했다. 본격적인 서유럽과 북미 진출을 위해서는 유럽, 캐나다, 호주 등에서 우버이츠와 음식배달 앱 1, 2위를 다투는 저스트이트가 테이크어웨이에겐 전략적으로 반드시 필요했다.

남아프리카 공화국 최대 인터넷 기업인 내스퍼스의 자회사이자 유럽 최대 인터넷 기업 프로서스Procus와 네덜란드의 테이크어웨가 영국 저스트이트 인수를 놓고 맞붙었다. 영국이 유럽 시장의 핵심 거점이기 때문이다. 유럽 전체 주문량의 약 절반 내외를 영국이 차지한다는 분석도 있을 정도이다. 저스트이트가 바로 영국 시장의 수위 기업이

유럽 음식배달 경쟁 현황[28]

우버이츠
암스테르담, 보르도,
브뤼셀, 런던, 리옹,
마드리드, 맨체스터,
밀라노, 모스크바, 파리,
스톡홀름, 빈, 바르샤바

지배적 1위: 영국, 이탈리아, 스페인,
포르투갈, 덴마크

1위: 독일(지배적이진 않음), 스웨덴, 핀란드
2위: 폴란드

2016년 12월 독일 음식배달 앱 업체
푸드판다 인수 이후 동유럽 전역 진출

동유럽, 아시아, 라틴아메리카 전역 진출
신흥시장에 집중

테이크어웨이

지배적 1위: 베네룩스 및 폴란드
강력한 2위: 독일

프리미엄 시장 선도
강력한 2위: 프랑스

다. 테이크어웨이와 저스트이트의 합병이 결정된 것은 2019년 7월이었다. 그런데 갑자기 10월에 프로서스가 '적대적 인수합병'을 제안하면서 문제가 커졌다. 결국 테이크어웨이의 손이 올라갔지만 저스트이트의 몸값만 상승한 측면도 있다. 우버이츠와 딜리버루에 맞서기 위해 테이크어웨이는 저스트이트가 제시한 77억 달러의 인수안을 받아들였다.

승자독식의 특성이 강한 플랫폼 시장에서는 결국 자금력이 풍부한 쪽이 유리할 수밖에 없다. 테이크어웨이와 저스트이트 사이에 낀 모양새가 된 내스퍼스는 중국 텐센트를 키워낸 글로벌 투자 회사로 각각 중국-동남아-인도 업계 1위인 메이투안, 푸드판다, 스위기Swiggy의 투자사이다. 또 우아한형제들을 인수한 딜리버리히어로의 지분 22%도 보유하고 있는 음식배달 시장의 큰손으로 41개국 40만 개의 레스토랑 파트너를 확보했다. 2017년 4억 2,300만 달러를 내스퍼스로부터 투자받은 딜리버리히어로도 특히 신흥국 음식배달 시장에서 인수합병에 적극적이다. 이 기업의 성장 전략은 인지도와 점유율이 높은 로컬 플랫폼들을 인수해 해당 브랜드의 가치를 훼손시키지 않고 딜리버리 사업을 확장하는 것이다. 아시아 시장용 푸드판다, 남미의 푸도라, 중동·북아프리카의 탈라밧 등 현재 40개 국가에서 28개 브랜드를 운영하고 있다.

한국에는 2012년 요기요 출시, 2015년 배달통 인수, 2017년 푸드플라이를 인수하며 몸집을 키웠다. 최근 2019년 3월에는 인도 2위 음식배달 기업 조마토Zomato의 아랍에미리트 지역 사업조직을 6,200만 달러에 인수했고 12월에는 우아한형제들을 40억 달러에 인수했다.

반면 우버이츠는 한국 시장 진출 시 자체 브랜드를 사용하며 2017년 8월 2,400여 개의 레스토랑 파트너를 확보하고 서비스를 시작했으나 로컬 브랜드들에게 밀리며 결국 2019년 10월 서비스를 중단했다.

최근에는 글로벌 IT 기업들의 대리전 양상도 뚜렷해지고 있다. 아마존이 투자한 영국의 딜리버루는 기업가치가 40억 달러로 평가되는데 공교롭게도 이번 우아한형제들 딜 금액과 같다. 딜리버루는 유럽 시장에서 저스트이트의 가장 유력한 경쟁사로 꼽힌다. 특히 로컬 플랫폼이 강세인 아시아 시장은 글로벌 IT 기업들의 투자가 잇따르고 있다. 동남아 최대 차량 공유 기업 그랩은 음식배달 자회사 그랩푸드의 빠른 성장세를 내세워 2018년 소프트뱅크 산하 비전펀드로부터 14억 6,000만 달러를 투자받았다. 구글의 지주사 알파벳도 2018년 인도네시아 고젝에 120억 달러를 투자했다. 비전펀드는 한국 쿠팡이츠와 미국 도어대시에 투자했고 내스퍼스는 메이투안, 푸드판다, 스위기 등의 배달 앱에도 투자했다.

신흥시장

신흥시장의 경우, 중동·북아프리카와 동남아, 남미, 동유럽 국가들이 포함된다. 이 시장에서 가장 활발하게 움직이는 기업은 딜리버리히어로와 우버이츠이다. 현재 양사는 최소 25개 이상의 신흥국 시장에서 점유율 경쟁 중이다. 딜리버리히어로는 인도를 제외한 동남아시아에서 푸드판다 브랜드를 통해 가장 높은 시장 지위를 확보하고 있다. 또한 중동·북아프리카 시장의 매출이 전체의 60%를 차지할 만큼 비중이 크다. 우버이츠 또한 인도, 남미, 북유럽 국가로 서비스를 확대

중인데 주로 대도시에 집중하는 전략으로 알려졌다. 인도는 글로벌 음식배달 시장 중 다섯 번째 시장이지만 글로번 기업들이 고전하고 있는 전장이다. 로컬 플랫폼인 스위기와 조마토의 영향력이 견고하기 때문이다. 딜리버리히어로는 2017년 12월 자사의 푸드판다 인디아를 올라에 매각하며 인도에서 발을 뺐다. 우버이츠는 인도 36개 도시에 서비스를 제공하는 수준에 그치고 있다.

중동·북아프리카 지역은 딜리버리히어로의 성장을 견인하고 있는 지역이다. 중동 기반의 로컬 플랫폼 탈라밧, 사우디 1위인 헝거스테이션, 바레인 및 카타르의 캐리지, 이집트 1위 오트롭 등이 모두 딜리버리히어로의 우산 아래에 있다. 남미 시장은 딜리버리히어로의 페디도스야, 로컬 플랫폼 래피, 우버이츠의 삼파전 양상이다. 다만 브라질은 딜리버리히어로가 2018년 8월 사업을 접었으며 저스트이트의 아이푸드, 우버이츠, 래피가 경쟁하고 있다. 동유럽의 경우는 딜리버리히어로와 테이크어웨이, 우버이츠의 3파전에 핀란드 로컬 기업 울트가 가세하여 여타 신흥시장들보다 경쟁 수위가 높은 편이다.

중국

중국 온라인 음식배달 시장은 2013년 이후 본격적으로 성장했다. 최근 3년 연평균 성장률이 51%에 이를 만큼 급격한 확장세를 이루면서 현재는 4,613억 위안(약 77조 원) 규모의 세계 최대 시장으로 성장했다. 중국의 음식배달 산업은 확고한 2강 체계다. 메이투안디엔핑의 메이투안와이마이가 약 65%, 어러머가 27%, 어러머싱쉔(구 바이두와이마이)이 5%를 차지한다. 어러머는 중국 알리바바가 2018년 인수

메이투안디엔핑 주요 서비스

디엔핑		로컬 상점 마켓플레이스 플랫폼	2003년 설립
메이투안		로컬 상점 공동 구매 플랫폼	2010년 설립
메이투안 와이마이		음식배달 서비스	2013년 출시
모바이크		자전거 공유 서비스	2018년 인수
메이투안 파오투이		P2P 물류 서비스	

(자료: 메이투안-디엔핑, 미래에셋대우 리서치센터)

했는데 당시 95억 달러 규모로 평가되었다. 한때 중국의 배달업계는 메이투안와이마이를 선두로 어러머와 바이두와이마이 3강 구도였다. 2015년 이후 경쟁이 가열되면서 점유율 확보를 위한 수수료 인하가 이어졌고 결국 시장 퇴출 기업이 생겨났다. 2017년 어러머가 바이두와이마이를 인수한 것이다. 후발주자인 메이투안은 QQ, 위챗 및 게임으로 알리바바와 중국 내 수위를 다투고 있는 대주주 텐센트의 트래픽을 활용한 고객 확보에 성공하여 중국 시장을 양분하는 강자로 떠올랐다.

국내 시장

국내 시장 또한 과점 상태의 음식배달 앱들이 시장을 장악하고 있었다. 최근 배민의 인수합병으로 실질적인 독점 상태가 되었다. 최근 조사에 따르면 딜리버리히어로의 국내 배달 앱 시장점유율은 98.7%

국내 배달 앱 현황[29]

(기준: 2019. 11)

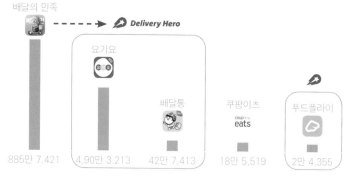

사용자 수 톱 5 배달 앱
안드로이드OS 기준

배달의 민족 ----> Delivery Hero

요기요

배달통

쿠팡이츠
coupang eats

푸드플라이

885만 7,421   4,90만 3,213   42만 7,413   18만 5,519   2만 4,355

딜리버리히어로 배달 앱 간 중복 사용자 및 사용자 현황
11월 MAU/안드로이드OS 기준

사용자 수
885만 7,421명

사용자 수
490만 3,213명

배달의민족
596만 명

265만 명

요기요
206만 명

14만 명

11만 명   6만 명

배달통
11만 명

사용자 수
42만 7,413명

**딜리버리히어로
국내 배달 앱 총 사용자 수
1,110만 명**
앱 간 중복 사용자 제외

**전체 배달 앱 사용자의
98.7%**
구글플레이 배달 관련
앱 사용자 총합 기준

에 달한다. 딜리버리히어로는 최근 배달의민족을 인수하며 기존 요기요와 배달통을 포함해 톱 3 배달 앱 서비스 운영사가 되었다.

국내 배달 앱 시장은 미국이나 유럽에 비해 상대적으로 늦게 열렸다. 2004년 미국에서 그럽허브가 온라인 음식배달 사업을 시작한 것과 비교하면 배달통(2010년), 요기요(2012년), 배민(2015년) 모두 시작이 늦었다. 하지만 한국은 그보다 훨씬 이전부터 중국요리나 치킨 등을 배달해 먹는 문화 덕분에 음식배달 문화는 매우 익숙하다. 최근 이륜차를 통한 배달 시장의 급격한 성장으로 온라인 음식배달 시장도 더욱 확장되었다. 또한 점차 '빠른 배달'이 핵심역량으로 부각되자 배달 시간, 공간, 그리고 배달 시 품질에 대한 우려로 성장이 더뎠던 온라인 음식료품 시장 성장이 두드러지고 있다.

쿠팡, 마켓컬리, 헬로네이처, 그리고 이마트 등 온라인 신선식품 서비스를 제공하는 기업이 증가함에 따라 틈새시장이었던 신선식품 배송 서비스가 대중화되고 있다. 이제는 기업 규모, 온-오프라인 구분 등이 무의미할 정도로 국내 배달 시장은 속도와 편의성이라는 블랙홀로 빨려 들어가는 추세다. 결국 기존의 대량-저가 배송에서 고객 중심의 라스트 마일 배송 방식으로 전환되고 있다는 의미이다. 여기에 퓨처 유니콘 탄생의 기회들이 있을 것이다.

퓨처 유니콘을 위한 제언-모빌리티와 딜리버리

마이크로 모빌리티와 푸드 딜리버리 산업을 한마디로 표현하면 복마전伏魔殿이 적합하다. 국내 규제의 벽이 높지만 카피캣 기업들이 어떻게 로컬 시장에서 우버의 파상공세를 이겨냈는지, 나아가 글로벌 시장으로 영토를 확장한 그들만의 숨은 비책들은 무엇인지 유념할 필요가 있다. 공통점은 우버의 카피캣인 동시에 자신이 속한 로컬리티를 매우 세심하게 파악하고 실행을 통해 빠른 시간 안에 선점했다는 점이다. 한국처럼 국내 자본만으로 유니콘 견인이 어렵고, 상장보다 인수합병을 통한 엑시콘이 현실적인 대안일 때 카림이나 그랩이 보여

푸드 딜리버리 사업 수익성 분석[30]

플랫폼만 있는 모델

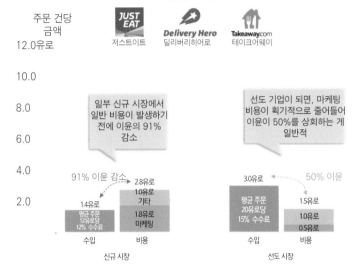

주문 건당 금액

저스트이트 · JUST EAT
딜리버리히어로 · Delivery Hero
테이크어웨이 · Takeaway.com

신규 시장

일부 신규 시장에서 일반 비용이 발생하기 전에 이윤의 91% 감소

91% 이윤 감소

2.8유로
1.0유로 기타
1.8유로 마케팅

1.4유로
평균 주문 12유로당 12% 수수료

수입 / 비용

선도 시장

선도 기업이 되면, 마케팅 비용이 획기적으로 줄어들어 이윤이 50%를 상회하는 게 일반적

50% 이윤

3.0유로
평균 주문 20유로당 15% 수수료

1.5유로
1.0유로
0.5유로

수입 / 비용

통합 시스템 모델

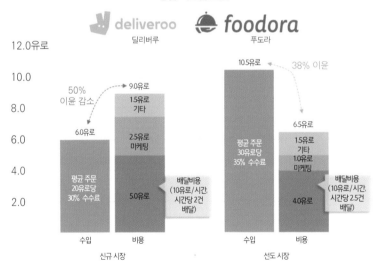

딜리버루 · deliveroo
푸도라 · foodora

신규 시장

50% 이윤 감소

9.0유로
1.5유로 기타
2.5유로 마케팅

6.0유로
평균 주문 20유로당 30% 수수료

5.0유로
배달비용 (10유로/시간, 시간당 2건 배달)

수입 / 비용

선도 시장

10.5유로
평균 주문 30유로당 35% 수수료

38% 이윤

6.5유로
1.5유로 기타
1.0유로 마케팅

4.0유로
배달비용 (10유로/시간, 시간당 2.5건 배달)

수입 / 비용

준 '로컬라이제이션'이라는 해자를 국내 스타트업들은 고민해야 할 것이다.

　마이크로 모빌리티의 선두주자로 주목받던 오포의 몰락은 시사하는 바가 크다. 언제부턴가 '공유'만 붙이면 뭔가 저절로 해결되는 것처럼 쏠림이 생겨났다. 공유경제는 공유 그 자체로는 생존을 담보해낼 수 없다. 반드시 기존 경쟁자 또는 기존 산업의 패러다임을 넘어서는 '가치'를 창출해야 한다. 플랫폼의 속성이기도 하지만 마이크로 모빌리티 또는 딜리버리 영역의 기업은 민첩한 움직임으로 강력한 네트워크 효과에 기대어 급속한 확장을 달성해야 한다. 최근 배달의민족 사례처럼 무엇보다 두터운 사용자 확보가 선행되고, 유니콘 이후 가급적 짧은 시간 내에 엑시트하는 것을 목표로 삼아야 한다. 이를 위해서는 사업 초기에 상당한 적자를 감당할 수 있는 대규모 투자를 일정 기간 지속적으로 확보해야 한다. 플랫폼 사업의 특징인 '네트워크 효과'를 달성할 경우 기업이 가져갈 과실은 달콤하다.

　푸드 딜리버리의 경우 사업 형태를 저스트이트나 딜리버리히어로처럼 플랫폼만 있는 경우Order-only와 딜리버루처럼 자체 배달 시스템까지 갖춘 통합Interrated 시스템으로 구분할 수 있다. 이때 사업 형태마다 신규 진입하는 경우new market와 시장점유율이 높아 선도하는 경우market leadership로 구분하여 수입과 지출을 계산해보면 시장을 선도할 만큼 점유율이 큰 경우에는 마케팅 비용이 급감해 주문당 이익이 극적으로 뒤바뀌는 것을 확인할 수 있다. 푸드 딜리버리 기업들은 자사 플랫폼에 대한 고객 충성도 확보를 위해 상당한 마케팅 및 프로모션 비용을 지출한다. 고객 획득 비용Customer Acquisition Costs의 증가는 어쩔 수 없다. 음식배달 시장 경쟁=마케팅 비용 경쟁인데 시장 경쟁력을 가진 업체는 강력한 네트워크 효과에 따라 마케팅 비용을 급격하게 떨어뜨리면서 점유율은 유지할 수 있는 것이다. 따라서 마이크로 모빌리티와 딜리버리 산업의 경우 당장의 이익보다 일단은 많은 고객들을 자사의 플랫폼으로 유인하고 묶어두려는 전략은 적잖은 반론에도 불구하고 여전히 유효하다.

유니콘은 아직은 불안정한 상태이며 따라서 손실이 날 수도 있다. 이럴 때 필요한 것은 '왜 이익이 없냐?'는 타박이 아니라 어떤 시장에서 어떤 전략을 쓰는가를 파악하고 미래를 위한 준비를 철저히 할 수 있게 하는 것이다. 그러면서 수익구조를 점검하고 빠른 엑시트 전략을 통해 안정적인 상태, 즉 엑시콘으로 진입하는 것이 공식이다. 이 과정에서 경쟁사들과의 원치 않는 치킨게임도 감수해야 한다. 유니콘뿐 아니라 예비 유니콘 단계에서도 마찬가지다. 마켓컬리 같은 온라인 신선식품 전문 회사는 높은 매출 성장률에도 불구하고 적자폭이 쉽게 감소하지 않고 있다. 이들의 핵심역량인 빠른 배송, 특히 새벽배송은 그만큼 비용 부담이 크기 때문이다.

단, 오포의 몰락을 통해 잊지 말아야 할 점이 있다. 정교한 비즈니스 모델이 없다면 엑시콘으로 가는 인고의 과정을 견뎌내지 못하고 한순간에 무너질 수 있다는 사실이다. 오포는 알리바바 등 막강한 투자사들로부터 9번의 투자 라운드 동안 총 22억 달러를 수혈받으며 성장했지만 끝내 버티지 못했다. 여러 상황 변화가 있었지만 결국은 버텨낼 자금이 부족했기 때문이다. 결국 성공적인 엑시트를 위해서는 당장 실제 수익이 얼마인가가 중요한 게 아니라 "지속 가능한 비즈니스 모델인가? 그래서 시간과 투자가 더해지면 (큰) 돈을 벌 수 있는가?"
하는 투자자의 질문에 답할 수 있어야 한다. 오포는 투자자가 원하는
답을 내놓지 못했다. 현재 국내 마이크로 모빌리티와 푸드 딜리버리
기업들은 어떠한 답변들이 준비되어 있을지 궁금하다.

한 장의 그림으로 카피타이거 전략 이해하기

퓨처 유니콘을 위한 카피타이거 전략을 비즈니스 모델 혁신 관점에
서 살펴보자. 공유 모빌리티에서 살펴본 우버 및 카피캣들의 비즈니
스 모델을 캔버스로 나타내면 다음의 그림과 같다.

오리진 기업의 검증된 비즈니스 모델을 모방하되, 차별화를 통해 추

우버(차량공유) 비즈니스 모델 캔버스

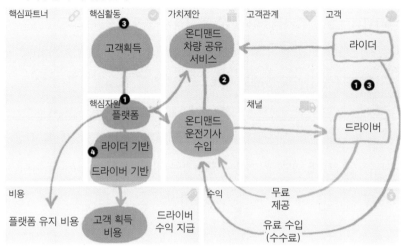

디디추싱의 카피캣 전략[31]

핵심파트너	핵심활동 ❸	가치제안	고객관계	고객
	고객획득	온디맨드 차량 공유 서비스 ❷		라이더
	핵심자원 ❶ 플랫폼	온디맨드 운전기사 수입	채널 ❶❸	드라이버
	라이더 기반 ❹ 드라이버 기반			

비용		수익
플랫폼 유지 비용	고객 획득 비용 / 드라이버 수익 지급	무료 제공 / 유료 수입 (수수료)

월하는 카피타이거 전략은 무엇일까? 반우버 연합의 선봉인 디디추싱을 비즈니스 모델 캔버스 관점에서 살펴보자. 우버의 카피캣인 디디추싱도 일부 세부적인 사항 외에는 우버의 비즈니스 모델 캔버스와 동일하다. 다만 캔버스를 이루는 9개 요소 중 어디를 어떻게 차별화했는가를 살피는 것이 핵심이다.

무엇보다 플랫폼의 특성을 극대화했다. 2009년 우버 설립 다음 해부터 중국에는 카피캣들이 넘쳐났다. 디디추싱의 전신인 디디다처와 콰이디다처가 사업을 시작한 것은 2012년이었다. 불과 3년 만에 디디추싱은 차량공유 비즈니스의 핵심을 간파한 셈이다. 바로 플랫폼 구축이다. 플랫폼 비즈니스는 신중함보다 속도가 우선이다. 플랫폼 비즈니스 모델은 많은 참여자가 필요하고 그들의 반응에 의해 좌우된다. 경쟁자보다 먼저 규모를 키우고 참여자들의 긍정적 반응을 얻는다면 성공에 다가선 셈이다.

디디추싱은 먼저 캔버스의 핵심자원(KR)에서 플랫폼 구축에 집중하였다(그림①). 강력한 플랫폼을 위해서는 양면 시장, 즉 라이더(이용자)와 드라이버를 끌어들이는 게 중요하다(그림①, ③). 디디는 중국의 양쪽 고객들이 가장 필요로 하고, 중국 상황에 최적의 가치제안들을 제시함으로써(그림 ② 대표적으로 라이더에겐 필요할 때마다 편리한 승차, 드라이버에겐 돈을 벌 기회 제공 등) 자신의 플랫폼을 단기간에 공격적으로 키워나갔다(그림 ③). 결국 중국이라는 거대 시장을 배경으로 디디추싱은 라이더 그룹과 드라이버 그룹 양쪽을 만족시키는 강력하고 차별화된 플랫폼을 핵심자원으로 보유하게 되었다(그림4). 이에 따라 플랫폼 유지 비용, 고객 획득 비용, 드라이버 수익 지출 등의 비용 구조와 함께 라이더로부터 승차 수수료가 발생하는 비즈니스 모델이 확립되었다(드라이버의 유인을 위해 플랫폼에 합류하는 택시기사에게는 적극적인 지원을 하면서도 수수료는 받지 않음).

오리진 기업 우버가 사업 초창기 국내외 각종 규제와 좌충우돌하는 동안 후발주자이자 카피캣 디디추싱은 내수시장에서 조용하지만 급격한 성장을 실현했다. 성장 비결은 차량공유라는 업의 본질인 플랫폼 구축에 있다. 디디추싱은 카림이나 그랩 같은 성공 카피캣들과 마찬가지로 자국 문화에 대한 깊은 이해를 바탕으로 철저한 현지화를 비즈니스 모델로 구체화한 것이다.

지난 수년간 유니콘 순위 5위 안팎을 유지하며 승승장구하던 한 기업의 위기에 대해 논란이 있다. 공유 오피스 비즈니스로 글로벌 확장을 꾀하던 '위워크'의 부진이다. 위워크는 2019년 초까지만 해도 기업 가치가 470억 달러 정도로 평가되었고 2019년 10월에는 미국 주식시장에 상장을 예고하면서 공유경제를 선도하는 기업으로서 많은 사람들의 기대를 한몸에 받았다. 유니콘에서 드디어 엑시콘으로 전환되는 마지막 관문을 노크한 셈이다. 그러나 상장을 위한 절차로서 구체적인 기업 현황을 담은 서류를 제출하는 과정에서 여러 문제점들이 드러났다.

그동안 위워크는 스스로를 테크 기업으로 정의했다. 그러나 제출 문서를 통해 부동산 임대 수익이라는 일차원적 비즈니스 모델에 머물러 있었고, 상대적으로 고비용 구조라는 점 등이 잠재적 투자자들에게 알려졌다. 결국 상장은 무기한 연기되었고 현재는 기업가치가 80억 달러 수준으로 급격히 추락했다.

다음의 그림처럼 벤처캐피털이나 사모펀드 등 사모시장에서 높은 몸값을 자랑하던 기업들이 공모시장으로 진입할 때 기업가치가 격감하는 경우가 적지 않다. 그 차이를 헤어컷haicut이라고 부른다. 위워크는 상장 신청서를 제출한 후 주식시장에서의 혹독한 평가에 직면하여 상장을 연기하게 되었다. 줄곧 투자를 리드했던 투자사(소프트뱅크)가 나서서 스스로 위워크의 가치 평가를 낮추었는데 헤어컷의 규모가 무려 390억 달러에 달한다. 최근 전자담배 키트로 열풍을 불러일으킨 쥴랩스Juul Labs의 경우도 상당한 헤어컷을 겪었다. 2017년과 2018년에도 유망 기대주들의 몸값 하락은 한둘이 아니었다. 한 벤처캐피털리스트는 "흥청망청 파티가 5년간 지속되다가, 누군가 전원 스위치를 내려버렸다. 이 밤이 어디로 흘러갈지 우린 한 치 앞도 볼 수 없는 상태에 빠졌다."라며 답답한 심정을 토로했다.

최근 위워크의 부진과는 대조적으로 각광받는 동종 기업이 있다.

위워크 현황-가치평가 및 매출과 영업손실

펀딩 총 22회 펀딩/11,615(단위: 백만 달러)

일시	금액	투자자	가치평가
2019. 10. 23	3,300.00	소프트뱅크	
2019. 10. 23	1,750.00	소프트뱅크	
2019. 10. 23	1,500.00	소프트뱅크	▽8,000
2019. 05. 17	103.78	미공개	
2019. 01. 08	1,000.00	소프트뱅크	△87,000
2019. 01. 08	1,000.00	소프트뱅크	
2018. 11. 13	3,000.00	소프트뱅크	△42,000-45,000
2018. 08. 09	1,000.00	소프트뱅크	
2017. 08. 24	2,300.00	소프트뱅크	
2017. 08. 24	1,700.00	소프트뱅크	△21.200

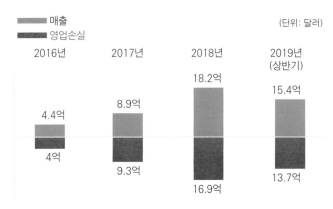

■ 매출
■ 영업손실

(단위: 달러)

2016년	2017년	2018년	2019년 (상반기)
4.4억	8.9억	18.2억	15.4억
4억	9.3억	16.9억	13.7억

(출처: 「CB 인사이트」)

2013년 설립된 인더스트리어스Industrious라는 기업이다. 위워크처럼 공유 오피스를 주력 사업으로 성장하고 있다. 현재 미국 내 45개가 넘는 도시에 95개 이상의 거점을 확보했다. 선두 기업이었던 위워크의 심각한 부진에도 인더스트리어스는 어떻게 놀라운 성장을 기록 중일까? 해답은 비즈니스 모델에 있다.

상장 전후 가치평가 하락 기업들

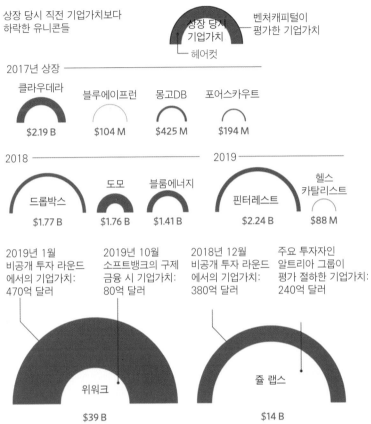

상장 당시 직전 기업가치보다
하락한 유니콘들

상장 당시
기업가치

벤처캐피털이
평가한 기업가치

헤어컷

2017년 상장

클라우데라
$2.19 B

블루에이프런
$104 M

몽고DB
$425 M

포어스카우트
$194 M

2018

드롭박스
$1.77 B

도모
$1.76 B

블룸에너지
$1.41 B

2019

핀터레스트
$2.24 B

헬스
카탈리스트
$88 M

2019년 1월
비공개 투자 라운드
에서의 기업가치:
470억 달러

2019년 10월
소프트뱅크의 구제
금융 시 기업가치:
80억 달러

2018년 12월
비공개 투자 라운드
에서의 기업가치:
380억 달러

주요 투자자인
알트리아 그룹이
평가 절하한 기업가치:
240억 달러

위워크
$39 B

줄 랩스
$14 B

유니콘은 상장 전 기업가치가 10억 달러 이상인 기업을 말한다.
헤어컷은 비상장 상태에서 상장이 될 때 기업가치 평가의 차이를 뜻한다.
그림 출처: 「스태프 리포트」(위워크와 줄), 「피치북」(그 외)

(출처: 『월스트리트저널』)

위워크는 기본적으로 오피스 재임대 방식이다. 위워크가 선별해 해
당 건물주로부터 먼저 임대 계약을 맺은 후, 다시 고객들에게 재임대
하는 방식이다. 그러다 보니 위워크가 오피스 구축 및 운영을 고스란
히 전담한다. 운용에 따른 막대한 자금이 필요할 수밖에 없는 구조다.

인더스트리어스

INDUSTRIOUS

건물주와 인더스트리어스가 계약을 했고
공유오피스로 리모델링한다.

이때 비용의 90~95%는 건물주가
인더스트리어스는 나머지만 부담한다.

인더스트리어스는 공유오피스
운영을 맡아 매출의 5~7%만 가져간다.

일반 임대 기대수익을 넘는 초과수익에 대해서
30~50%를 인더스트리어스가 러닝개런티로
받는다.

(출처: 인더스트리어스)

한마디로 만기 불일치다. 장기(15년)로 건물을 빌리지만 단기(1~2년)로 대여를 하기 때문이다. 고질적으로 자금이 부족해진다.

　반면 인더스트리어스는 비즈니스 모델 캔버스의 가운데 가치제안과 우측 하단 수익원의 차별화를 시도했다. 위워크의 구조적인 만기 불일치를 해소할 방안을 찾은 것이다. 인더스트리어스는 해당 오피스를 건물주와 일종의 파트너십 형태로 운영한다. 공유오피스를 구축하는 것은 건물주가 하고 인더스트리어스는 그 운영만을 전담하고 매출의 일부분(5~7%)만 수익으로 가져가는 구조다. 결국 동일한 비즈니스 아이템이지만 비즈니스 구조와 가치 제안에서 차별화가 성공한다면

위워크(공유오피스) 비즈니스 모델 캔버스

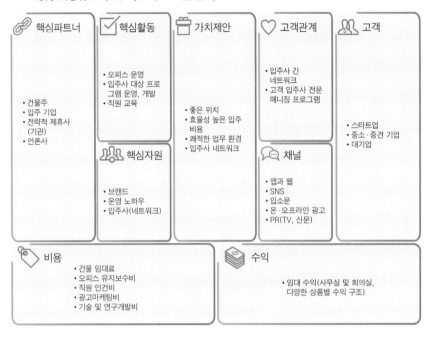

핵심파트너
- 건물주
- 입주 기업
- 전략적 제휴사 (기관)
- 언론사

핵심활동
- 오피스 운영
- 입주사 대상 프로그램 운영, 개발
- 직원 교육

핵심자원
- 브랜드
- 운영 노하우
- 입주사(네트워크)

가치제안
- 좋은 위치
- 효율성 높은 입주 비용
- 쾌적한 업무 환경
- 입주사 네트워크

고객관계
- 입주사 간 네트워크
- 고객 입주사 전문 매니징 프로그램

채널
- 앱과 웹
- SNS
- 입소문
- 온·오프라인 광고
- PR(TV, 신문)

고객
- 스타트업
- 중소·중견 기업
- 대기업

비용
- 건물 임대료
- 오피스 유지보수비
- 직원 인건비
- 광고마케팅비
- 기술 및 연구개발비

수익
- 임대 수익(사무실 및 회의실, 다양한 상품별 수익 구조)

전혀 다른 결과가 나올 수 있음을 보여준다. 특히 위워크의 추락이 도시 전체를 아우르는 라이프 공유 기업으로서의 수익 실현 실패 때문인 반면에 인더스트리어스는 리스크와 수익을 적절하게 분산하는 비

인더스트리어스 투자 현황

펀딩 총 4회 펀딩/222(단위: 백만 달러)

일시	투자 라운드	금액	투자자
2019. 8	시리즈 D	80	리버우드 캐피털 등
2018. 2	시리즈 C	80	리버우드 캐피털 등
2017. 3	시리즈 B-Ⅱ	25	리버우드 캐피털
2016. 9	시리즈 B	37	아웃룩 벤처스, 리버우드 캐피털, 매이플우드 파트너스

(출처: 「피치북」)

즈니스 모델로 새로운 길을 만들어가고 있어 주목할 만하다. 인더스트리어스는 2019년 8월 8,000만 달러 등 총 2억 2,200만 달러의 투자를 유치했다.

2
큐레이션 서브스크립션 커머스

큐레이션 서브스크립션 커머스CSC, Curation subscription commerce 모델은 기존의 '구독' 모델에 '추천'이 결합된 형태다. 전형적인 구독 형태는 신문이나 우유 등과 같이 동일한 제품을 구독자에게 정기적으로 판매하는 형태였다. 점차 선택할 수 있는 제품의 종류가 늘어나고 고객들의 욕구도 다양화되면서 판매자가 나름의 추천을 통해 선택한 제품을 고객에게 발송하는 형태로 진화되었다. 이것이 서브스크립션 커머스Subscription Commerce다. 정기구독의 뜻인 '서브스크립션'과 인터넷 기반의 전자상거래 '커머스'가 합쳐진 용어다.

최근 각광받고 있는 '큐레이션 서브스크립션 커머스CSC'는 여기에 '추천'이라는 기능이 합쳐진 형태다. 가장 큰 차별점은 빅데이터를 활용한 개인화 또는 맞춤화에 있다. 따라서 추천의 역할이 매우 중요하다. 고객에게 필요한 제품 또는 서비스에 관한 정보를 여러 경로로 취합한 후 적절한 프로세스를 통해 가공해 해당 고객이 최고의 선택을 할 수 있도록 돕는 역할을 한다. 단순히 고객의 시간과 노력을 줄여주는 기능뿐 아니라 새로운 제품이나 서비스를 제시함으로써 고객에게 새로운 '경험'을 제공한다는 것이 핵심이다. 결국 기업이 추천에 어떤 기술과 프로세스를 통해 어느 정도의 최적화를 달성하느냐에 경쟁력의 여부가 결정된다.

나에게 맞추는 서브스크립션 커머스

구독 모델은 한때 각광받다가 시들해진 비즈니스 모델인데 최근 다시 뜨거운 관심을 받고 있다. 빅데이터와 인공지능 등으로 무장한 '추천'이 결합하면서부터다. 서브스크립션 커머스는 사람들에게 비교적 익숙한 모델이다. 온라인쇼핑에서 결정 장애를 불러일으킬 만큼 지나치게 늘어난 선택지를 효율적으로 줄여주는 형태로 등장한 이커머스가 바로 서브스크립션 커머스다.

서브스크립션 커머스 기본 구조

서브스크립션 커머스는 제품(서비스)을 생산해 제공하는 공급자와 구독 서비스에 가입하고 구독료를 내는 구독자 그리고 중간에서 구독자의 취향을 파악하고 공급자로부터 제품을 받아 적절하게 구독자에게 전달하는 서브스크립션 커머스 업체가 주체를 이룬다.

현재는 의류, 화장품, 와인, 장난감 등 10여 개 이상의 세부 분야로 구분하고 있으나 계속해서 다양한 분야로 확대되는 추세이다. 스마트폰 속의 앱은 물론 일상에서 먹고 마시고 입고 즐기는 대부분의 영역에서 제품(서비스)의 가짓수는 급격하게 늘어나는 반면 고객들은 긴 시간을 들여 제품 선택을 할 수도, 직접 상점을 방문할 여유도 점점 없어지는 추세다. 여기에 추천과 구독 모델이 빛을 발하는 비밀이 숨어 있다. 컨설팅업체 액티베이트의 마이클 울프Michael J. Wolf는 보고서 「2017년 기술과 미디어 전망」에서 "2021년에는 구독형 모델에서 나오는 매출액이 글로벌 인터넷·미디어 분야의 50% 이상을 차지하게 될 것"이라고 예상했다. 구독형 비즈니스 모델이 인터넷·미디어 시장을 점령하게 될 것이라는 주장이다. 『하버드비즈니스리뷰』는 미국 내 구독 서비스 이용자가 2017년 1,100만 명 이상이며, 2011년 이후 매년 200% 수준의 폭발적인 시장 성장을 기록하고 있음을 밝혔다. 컨설팅 기업 맥킨지에 따르면 미국 내 전자상거래 이용자의 15%는 구독 서비스를 이용하는 것으로 파악됐다. 현재까지는 주간 또는 월 단위의 일정 주기별로 의류, 화장품, 면도기(날), 양말, 비누, 과자, 애견용품 등의 소모품들이 구독 서비스의 대부분을 이루고 있다.

최근 구독의 대상에 본격적인 변화가 감지된다. 2019년부터 미국에서는 '자동차 구독Car subscription' 서비스가 기존의 구매나 리스Lease

서브스크립션 커머스 분야

(출처: 「CB 인사이트」)

이외의 새로운 차량 운행 옵션으로 소개되기 시작했다. 구독료에는 차량 이용료뿐 아니라 보험료, 유지관리비용, 차량 등록비용, 세금 등이 모두 포함된다. 이 서비스는 기존의 리스 고객들을 주요 목표고객으로 하는데 리스보다 비용은 더 들지만 여러 대의 '럭셔리 차량들'을 별도의 관리비용 걱정 없이 운행할 수 있는 기회가 제공된다. 앞으로는 구독 대상 제품(서비스)의 개발과 선정이 확대되고, 인공지능 등을 활용한 고도의 추천이 추가될 뿐 아니라 그동안 구독 모델의 약점으로 지적되던 고객과 기업 간 신뢰를 더 강화할 방안 등이 마련된다면 다양한 형태의 카피타이거들이 등장할 것으로 기대된다.

맥킨지가 미국 내 소비자 5,093명을 대상으로 실시된 조사에서는 다음과 같은 결과가 나타났다. 조사 대상의 약 절반(49%)은 구독 서

온라인 구매자들 중 지난 12개월간 구독 서비스 이용자

물품 구독자

물품 및 미디어(콘텐츠) 구독자 11

4

비구독자 51

미디어(콘텐츠) 구독자 35

총 물품 구독자 15

총 미디어 (콘텐츠) 구독자 46

(출처: 맥킨지)

비스를 이용했다. 구독자 중 46%는 온라인 스트리밍을 통한 콘텐츠를 구독하는 것으로 나타났다. 소비재를 온라인으로 구독하는 비중이 약 15%였는데 서브스크립션 커머스 이용자 대부분이 온라인 스트리밍을 동시에 구독한다. 구독 성향을 살펴보면, 전체의 약 35%는 3개 이상의 구독 서비스를 이용하고 있으며 여성보다 남성에서 더 다양한

구독 서비스 성별 성향

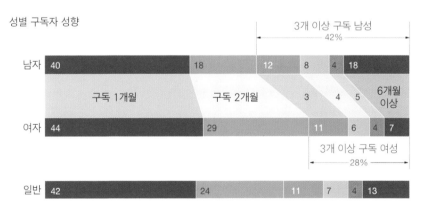

성별 구독자 성향

3개 이상 구독 남성 42%

남자 40 | 18 | 12 | 8 | 4 | 18

구독 1개월 | 구독 2개월 | 3 | 4 | 5 | 6개월 이상

여자 44 | 29 | 11 | 6 | 4 | 7

3개 이상 구독 여성 28%

일반 42 | 24 | 11 | 7 | 4 | 13

(출처: 맥킨지)

구독 패턴이 발견된다.

맥킨지는 서브스크립션 커머스를 3개의 카테고리로 분류했다. 면도날이나 기저귀처럼 부족분을 메우는 형태인 보충형Replenishment, 뷰티나 의류, 식품 등 새로운 제안을 통해 놀라움과 즐거움을 제공하는 큐레이션형Curation, 보충형과 유사하지만 주로 의류나 식품 분야(대표적으로 패션업체 저스트팹JustFab, 유기농 식품업체 스라이브 마켓Thrive Market)에서 정해진 금액을 내는 회원들에게 할인 등의 배타적 혜택을 제공하는 접근형Access이다. 큐레이션형이 가장 큰 비중(55%)을 차지한다. 구독 모델에 대한 고객 니즈가 맞춤형의 개인화된 서비스에 가장 집

서브스크립션 커머스 구분

이커머스 서브스크립션, %		소비자 핵심 가치	설명	기업 사례
보충형	32	시간과 돈 절약	동일 또는 유사 제품 보충 면도기, 비타민 등	아마존 서브스크라이브 앤 세이브, 달러 쉐이브 클럽, 리 추얼 등
큐레이션형	55	제품 다양성과 의외성	추천에 의한 다양한 제품 수령 의류, 음식, 뷰티 제품 등	버치박스, 블루에이프런, 스티치픽스 등
접근형	13	배타적 혜택	멤버십에 따른 배타적 접근 및 추가 'VIP' 특전 제공 의류, 음식 등	저스트팹, 네이처박스,
	100%			

(출처: 맥킨지)

인기 서브스크립션 커머스

여성	일반	남성
아마존 서브스크라이브 앤 세이브	1. 아마존 서브스크라이브 앤 세이브	달러 쉐이브 클럽
달러 쉐이브 클럽	2. 달러 쉐이브 클럽	아마존 서브스크라이브 앤 세이브
입시	3. 입시	해리스
버치박스	4. 블루에이프런	블루에이프런
세포라플레이	5. 버치박스	바크박스
저스트팹	6. 세포라플레이	루트 크레이트
블루에이프런	7. 해리스	버치박스
바크박스	8. 바크박스	헬로프레쉬
스티치픽스	9. 저스트팹	홈셰프
아도르미·슈대즐	10. 헬로프레쉬	인스타카트

(출처: 맥킨지)

중되어 있음을 알 수 있다.

미국 내 가장 인기 있는 서브스크립션 커머스는 어디일까? 가장 많은 고객들이 몰려 있는 곳은 아마존 서브스크라이브 앤 세이브(소모품)와 달러 쉐이브 클럽(면도용품)으로 나타났다. 그 뒤를 입시(뷰티), 블루에이프런(간편식), 버치박스(뷰티)가 차지했다. 그림처럼 성별로 선호하는 구독 분야에서 뚜렷한 차이가 보인다. 여성은 주로 뷰티와 의류 분야가 상위를 차지하는 반면 남성은 면도, 게임, 간편식 등이 우세했다.

형태와는 무관하게 서브스크립션 커머스의 공통된 주수익원은 수수료인데 큐레이션형이 나머지 두 유형보다 수수료가 높다. 개인 맞춤형의 추천 서비스를 제공하다 보니 그만큼 높은 수수료를 고객도 인정한다는 의미이다. 저가의 대중적인 품목들은 주로 10달러 이하의 낮은 수수료(버치박스, 달러 쉐이브 클럽, 입시 등)인 반면 일부는 높은 수수료를 통해 매출을 견인하기도 했다(스티치픽스, 블루에이프런 등). 또한 고객들이 구독을 통해 얻고자 하는 것은 실질적인 혜택으로서 가격 혜택이나 맞춤형 서비스가 해당된다. 탁월한 '경험'이 제공된다면 얼마든지 정기적인 자동 결제를 하겠다는 의사도 표현했다.

고객이 처음으로 서브스크립션 커머스를 시작하게끔 만드는 요인은 무엇일까? 3개 유형 모두 공통적으로 입소문이나 리뷰 등을 통한 타인의 추천이 결정적인 요인으로 나타났다. 다만 큐레이션형과 접근형의 구독 모델은 고객이 얼마나 새롭게 느끼느냐에 따라 구독 여부가 결정되는 데 반해 보충형 모델은 가격할인 등의 금전적 인센티브와 해당 제품의 필요성이 큰 영향을 미치는 것으로 조사되었다.

고객이 구독을 지속(갱신)하게 하는 요인을 살펴보았는데, 큐레이션형과 접근형의 경우 개인화된 경험이 가장 큰 비중을 차지했다. 큐레이션형은 구독을 통한 놀라움과 즐거움 그리고 구독료에 걸맞는 가치

구독 요인

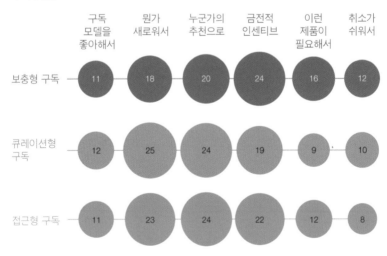

(출처: 맥킨지)

구독 갱신 요인

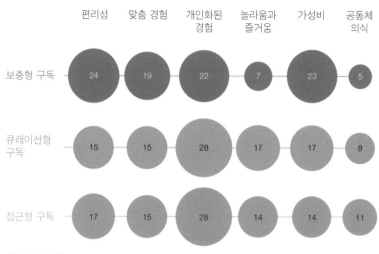

	편리성	맞춤 경험	개인화된 경험	놀라움과 즐거움	가성비	공동체 의식
보충형 구독	24	19	22	7	23	5
큐레이션형 구독	15	15	28	17	17	8
접근형 구독	17	15	28	14	14	11

(출처: 맥킨지)

(가성비)가 그다음을 차지했고 접근형은 편리성이 뒤를 이었다. 반면 보충형은 편리성이 가장 중요하며 다음으로 가성비와 맞춤 서비스 경험 순이었다.

고객은 낮은 품질과 가성비에 대한 불만, 필요한 상황과 제품 보유의 미스매치가 발생하는 경우 구독을 취소하는 것으로 나타났다. 여기서 인공지능이나 빅데이터 같은 첨단 IT 기술이 제 몫을 발휘하게 되는데 구독자 한 명 한 명을 위한 맞춤형 서비스가 더욱 정교해짐에 따라 큐레이션형을 이용하는 사람도 증가하고 있다.

모바일에 기반한 다양한 온오프라인의 결합이 일상화되고 특히 빅데이터의 수집과 활용이 활발해지면서 최근 의류, 뷰티, 음식 등 다양한 제품을 구독자의 개인적인 성향에 맞추어 제공하는 '추천형' 구독이 뜨고 있다. 주문형 식재료 배달 서비스 블루에이프런이나 맞춤형

구독 취소 요인

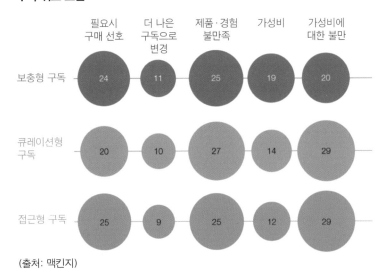

(출처: 맥킨지)

의류 배송을 내세우는 스티치픽스가 대표적이다. 추천이 가미된 서브 스크립션 커머스는 무엇보다 추천을 어떤 기준으로 하느냐에 따라 다시 두 가지로 구분할 수 있다. 먼저 '전문가 추천형 모델'로서 추천의 주도권이 기업에게 있는 경우다. 잠재 고객은 해당 제품이나 서비스에 대해 충분한 정보가 없거나 또는 어떤 이유에서든 자기 주도적 선택권을 해당 기업에게 부여한 경우다. 반면 '개인 맞춤형 모델'처럼 철저하게 고객이 결정의 중심에 서는 경우도 가능하다. 고객은 자신의 취향, 획득한 정보, 자신만의 라이프스타일 등을 토대로 제품과 구독 주기 등을 '자기 입맛대로' 맞춘 추천 서비스를 누릴 수 있다.

전문가 추천형 모델

제품을 선택할 때 자기 의사만이 아니라 주변의 권유나 조언 등을 따르는 경우를 말한다. 단순히 가격이나 평판 등에만 의존하는 것이 아니라 자신에게 맞는 최적의 솔루션을 구하고자 할 경우 또는 바쁜 일상에 일일이 매번 제품 선택을 할 수 없는 직장인 등에게 환영받는 모델이라 할 수 있다. 특히 2010년부터 뷰티 산업에 등장한 구독 형태의 비즈니스들이 대표적이라 할 수 있다. 국내에서는 초창기 폭발적인 성장을 기록했으나 여러 이유로 결국 반짝 인기에 머물렀다.

글로시박스

국내 화장품 브랜드와 기업들은 이미 세계적 수준으로 성장했는데 글로벌 화장품 산업에 새롭게 등장하여 주목받은 비즈니스 모델이 있다. '뷰티박스Beauty Box' 모델인데 화장품 제조사들이 마케팅용 미니어처들을 다양하게 구성하여 업체를 통해 정기적으로 고객에게 배달하는 형태이다. 화장품 기업 입장에서는 미니어처나 샘플 제작부터 별도의 마케팅을 통해 고객의 피드백을 분석하는 과정에 상당한 시간과 비용을 감수했다. 그런데 이제는 미니어처나 샘플만 만들고 뷰티박스 업체에게 위탁함으로써 고도의 효율화를 달성할 수 있다.

뷰티박스의 원조는 버치박스다. 2010년 하버드 경영대학원 출신의 케이샤 보샴Katia Beauchamp과 헤일리 바나Hayley Barna가 만든 버치박스는 소비자의 구매 패턴이 여러 화장품을 시제품으로 사용해본 뒤 마음에 드는 제품만 정품으로 산다는 점을 파악하고, 매달 10달러를 내는 조건으로 대여섯 가지 샘플을 박스에 담아 배달하기 시작했다. 버

글로시박스

(출처: 홈페이지)

치박스는 2020년 1월 기준 8,700만 달러의 투자를 유치했다. 패스트 컴퍼니는 미국 내 전체 구독 서비스 이용자가 1,100만 명을 넘어섰다면서 이를 '버치박스 효과'로 설명했다.

견본 크기의 뷰티 제품을 담은 상자를 구독자에게 배송하는 방식으로 미국에서 처음 등장한 뷰티박스 비즈니스 모델은 2011년 독일에서 시작된 글로시박스Glossybox가 한국, 프랑스, 영국, 일본 등 전세계 20여 개국에 진출하면서 확대되었다. 특히 미미박스 같은 국내 카피캣 뷰티박스 기업들은 한류를 배경으로 한국산 화장품을 내세워 글로벌 시장을 노렸다.

글로시박스는 월 단위로 구독료를 결제하는 20~30대 여성들을 주 대상으로 시즌에 맞는 다양한 화장품이나 미용용품 등 뷰티 트렌드 제품과 미니어처들을 작은 상자에 10여 종 담아서 집으로 배달한다.

한국에서는 뷰티 전문가에게 엄선된 최신 유명 브랜드의 화장품을 월 1만 6,500원에 4~5개의 미니어처나 정품을 배달했다. 고객 입장에서는 시즌별로 수시로 바뀌는 유행을 직접 따라잡는 데 걸리는 시간과 수고를 들일 필요 없이 다양한 화장품 브랜드를 사용할 수 있다는 장점이 있다. 화장품 회사들은 새로 내놓은 다양한 제품의 미니어처나 샘플을 통해 양질의 고객 피드백은 물론 업셀링Up-selling 효과를 기대할 수 있다.

미미박스

『포브스』『타임』『포춘』과 함께 세계적인 경영 전문 매거진『패스트 컴퍼니』가 발표한 '2019 세계에서 가장 혁신적인 기업The World's Most Innovative Companies 2019'의 뷰티 부문 톱 10에 뷰티 커머스 플랫폼 미미박스가 선정되었다.

미미박스는 미국에선 서브스크립션 커머스로 알려져 있는 새로운 유통업 형태다. 한국에서도 초창기 비즈니스 모델은 매달 구독료 1만 6,500원을 낸 소비자에게 7~8만 원 상당의 최신 트렌드 화장품을 한 달에 한 박스씩 보내주는 것이었다. 고객은 화장품 신상품을 마치 월간지를 정기 구독하듯 받아볼 수 있는데 보통 4~6개의 상품이 한 박스에 담겨서 배달된다.

미미박스의 성장에서 눈여겨볼 점은, 원래 창업할 때부터 해외 진출을 고려한 '본 글로벌' 스타트업이라는 점이다. 미미박스는 와이컴비네이터가 주최한 지원 프로그램에서 2014년 초 국내 기업 최초로 10만 달러(약 1억 원)를 투자받았다. 와이컴비네이터는 에어비앤비,

2019 세계에서 가장 혁신적인 기업

The World's Most Innovative Companies
Honorees by Sector

ADVERTISING
AFRICA
ARCHITECTURE
ARTIFICIAL
INTELLIGENCE
BEAUTY
BIOTECH
BRANDING
CHINA
CONSUMER
ELECTRONICS
DATA SCIENCE
DESIGN
EDUCATION
ENERGY
ENTERPRISE
EUROPE
FILM AND TV
FINANCE
FOOD
GAMING
HEALTH
INDIA

LATIN AMERICA
LIVE EVENTS
MEDIA
MIDDLE EAST
MUSIC
NOT-FOR-PROFIT
RETAIL
ROBOTICS
SECURITY
SOCIAL GOOD
SOCIAL MEDIA
SPACE
SPORTS
STYLE
TRANSPORTATION
TRAVEL
URBAN
DEVELOPMENT/REAL
ESTATE
VIDEO
VIRTUAL/AUGMENTED
REALITY
WELLNESS

01 Beautycounter
For making clean-beauty advocacy
shimmer

02 Sephora
For committing to green and natural
beauty initiatives

03 CVS Health
For campaigning for transparency
regarding altered beauty images in its
stores

04 Mented Cosmetics
For proving more companies should cater
to women of color

05 Vitruvi
For reimagining traditional self-care for
the modern consumer

06 Kylie Cosmetics
For authentically connecting with an
entire generation

07 Hairstory
For changing the way people wash their
hair

08 Pinterest
For developing the first-of-its-kind skin-
tone search filter

09 Memebox
For giving the power to the people to
determine the next cosmetics craze

10 Beautycon
For convening makeup fans and brands in
real life

(출처: 패스트컴퍼니)

드롭박스 등 내로라하는 스타트업들을 발굴하고 육성해 벤처 사관학교라 불리는 대표적 액셀러레이터 기관이다. 이후 미미박스는 아마존, 구글, 마이크로소프트로부터도 총 15만 달러에 해당하는 기업 인프라를 지원받아 미국 캘리포니아 팰로앨토에 미국 지사를 세웠고, 2019년까지 존슨앤존슨 이노베이션 – JJDC, 굿워터캐피털 등 33개 투자자들로부터 총 1억 9,000만 달러 이상의 투자를 유치했다. 「크런치베이스」에 따르면 미미박스는 2019년 1월 기준 5억에서 10억 달러 사이로 평가되었다.

미미박스 투자 현황[33]

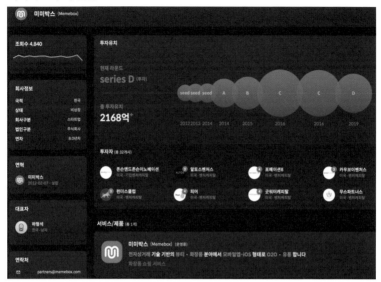

한국과 미국에서의 미미박스 홈페이지

한국과 미국에서의 미미박스 홈페이지

개인 맞춤형 모델

전문가 추천형 모델의 핵심은 기업이 나름의 방법을 통해 고객에게 '최적의 제품을 제안'하는 데 있다. 화장품 등의 뷰티 제품은 워낙 브랜드부터 각각의 소재와 기능 등 고객이 고려해야 할 정보들이 넘쳐난다. 바쁜 일상에서 고객이 다 따라가기란 여간 어려운 일이 아니다. 개인 맞춤형 모델은 이러한 불편을 해결해 특히 젊은 직장인들의 열렬한 환영을 받았다. 하지만 거기까지였다. 매달 두근거리는 마음으로 미지의 박스를 개봉하는 것도 시간이 지남에 따라 시들해진다. 게다가 박스 안 제품들이 매번 나를 만족시키진 못한다는 경험이 쌓이는 순간 회원 수는 격감할 것이다.

추천형 모델의 한계를 극복할 무기를 장착하고 나타난 것이 바로 개인 맞춤형 모델이다. 철저한 고객 개인화Personalization를 위해 인공지능이나 빅데이터를 활용한 정교한 맞춤 서비스Customization를 전면에 내세우고, 여지껏 경험 못한 '고객 경험'을 약속하며 회원 수를 늘리고

스티치픽스

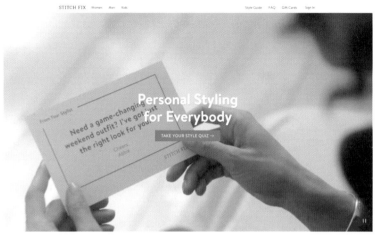

(출처: 홈페이지)

있다.

2011년 하버드 경영대학원MBA의 한 학생은 옷 쇼핑에 들이는 시간과 수고를 줄일 방법은 없을까 고민했다. 그러다 소비자 대신 옷을 골라 배달해주는 사업을 시작했다. 의류 추천 배송 스타트업인 스티치픽스는 창업 후 불과 6년 만에 기업공개에 성공했다. 스탠퍼드대학 출신으로 컨설턴트와 벤처캐피털리스트 경력의 35세 카트리나 레이크 **Katrina Lake**가 설립한 이 기업을 '의류 유통업계의 넷플릭스'라고 부른다. 넷플릭스가 고객의 시청 기록을 분석해 취향에 맞는 콘텐츠를 추천하듯, 스티치픽스는 고객이 제공한 데이터, 소셜미디어 활동, 구매 성향, 취향을 파악해 맞춤형의 옷을 추천한다. 보스턴의 원룸에서 직원 2명으로 시작한 스티치픽스는 2017년 14억 달러 기업가치로 상장에 성공했다(2020년 5월 15일 기준 22억 달러).

이베이나 아마존 등 옷을 판매하는 전자상거래 업체는 많다. 하지만 모든 고객의 성향이나 체형에 맞는 옷을 추천하는 맞춤형 서비스는 드물다. 초창기 스티치픽스는 고객이 홈페이지에 본인의 성별, 나이, 사이즈(키, 몸무게), 선호 색깔과 스타일 등을 묻는 퀴즈 형식에 답을 입력한다. 또한 자신의 SNS 계정에 대한 접근 권한을 부여해야 한다. 스티치픽스 내부적으로 고객 스타일에 관한 퀴즈 결과는 스타일리스트가 분석하고, SNS 계정 분석은 데이터 사이언티스트들이 인공지능을 통해 수행한다. 최종적으로는 스티치픽스의 스타일리스트가 추천하는 옷 다섯 벌과 코디법이 안내된 '스타일 카드'가 지정한 날에 배송된다. 고객은 박스 안의 옷들을 자유롭게 입어보고, 소셜미디어를 통해 친구들에게 의견을 묻는 등 원하는 옷을 결정하면 나머지 옷들을 돌려보낸다. 옷 가격을 지불하는 과정에서 처음 낸 20달러는 '스타일링 요금'으로서 구매 비용에서 자동 차감된다.

스타일리스트와 고객을 직접 연결하는 서비스는 스티치픽스만이 아니다. 키톤로Keaton Row, 토그+포터Tog+Porter, 트렁크클럽Trunk Club 등이 있다. 이들은 온라인으로 고객과 스타일리스트를 연결해준다. 스타일리스트들이 간단한 상담 후 추천 아이템을 보내주면 그 중 고객이 선택해 구매하는 형태이다. 키톤로의 경우 하버드 경영대학원 출신의 셰릴 한Cheryl Han과 엘레노 막Elenor Mak이 쇼핑할 시간이 많지 않은 여성들을 위한 개인 스타일링 서비스로 2012년 설립했다. 불과 1년 전인 2011년 설립된 스티치픽스의 뒤를 이어 거의 동일한 비즈니스를 시작한 셈이다. 이들이 표방하는 비즈니스의 스토리텔링storytell-ing 또한 스티치픽스와 판박이다. 스티치픽스의 카트리나 레이크 또한 창업 당시 하버드 MBA 과정을 밟으면서 바쁜 와중에 청바지 한 벌 살

토그+포터

(출처: 홈페이지)

랙해빗

rack habit

a whole new way to shop. delivered to your door. the latest and greatest. just for you.

Packing List: Top 5 Must-Haves for Sailing

Hitting the high seas this weekend? Sailing is a classic summer activity, with a style legacy all its own, and cruise parties have become a staple of weekend life on both coasts. Joining friends for an afternoon of surf and sun? Resist the urge to shout "I'm on a boat!" (ok, do it anyway, it's fun), slather on some SPF, and pack stitch fix's absolute musts for a day of fool-proof style!

Followers
팔로어(5명)

관심 블로그 등록

Blog Archive
▼ 2011 (42)
　▼ August (1)
　　Packing List: Top 5
　　Must-Haves for
　　Sailing
　▶ July (30)
　▶ June (11)

(출처: 랙해빗 홈페이지)

시간이 없던 경험을 했고, 마침 남성을 대상으로 옷을 추천하고 배달하는 스타트업(트렁크클럽)이 투자 유치에 성공했다는 뉴스를 접하고는 여성 옷을 추천하는 사업인 랙해빗Rack Habit을 2011년 시작한 것이다.

물론 이때는 옷 추천이 온전히 수작업으로 이루어졌다. 하지만 서서히 고객이 생기면서 가능성을 알아본 벤처캐피털 베이스라인 벤처Baseline Ventures가 투자를 결정했다. 지금의 스티치픽스로 사명을 바꾼 후 본격적인 사업을 시작한 것이다.

스티치픽스가 '의류 추천'이라는 비즈니스 모델을 창안한 선두주자로 여겨지지만 그 과정을 살펴보면 역시 카피캣임을 알게 된다. 다만 비즈니스의 핵심이 추천에 달려 있음을 감지하는 혜안과 인공지능과 빅데이터 등 첨단의 기술을 적절하게 활용하는 역량이 돋보인다. 이

인공지능을 통한 의류 추천 프로세스[34]

인공지능을 활용한 주문형 자동화 의류 생산·출고

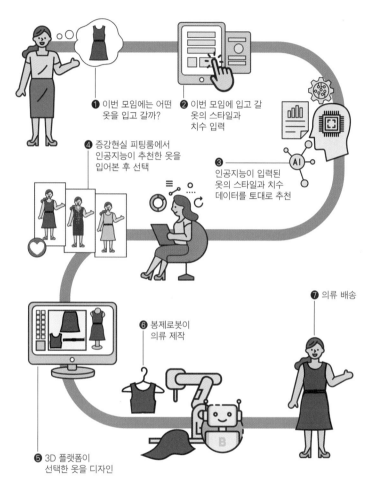

❶ 이번 모임에는 어떤 옷을 입고 갈까?

❷ 이번 모임에 입고 갈 옷의 스타일과 치수 입력

❸ 인공지능이 입력된 옷의 스타일과 치수 데이터를 토대로 추천

❹ 증강현실 피팅룸에서 인공지능이 추천한 옷을 입어본 후 선택

❺ 3D 플랫폼이 선택한 옷을 디자인

❻ 봉제로봇이 의류 제작

❼ 의류 배송

(출처: 『매일경제』, 자료: 「CB 인사이트」·코트라 미국 뉴욕무역관, 재편집)

후 스티치픽스는 빅데이터와 알고리즘에 기반해 차별화된 역량을 전면에 내세우며 사업을 진행했다. 이런 시스템을 구축하기 위해 넷플릭스 알고리즘을 설계한 에릭 콜슨Eric Colson을 최고알고리즘책임자

CAO, Chief Algorithm Officer로 스카우트했다. 배달된 다섯 벌 중 적어도 한 벌은 구매로 연결되는 비중이 구독자의 80% 수준일 만큼 정확도가 높고 첫 구매 후 90일 안에 재구매가 일어나는 것으로 알려졌다.

스티치픽스에는 천체 물리학부터 신경과학에 이르기까지 다양한 학위의 전문가들이 정교한 인공지능 알고리즘을 개발하고 있다. 고객 취향과 행동 분석에만 80여 명 이상의 데이터 사이언티스트들이 일하고 있다. 창업자 카트리나 레이크는 추천의 과정을 '과학과 예술의 조화'라고 부른다. 데이터를 사랑하는 그녀는 결국 데이터가 의류 구매의 경험을 개선시킬 것이라 확신했다. 미국 경제 전문지『포춘』은 스티치픽스를 '패션 회사로 위장한 데이터 회사'로 설명했다.

스티치픽스가 시사하는 바는 무엇일까? 현재 미국에서 스티치픽스를 이용하는 고객 수는 대략 300만 명 내외로 알려져 있다. 물론 스티치픽스의 비즈니스 모델이 완전히 자리를 잡았다고 보기에는 한계가 있다. 짧은 기간 폭발적인 성장을 통해 주식시장 상장에도 성공했지만, 아직 설립 후 10년이 안 된 기업으로서 계속해서 성공적인 기업으로 남을 수 있을지는 지켜볼 일이다. 그러나 스티치픽스가 아닌 다른 서비스를 이용할 경우 고객이 부담할 기회비용이 스티치픽스의 스타일링 요금 이상이거나, 셀 수 없이 늘어만 가는 의류 쇼핑 사이트에 피로감을 느끼는 고객들이 늘어간다면 매우 낙관적일 것이다. 최근 국내에도 의류 커머스라는 한정된 영역에서 '버티컬 플랫폼Vertical Platform*' 형태의 여러 스타트업들이 왕성한 성장을 보이고 있다.

특히 국내 10번째 유니콘으로 등극한 무신사의 경우 특정 고객층

---

* 특정한 관심사를 가진 고객층을 공략하는 서비스 플랫폼

의류 커머스 버티컬

회사	서비스·제품	기술	연차	총 투자유치	최근 투자단계
에이플러스비 패션·의류	29CM	전자상거래	8.6년	360.0억	인수합병 2018. 03. 15
트렌비 패션·의류	트렌비	전자상거래	3.0년	70.0억	시리즈 A 2019. 10. 31
에이블리코퍼레이션 패션·의류	에이블리	전자상거래	4.5년	70.0억	시리즈 A 2019. 06. 05
마들렌메모리 패션·의류	핏츄	전자상거래	1.2년	0.5억	시드 2019. 11. 20
스타일릿지 패션·의류	스타일릿지	전자상거래	0.2년	비공개	비공개 2019. 12. 15
디홀릭커머스 패션·의류	디홀릭	전자상거래	8.3년	160.0억	시리즈 A 2020. 01. 08
옷딜 패션·의류	옷딜	전자상거래	4.6년	비공개	비공개
포포네 패션·의류	핏츠	빅데이터, 분석	3.5년	비공개	A단계 이전 2019. 07. 23
클로넷코퍼에이션 패션·의류	클로넷	음악, 영상스트리밍	0.3년	0.6억	시드 2019. 11. 01
어벤놈스 패션·의류	마이티	이미지, 영상처리	4.2년	비공개	비공개

(출처: 더브이씨)

대상의 의류 추천 서비스라는 점에서는 스티치픽스와 공통점이 있다. 앞으로 추가 성장의 발판으로 스티치픽스의 추천 알고리즘을 도입하는 방안도 심도 있게 고려해볼 만하다. 특히 의류(패션)의 특성이 지역을 뛰어넘는 공통점 못지않게 지역적, 문화적 차이가 분명 존재하므로 국내 고객의 취향과 트렌드를 더 밀착하여 파악할 여지도 충분해 보인다.

비즈니스 모델 관점에서 놓치지 말아야 할 점이 있다. 후발 기업이 스티치픽스의 겉모습만 따라할 수는 있을 것이다. 그러나 고객 개개인의 기본 정보부터 내밀한 패션 욕구와 쇼핑 형태 등 광범위한 데이터를 기업 내부에 축적하고, 고객 피드백을 빅데이터로 활용하는 비즈니스 모델 전체를 카피하려면 상당한 고민이 필요하다. 스티치픽스의 알고리즘을 이끄는 에릭 콜슨의 말은 업의 본질을 꿰뚫는다는 점에서 주목할 만하다. "우리는 다른 데보다 배송이 특별히 빠르지도 않고, 더 싸게 옷을 제공하지도 않아요. 다만 (추천의) 정확도는 더 높습니다."

퓨처 유니콘을 위한 제언-큐레이션 서브스크립션 커머스

서브스크립션 커머스 시장에서 고객이 가장 중요하게 생각하는 고려사항은 무엇일까? 마침 흥미로운 연구결과가 있다. 일상에서 주로 사용하는 소비재의 구독 형태는 고객이 사전에 구독할 제품을 미리 결정하는 '사전확정 구독predefined'과 어떤 제품이 박스 안에 들어 있을지 미리 알 수 없는 '깜짝 구독'으로 나눌 수 있다. 이때 고객의 평가에 영향을 미치는 요인들은 다음처럼 작동한다.

1. 자신이 원치 않는 제품을 받게 될지도 모른다고 느끼는 위험도는 사전 확정 구독에 비해 깜짝 구독이 높다.
2. 고객이 느끼는 위험도가 커질수록 구독 자체에 부정적인 영향을 미친다.
3. 깜짝 구독의 경우 사전확정 구독보다 긴 배송 간격이 선호된다.
4. 무료 반품 혜택이 주어지면 구독 형태와 배송 간격에 따른 부정적 영향을 줄일 수 있다.

서브스크립션 커머스 시장에 진입 시 품목과 구독 형태에 따라 시

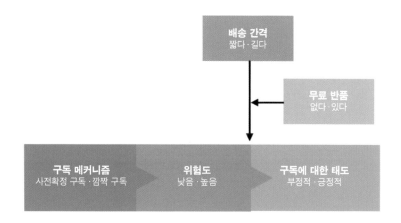

장을 구분할 수 있을까? 그리고 세분 시장마다의 특징은 무엇일까? 연구에 따르면 전체 구독 시장은 4가지로 구분할 수 있다. 기준을 살펴보면, 한 축은 추천 대상의 개인화 수준이다. 구독 제품의 선정이 얼마나 고객 개인의 취향을 철저하게 반영하느냐에 따라 구분된다. 나머지 한 축은 제품 선별 결정권으로서 배송 받은 제품이 고객에게 주는 놀라움의 정도를 뜻한다. 제품 결정권이 고객보다 업체에게 있을수록 놀라움의 정도는 커질 것이다.

그림에서 오른쪽 위아래 두 시장은 배송 박스에 든 제품을 개봉하기 전까지는 고객에게 주어지는 정보가 많지 않으므로 놀라움의 정도가 큰 것이 특징이다. 차이가 있다면 미지의 제품이기는 하나 고객 개인의 취향을 얼마나 더 반영하느냐 하는 점이다. 반면 왼쪽 위아래 두 시장은 박스 안 제품에 대한 정보를 고객이 더 알고 있다. 역시 차이는 개인화의 정도에서 나뉜다. 사전 확정 시장은 앞서 소비재의 2가지 구독 형태에서 살펴보았다. 그리고 접근형 시장은 맥킨지의 3가지 서브스크립션 커머스 범주의 하나로 설명한 바 있다. 면도날이나 기저

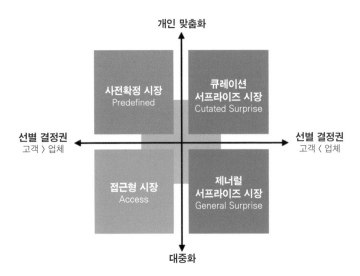

개인 맞춤화

| 사전확정 시장
Predefined | 큐레이션
서프라이즈 시장
Cutated Surprise |
| 접근형 시장
Access | 제너럴
서프라이즈 시장
General Surprise |

선별 결정권
고객 〉 업체

선별 결정권
고객 〈 업체

대중화

귀 같은 보충형과 유사하지만 의류나 식품 분야(저스트팹, 스라이브 마켓 등)에서 유료 회원들에게 할인 등의 배타적 혜택을 제공하는 시장을 말한다.

따라서 추천이 결합된 서브스크립션 커머스 시장의 스타트업은 단순히 품목의 선정뿐 아니라 자사가 가진 핵심 역량이 4개의 시장 중 어디에 가장 적합할지 판단해야 한다. 이미 진입한 상태라면 어떤 역량을 강화하여 어떤 경로로 이동할 것인지 등 전략적 판단을 위한 밑그림으로 활용하길 바란다.

큐레이션 서브스크립션 커머스의 미래는 무엇일까? 앞으로 주된 대상층의 세분화가 더욱 활발해질 것은 명확하다. 따라서 지금보다 더 많은 버티컬 형태의 스타트업들이 고객의 선택을 기다릴 것이다. 이미 해외에서는 의류, 뷰티, 건강, 식품, 장난감 등 소비재 중심이지만 디지털 콘텐츠, 티켓, 예술 작품 등 익숙하지 않은 영역으로 확산은 시작되고 있다. 따라서 상당한 지속가능성을 지니고 있는 유망한 비즈니스 모델이다.

다만 경계해야 할 점도 있다. 이 시장은 고객의 욕구와 전문가들의 선별 및 추천이 접점을 만들면서 지속되어야만 가능한 사업이다. 양측의 '신뢰'를 어떻게 유지하고 강화하는가가 핵심이다. 또한 단기간에 구독자를 끌어 모으며 급격하게 성장하는 '블리츠스케일링Blitzscaling'에 적합한 사업 유형이지만, 그만큼 빠른 속도로 구독자를 잃을 수도 있다. 서브스크립션 커머스의 핵심 고객층은 젊은 고소득자가 많다. 그런데 이들은 품질에 민감하고 인플루언서들의 의견을 귀담아듣는다. 언제든 다른 제품이나 서비스로 전환하는 특성이 강하다.

맥킨지에 따르면 서브스크립션 커머스 가입자의 3분의 1이 석 달 안에 구독을 취소하는 것으로 나타났다. 기준 기간을 여섯 달로 늘리면 구독 취소는 이용자의 절반에 이른다. 기업이 고객 확보를 위해 무료 체험이나 대대적인 할인 이벤트 등 마케팅에 큰돈을 투자하지만, 절반 이상의 이용자는 구독을 해지한다는 점을 유념하며 지나친 마케팅 활동은 경계해야 한다.

맺는글

'하늘 아래 새로운 것은 없다There is Nothing New under the Sun'고 한다. 100년 경영학 역사의 순간들을 빛낸 혁신 기업들도, 따져보면 완전히 새롭다는 결론을 내기에 주저하게 된다. 실망할 필요는 없다. 오히려 이를 인정하면 '새로움Something New'에 한 발 더 다가설 수 있다.

한 미래학자는 실리콘밸리가 아이디어를 공유하고 경쟁사 제품을 베끼는 데 매우 뛰어나다며 "아이디어 공유와 모방은 실리콘밸리가 미국 기술산업계에 가장 거대한 이익을 제공하는 방식이다."라고 말했다. 실리콘밸리 사람들은 저급한 '도둑질'이 아니라 신속한 사회적 공진화共進化를 위한 어쩔 수 없는 '지식공유knowledge sharing'라 항변한다. 전세계인의 스마트폰 속에 자리잡은 페이스북은 소셜 네트워크의 원조 마이스페이스와 프렌드스터를 본뜬 아이디어에서 출발했다. 페이스북 스토리와 페이스북 라이브는 각각 스냅챗과 미어캣의 복제라 봐도 무리가 없다. 이 책에 수시로 등장하는 '카피캣' 형태다.

'훔치는 자'를 위대한 예술가로 정의한 피카소는 6세 때 벨라스케스의 「시녀들」을 보고 하루도 빠짐없이 똑같이 따라 그렸다. 70년이 지난 뒤, 노년의 피카소 역시 「시녀들」을 따라 그렸다. 이 위대한 예술가는 때로는 「시녀들」 전체를, 때로는 일부를 떼어 그리면서 큐비즘(Cubism, 입체파)으로 재창조했다. "나 자신을 베낄 바에야 차라리 다른 사람을 모방하겠다. 그러면 적어도 새로운 면을 추가할 수는 있을 테니 말이다." 그 오랜 기간 똑같은 그림 하나를 수없이 베끼며 피카소는 벨라스케스의 영감을 '훔치고' 결국엔 누구도 범접 못할 자기만의 세계를 만들어냈다. 어쩌면 그는 타고난 천재라기보다 오랜 기간 혹독한 노력을 기울인 실천가였다. 스타트업도 마찬가지다. 타고난 천재가 단번에 만든 '세상에 둘도 없는 제품'이 아니라 끊임없이 주변을 살피고 혁신의 영감을 '훔쳐서라도' 일상의 불편함을 획기적으로 해결하는 제품으로 승부해야 한다. 이들 기업이 바로 카피캣을 뛰어넘는 '카피타이거'들이라 믿는다.

코로나19 바이러스가 전세계에 먹구름을 몰고 왔다. 세계의 주목을 받던 공유경제가 뒤흔들리면서 활기차게 달리던 유니콘들의 미래도 장담하기 어려운 상황에 빠졌다. 혹자는 코로나19 사태로 구글, 페이스북, 아마존, 애플, 마이크로소프트 같은 거대 테크 기업은 온라인 수요 급증으로 기회를 잡았다고 진단한다. 반대로 비즈니스 모델이 아직은 불안정한 유니콘들은 '팬데믹pandemic의 위협이 현실화된다'며 어두운 전망을 내놓기도 한다. 하지만 이런 암울한 상황에서 오히려 기사회생하는 유니콘들도 점점 늘어나고 있다. '언택트'와 '안전'이 화두로 떠오른 상황에서 이를 만족시킬 유니콘들에게 코로나 사태는 오히려 기회가 될 수 있다. 당장 코세라 등의 무크나 키프 등의 홈트레이닝 관련 (예비)유니콘들의 성장이 놀랍다.

한 치 앞을 알 수 없는 요즘 같은 시대에는 유니콘이 아니라 낙타가 필요하다는 주장도 나타났다. 당장 물 없이도 사막에서 살아남는, 가상이 아니라 실제의 존재를 지향하자는 의미일 것이다.

「인터스텔라」는 황폐해져가는 지구를 대체할 인류의 터전을 찾기 위해 새롭게 발견된 웜홀을 통해 항성 간 우주여행을 떠나는 탐험가들의 모험을 그린 영화다. 위기를 맞은 국내외 스타트업들에게 영화 속 대사로 작은 위로와 용기를 전한다.

"우리는 언제나 불가능을 극복하는 능력을 통해 우리 스스로를 정의해왔다. 우리는 답을 찾을 것이다. 늘 그랬듯이."

주

1부

1. 프랑스 클뤼니 저택 내 중세 박물관에 전시되어 있는 6개 연작 태피스트리

2. https://firstround.com/review/Theres-a-00006-Chance-of-Building-a-Billion-Dollar-Company-How-This-Man-Did-It/

3. 본서 통합 유니콘 리스트 중에서 발췌

4. https://linkimpact.co.kr/6 링크임팩트 인용

5. 메자닌(Mezzanine)은 이탈리아어로 1층과 2층 사이에 있는 라운지 같은 공간을 뜻한다. 자본시장에서는 이를 주식과 채권의 중간에 있는 상품을 일컫는다. 주가 등락에 의한 손실 위험이 큰 주식과 안정적인 이자 수익을 낼 수 있는 채권의 중간 지점에 있는 상품으로 전환사채(CB, Convertible Bond)와 신주인수권부사채(BW, Bond with Warrant)가 이에 해당한다.

6. 부실기업의 경영권을 인수해 구조조정이나 다른 기업과의 인수합병(M&A)을 통해 기업가치를 올리고 지분을 다시 팔아 수익을 내는 펀드를 말한다.

7. 「테크크런치」 인용

8. 「테크크런치」 인용

9. 엄밀하게 보자면 9개 투자 기업에서 최종 마이너스 100%의 손실이 발생했으니 나머지 한 기업의 가치는 11배로 증가해야 한다

10. 정부는 2017년 '테슬라 요건 상장' 제도를 도입했다. 미국의 전기차 기업 테슬라 같은 혁신기업을 발굴한다는 취지였다. 국내의 경우 적자 기업은 제도적으로 코스피나 코스닥 시장에 입성할 수 없었지만 성장성이 입증된다면 이젠 가능할 수 있다.

11. 본서 통합 유니콘리스트 중에서 발췌

12. 기업이 필요에 따라 단기계약직·임시직으로 인력을 충원하고 대가를 지불하는 형태의 경제

13. 2020년 5월 1일 기준 해당 사이트 유료로 전환되었다.

14. 「CB 인사이트」에서 'CB'의 의미는 초창기 멤버들이 스스로를 'ChubbyBrain(토실토실한 뇌)'이라 불렀는데, 후일 젊고 어리석기까지 했던 이 시기에 경의를 표하는 의미로 'CB'를 사명으로 유지한다고 밝혔다. 'ChubbyBrain' 의미는 대표이사 아난드 산왈 Anand Sanwal의 만우절 농담에 담겨 있다. 그는 소셜 미디어를 통해 'ChubbyBrain Ventures'라는 4,000만 달러의 새로운 펀드를 론칭했다. 그 게시물에 '토실토실한' 유니콘 GIF를 넣어 '너무 마르지도, 뚱뚱하지도 않은 스타트업을 찾는다'는 익살스런 농담을 담았다.

15. 전환비용에는 새로운 제품 구입에 드는 재무적 비용, 거래비용, 신제품에 적응하는 학습 비용이 포함된다.

16. 기업 간 경쟁의 세 가지 차원, 이동현

17. 알렉산더 오스터왈더, 예스 피그누어 저, 유효상 옮김 타임비즈 출간

18. https://www.strategyzer.com/canvas/business-model-canvas

19. https://biz.chosun.com/site/data/html-dir/2018/10/02/2018100200241.html

20. https://www.facebook.com/pg/databrew.news/posts/

2부

1. 짧은 시간 동안 제품이나 서비스를 만들고 성과를 측정해 개선에 반영하는 경영 기법. 원래 린 스타트업은 제품이나 시장을 발달시키기 위해 기업가들이 사용하는 프로세스 모음 중 하나로서 애자일 소프트웨어 개발, 고객 개발(Customer Development), 그리고 기존의 소프트웨어 플랫폼(주로 오픈소스) 등을 활용한다.

2. 미주삽입: http://www.mrktcap.com

3. '인간의 물리적 이동을 가능하게 하는 모든 수단들의 연구개발, 제품과 서비스 사용자 경험 설계, 운영 및 유지보수 등 전 과정'으로 정의할 수 있다

4. https://www.mckinsey.com/business-functions/sustainability/our-insights/the-futures-of-mobility-how-cities-can-benefit

5. 현대차그룹 홈페이지

6. 2020년 모빌리티 시장 전망, 차두원

7. https://thevc.kr

8. https://thevc.kr

9. Excellent webworld

10. 「CB 인사이트」 인용

11. https://www.forbes.com/sites/bizcarson/2018/09/19/where-uber-is-winning-the-world-and-where-it-has-lost/#476be4d6ed58

12. https://www.forbes.com/sites/bizcarson/2018/09/19/where-uber-is-winning-the-world-and-where-it-has-lost/#476be4d6ed58

13. https://www.forbes.com/sites/bizcarson/2018/09/19/where-uber-is-winning-the-world-and-where-it-has-lost/#476be4d6ed58

14. https://platum.kr/archives/126695

15. https://platum.kr/archives/126695

16. 에어비앤비 홈페이지

17. https://dbr.donga.com/graphic/view/gdbr-no/6650

18. http://www.donga.com/news/article/all/20190919/97470953/1

19. 온디맨드경제 확산에 따른 서비스산업의 역할과 과제(강민성 외)

20. https://medium.com/uber-under-the-hood/understanding-multimodality-an-analysis-of-early-jump-users-4a35d647b7e6

21. http://www.ridemag.co.kr/news/articleView.html?idxno=11941

22. https://www.axios.com/scooter-companies-meteoric-rise-in-one-chart-e8d3a124-a2ce-42fc-a28b-3305ab95622d.html

23. 2020년 모빌리티 시장 전망, 차두원

24. https://www.hankookilbo.com/News/Read/201912131744365385

25. 「이코노미조선」 인용

26. blog.dealroom.co 및 이코노미조선 인용

27. 「이코노미조선」 인용

28. blog.dealroom.co 인용

29. 아이지에이웍스가 2019년 12월 18일 발표한 자료 인용

30. Dealroom.co 보고서 인용

31. The Invincible Company(알렉산더 오스터왈더, 2020)

32. 2017년 8월 건강 및 뷰티 제품 전문 온라인 리테일 기업인 The Hut Group에 인수됨

33. https://thevc.kr/Memebox

34. 장용승, [글로벌 트렌드] AI 품은 fashion… "당신의 취향·체형 딱 맞는 옷 골라드리죠", 2018. 08. 23 04:06 https://m.mk.co.kr/news/economy/view/2018/08/528629/

부록 1

통합 유니콘 리스트(737개)

※ 중복 게재 시 「테크크런치」(녹색), 「CB인사이트」(남색), 「후룬리포트」(황색), 「월스트리트저 널」(회색) 순으로 정리함

※ 2020. 2. 1 기준 현재 매체별 유니콘 수: 「테크크런치」(570개), 「CB인사이트」(449개), 「후룬 리포트」(494개), 「월스트리트저널」(150개)

	company	valuation	country	industry
1	ANT Financial	150	CHN	Financial Services
2	ByteDance	75	CHN	Consumer Internet
3	Infor	60	USA	Software
4	Didi Chuxing	53	CHN	Consumer Internet
5	WeWork(The We Company)	47	USA	Real Estate
6	Lu.com	39	CHN	Financial Services
7	JUUL	38	USA	Consumer Electronics
8	Stripe	35	USA	Financial Services
9	Airbnb	31	USA	Consumer Internet
10	Space-X	31	USA	Science and Engineering
11	Alibaba Bendi Shenghuo Fuwu Gonsi	30	CHN	Food and Beverage
12	Kuaishou	29	CHN	Consumer Internet
13	Palantir Technologies	20	USA	Software
14	Cainiao	19	CHN	Logistics
15	JD Digits	18	CHN	Financial Services
16	One97 Communications	16	IND	Financial Services
17	Epic Games	15	USA	Gaming
18	Grab	14	SGP	Transportation
19	JD Logistics	14	CHN	Logistics
20	DoorDash	13	USA	Food and Beverage
21	Bitmain	12	CHN	Cryptocurrency
22	Samumed	12	USA	Biotechnology
23	Global Switch	11	GBR	Information Technology
24	Ke.com	11	CHN	Real Estate
25	Wish	11	USA	Commerce and Shopping

26	Go-Jek	10	IDN	Transportation
27	Nubank	10	BRA	Financial Services
28	OYO	10	IND	Travel and Tourism
29	Paytm	10	IND	FinTech
30	Ripple	10	USA	Cryptocurrency
31	CARS	9	CHN	E-commerce
32	Chehaoduo	9	CHN	Transportation
33	Coupang	9	KOR	Commerce and Shopping
34	Ping An Healthcare Technology	9	CHN	Health Tech
35	BYJU'S	8	IND	Education
36	Coinbase	8	USA	Cryptocurrency
37	DJI	8	CHN	Hardware
38	Instacart	8	USA	Consumer Internet
39	Robinhood	8	USA	Financial Services
40	Slack	7.1	USA	
41	Argo AI	7	USA	Transportation
42	Automation Anywhere	7	USA	Professional Services
43	JD Health	7	CHN	Commerce and Shopping
44	Jiedaibao	7	CHN	Financial Services
45	Magic Leap	7	USA	Hardware
46	Meicai	7	CHN	Food and Beverage
47	OneConnect	7	CHN	FinTech
48	Roivant Sciences	7	CHE	Health Care
49	Snapdeal	7	IND	Commerce and Shopping
50	Tanium	7	USA	Software
51	Tokopedia	7	IDN	Commerce and Shopping
52	Uber Advantaged Technologies Group	7	USA	Transportation
53	UiPath	7	USA	Artificial Intelligence
54	Chime	6	USA	Financial Services
55	CMC Inc.	6	CHN	Media and Entertainment
56	Compass	6	USA	Real Estate
57	Databricks	6	USA	Data and Analytics

58	Easyhome	6	CHN	Consumer Goods
59	Ele.me	6	CHN	
60	Full Truck Alliance	6	CHN	Logistics
61	Hulu	6	USA	Media and Entertainment
62	Klarna	6	SWE	Payments
63	Lianjia (Homelink)	6	CHN	Real Estate
64	Manbang Group	6	CHN	Logistics
65	NetEase Cloud Music	6	CHN	Consumer Internet
66	Ola	6	IND	Transportation
67	Outcome Health	6	USA	Health Care
68	Samsara	6	USA	Hardware
69	SenseTime	6	CHN	Artificial Intelligence
70	UCAR	6	CHN	Shared Economy
71	Unity Technologies	6	USA	Media and Entertainment
72	Vice Media	6	USA	Consumer Internet
73	WeDor (Guahao)	6	CHN	Health Care
74	CloudKitchens	5	USA	Food and Beverage
75	Fanatics	5	USA	Commerce and Shopping
76	Krafton	5	KOR	Gaming
77	Rivian	5	USA	Transportation
78	Royole Corporation	5	USA	Hardware
79	SoFi	5	USA	Financial Services
80	Suning Finance	5	CHN	Financial Services
81	UBTECH Robotics	5	CHN	Hardware
82	United Imaging Healthcare	5	CHN	Health Care
83	VIPKID	5	CHN	Education
84	WeBank	5	CHN	Financial Services
85	WeWork CHN	5	CHN	Real Estate
86	WM Motor	5	CHN	Transportation
87	Zenefits	5	USA	Software
88	Ziroom	5	CHN	Real Estate
89	AUTO1 Group	4	DEU	Transportation
90	BAIC BJEV	4	CHN	Transportation

91	Credit Karma	4	USA	Financial Services
92	Deliveroo	4	GBR	Food and Beverage
93	Faraday Future	4	USA	Transportation
94	Freshworks	4	USA	Administrative Services
95	Ginkgo Bioworks	4	USA	Health Care
96	Greensill Capital	4	GBR	Financial Services
97	Gusto	4	USA	Financial Services
98	Houzz	4	USA	Consumer Internet
99	Indigo	4	USA	Agriculture and Farming
100	Intarcia Therapeutics	4	USA	Health Care
101	Jubao	4	CHN	Financial Services
102	LeSports	4	CHN	Media and Entertainment
103	Megvii(Face++)	4	CHN	Software
104	N26	4	DEU	Financial Services
105	Niantic	4	USA	Gaming
106	OpenDoor	4	USA	Real Estate
107	Ottobock	4	DEU	Health Care
108	Peloton	4	USA	Life Sciences
109	Rappi	4	COL	Logistics
110	Root Insurance	4	USA	Transportation
111	Snowflake Computing	4	USA	Data and Analytics
112	TransferWise	4	GBR	Financial Services
113	TripActions	4	USA	Travel and Tourism
114	Xiaopeng Motors	4	CHN	Transportation
115	Yello Mobile	4	KOR	Consumer Internet
116	Zhihu	4	CHN	Consumer Internet
117	XPeng Motors	3.6	CHN	Auto & transportation
118	360 Enterprise Security Group	3	CHN	Privacy and Security
119	Affirm	3	USA	Financial Services
120	Aihuishou	3	CHN	Consumer Electronics
121	Alibaba Music	3	CHN	Music and Audio
122	Arrival	3	GBR	Transportation
123	Aurora	3	USA	Transportation

124	Automattic	3	USA	Software
125	Biocon Biologics	3	IND	Biotechnology
126	Bird	3	USA	Transportation
127	Bona film	3	CHN	Media & Entertainment
128	Brex	3	USA	Financial Services
129	Bukalapak	3	IDN	Commerce and Shopping
130	BYTON	3	CHN	Transportation
131	Cambricon	3	CHN	Hardware
132	Canaan	3	CHN	Blockchain
133	Canva	3	AUS	Consumer Internet
134	Celonis	3	DEU	Data and Analytics
135	CHN UnionPay Merchant Services	3	CHN	Financial Services
136	Circle	3	USA	Cryptocurrency
137	CloudWalk Technology	3	CHN	Artificial Intelligence
138	Confluent	3	USA	Software
139	Convoy	3	USA	Logistics
140	CrowdStrike	3	USA	
141	Douyu	3	CHN	Media & Entertainment
142	Du Xiaoman Financial	3	CHN	Financial Services
143	e-Shang Redwood (ESR)	3	CHN	Logistics
144	Flexport	3	USA	Logistics
145	GitLab	3	USA	Software
146	GoodRx	3	USA	Health Care
147	GRAIL	3	USA	Health Care
148	Hellobike	3	CHN	Shared Economy
149	Henlius	3	CHN	Life Sciences
150	Himalaya	3	CHN	Media & Entertainment
151	Horizon Robotics	3	CHN	Artificial Intelligence
152	Katerra	3	USA	Real Estate
153	Kuayue Express	3	CHN	Logistics
154	Lazada Group	3	SGP	Commerce and Shopping
155	Lixiang	3	CHN	Transportation
156	LY.com	3	CHN	Travel and Tourism

157	Meizu	3	CHN	Hardware
158	Miaopai	3	CHN	Consumer Internet
159	Monzo	3	GBR	Financial Services
160	MZ (Machine Zone, Inc.)	3	USA	Media and Entertainment
161	Nikola Motor Company	3	USA	Transportation
162	Nuro	3	USA	Transportation
163	OakNorth	3	GBR	Financial Services
164	Ofo	3	CHN	Transportation
165	OneWeb	3	USA	Science and Engineering
166	Oscar	3	USA	Health Care
167	Paytm Mall	3	IND	E-commerce
168	Plaid Technologies	3	USA	FinTech
169	Procore Technologies, In	3	USA	Software
170	Qi An Xin	3	CHN	Privacy and Security
171	Reddit	3	USA	Consumer Internet
172	Roblox	3	USA	Gaming
173	Rubrik	3	USA	Internet Services
174	Sharecare	3	USA	Health Care
175	Singulato Motors	3	CHN	Transportation
176	SmileDirectClub	3	USA	Health Tech
177	SouChe	3	CHN	Transportation
178	Suning Sports	3	CHN	Sports and Fitness
179	Swiggy	3	IND	Food and Beverage
180	Tempus	3	USA	Health Care
181	The Hut Group	3	GBR	Commerce and Shopping
182	Tinder	3	USA	Mobile
183	Toast	3	USA	Financial Services
184	Ucommune	3	CHN	Real Estate
185	Udaan	3	IND	Commerce and Shopping
186	UrWork	3	CHN	Shared Economy
187	VANCL	3	CHN	Commerce and Shopping
188	VistaJet	3	USA	Transportation
189	Wanda E-Commerce	3	CHN	Commerce and Shopping

190	Woowa Brothers	3	KOR	Logistics
191	Xiaohongshu	3	CHN	Community and Lifestyle
192	Youxia Motors	3	CHN	Transportation
193	Yuanfudao	3	CHN	Education
194	Zomato	3	IND	Consumer Internet
195	Zoox	3	USA	Transportation
196	Zuoyebang	3	CHN	EdTech
197	OVO	2.9	INA	Fintech
198	Vista Global	2.5	MLT	Other
199	Dadi Cinema	2.3	CHN	Other
200	FlixBus	2.2	DEU	Auto & transportation
201	MINISO Life	2.2	CHN	Consumer & retail
202	23andMe	2	USA	Health Care
203	ACV	2	USA	Commerce and Shopping
204	Afiniti	2	USA	Artificial Intelligence
205	AIWAYS	2	CHN	Transportation
206	AppLovin	2	USA	Advertising
207	AppsFlyer	2	USA	Advertising
208	Asana	2	USA	Software
209	Avant	2	USA	Financial Services
210	Babylon Health	2	GBR	Health Care
211	BGL Group	2	GBR	Financial Services
212	Billdesk	2	IND	Financial Services
213	Binance	2	MLT	Cryptocurrency
214	BlaBlaCar	2	FRA	Transportation
215	Block.One	2	CHN	Blockchain
216	BrewDog	2	GBR	Food and Beverage
217	BuzzFeed	2	USA	Media and Entertainment
218	Canxing	2	CHN	Media & Entertainment
219	Carbon	2	USA	Manufacturing
220	Carta	2	USA	Financial Services
221	Checkout	2	GBR	Financial Services
222	Checkr	2	USA	Software

223	Chehejia	2	CHN	E-Cars
224	CureVac	2	DEU	Health Care
225	Danke Apartment	2	CHN	Real Estate
226	Darktrace	2	GBR	Privacy and Security
227	Dataminr	2	USA	Artificial Intelligence
228	Delhivery	2	IND	Logistics
229	Desktop Metal	2	USA	Manufacturing
230	Devoted Health	2	USA	Health Care
231	DFINITY	2	SWE	Cryptocurrency
232	Diamond Foundry	2	USA	Consumer Goods
233	Discord	2	USA	Media and Entertainment
234	Dt Dream	2	CHN	Data and Analytics
235	Duolingo	2	USA	Education
236	Firstp2p	2	CHN	Financial Services
237	FlixMobility	2	DEU	Transportation
238	Gett	2	USA	Transportation
239	Graphcore	2	GBR	Artificial Intelligence
240	HashiCorp	2	USA	Software
241	HeartFlow	2	USA	Health Care
242	Huaqin Communication Technology	2	CHN	Hardware
243	Huimin	2	CHN	Commerce and Shopping
244	Huitongda	2	CHN	Logistics
245	Impossible Foods	2	USA	Food and Beverage
246	Improbable	2	GBR	Media and Entertainment
247	Infinidat	2	ISR	Software
248	InMobi	2	IND	Software
249	InsideSales.com	2	USA	Software
250	Jusda	2	CHN	Logistics
251	Kaseya	2	IRL	Information Technology
252	Kingsoft Cloud	2	CHN	Software
253	Landa Digital Printing	2	ISR	Manufacturing
254	LegalZoom	2	USA	Professional Services

255	Lemonade	2	USA	Financial Services
256	Lenskart	2	IND	Clothing and Apparel
257	letgo	2	USA	Commerce and Shopping
258	Lime	2	USA	Transportation
259	Lytx, Inc.	2	USA	Logistics
260	Mafengwo	2	CHN	Travel and Tourism
261	Marqeta	2	USA	Fintech
262	Microvast	2	USA	Transportation
263	Monday.com	2	ISR	Software
264	Mozido	2	USA	Financial Services
265	Mu Sigma	2	IND	Software
266	Musinsa	2	KOR	Clothing and Apparel
267	NantOmics	2	USA	Health Care
268	Nextdoor	2	USA	Consumer Internet
269	Northvolt	2	SWE	Energy
270	NuCom Group	2	DEU	Community and Lifestyle
271	Nuvei	2	CAN	Financial Services
272	Ouyeel	2	CHN	Commerce and Shopping
273	Oxford Nanopore Technologies	2	GBR	Health Care
274	Panshi	2	CHN	Advertising
275	Pax Labs	2	USA	Consumer Electronics
276	PingPong	2	CHN	FinTech
277	PolicyBazaar	2	IND	Financial Services
278	Postmates	2	USA	Food and Beverage
279	Preferred Networks	2	JPN	Data and Analytics
280	qeta	2	USA	Financial Services
281	Qianxun Spatial Intelligence	2	CHN	Navigation and Mapping
282	Quanergy Systems	2	USA	Transportation
283	QuantumScape	2	USA	Energy
284	Quora	2	USA	Consumer Internet
285	RELX Technology	2	CHN	Consumer Goods
286	ReNew Power	2	IND	Other
287	Revolut	2	GBR	Financial Services

288	RigUp	2	USA	Professional Services
289	Scopely	2	USA	Gaming
290	Segment	2	USA	Data and Analytics
291	ServiceTitan	2	USA	Software
292	Sportradar	2	CHE	Sports and Fitness
293	Sprinklr	2	USA	Sales and keting
294	Squarespace	2	USA	Consumer Internet
295	Sweetgreen	2	USA	Food and Beverage
296	Taobao Dianying	2	CHN	E-commerce
297	Taobao Movie	2	CHN	Media and Entertainment
298	ThoughtSpot	2	USA	Software
299	Thumbtack	2	USA	Consumer Internet
300	To8to	2	CHN	Consumer Internet
301	Trendy International Group	2	CHN	Clothing and Apparel
302	Tujia	2	CHN	Consumer Internet
303	UCloud	2	CHN	Internet Services
304	Uptake	2	USA	Data and Analytics
305	Velodyne LiDAR	2	USA	Transportation
306	Viva Republica (Toss)	2	KOR	Financial Services
307	Vroom	2	USA	Transportation
308	WalkMe	2	USA	Consumer Internet
309	Warby Parker	2	USA	Clothing and Apparel
310	Wefox Group	2	DEU	Financial Services
311	Wellong Etown	2	CHN	Logistics
312	WeMakePrice	2	KOR	Commerce and Shopping
313	Xinchao Media	2	CHN	Advertising
314	Yinlong Group	2	CHN	Transportation
315	Yitu Technology	2	CHN	Artificial Intelligence
316	Zhubajie	2	CHN	Consumer Internet
317	ZipRecruiter	2	USA	Consumer Internet
318	ZocDoc	2	USA	Health Care
319	Zume Pizza	2	USA	Food and Beverage

320	eDaili	1.9	CHN	E-commerce & direct-to-consumer
321	WePiao	1.9	CHN	
322	Pony.ai	1.7	USA	Artificial intelligence
323	XANT	1.7	USA	Artificial intelligence
324	Jusfoun Big Data	1.6	CHN	Data management & analytics
325	Gan & Lee Pharmaceuticals	1.6	CHN	Health
326	JetSmarter	1.6	USA	
327	Lakala.com	1.6	ARG	
328	Verkada	1.6	USA	Cybersecurity
329	Promasidor Holdings	1.5	RSA	Consumer & retail
330	Caocao	1.5	CHN	Shared Economy
331	Chindata	1.5	CHN	Big Data
332	Ebang	1.5	CHN	Blockchain
333	Enovate	1.5	CHN	E-Cars
334	Gaodun	1.5	CHN	EdTech
335	Hero Entertainment	1.5	CHN	Video Games
336	IMS	1.5	CHN	Big Data
337	iSoftstone	1.5	CHN	Software and Services
338	Jiemian	1.5	CHN	Media & Entertainment
339	Kidswant	1.5	CHN	E-commerce
340	Ivmama	1.5	CHN	E-commerce
341	PurCotton	1.5	CHN	Health Tech
342	RRS	1.5	CHN	Logistics
343	Sheln	1.5	CHN	E-commerce
344	Shuhai	1.5	CHN	Logistics
345	Skywell	1.5	CHN	E-Cars
346	STX Entertainment	1.5	USA	Other
347	Tubatu	1.5	CHN	Software and Services
348	TuyaSmart	1.5	CHN	Artificial Intelligence
349	Weidian	1.5	CHN	E-commerce
350	Whaley	1.5	CHN	Consumer Goods
351	WuXi NextCODE	1.5	CHN	Life Sciences

352	Zbj	1.5	CHN	Software and Services
353	FanDuel	1.3	USA	
354	Medallia	1.3	USA	
355	Starry	1.2	USA	Mobile & telecommunications
356	WTOIP	1.2	CHN	Internet software & services
357	Atom Bank	1.2	GBR	Fintech
358	Infi	1.2	ISR	Artificial intelligence
359	SmartNews	1.2	JPN	Mobile & telecommunications
360	Ten-X	1.2	USA	E-commerce & direct-to-consumer
361	Yimidida	1.1	CHN	Supply chain, logistics, & delivery
362	Lyell Immunopharma	1.1	USA	Health
363	LlfeMiles	1.1	COL	Other
364	Doctolib	1.1	FRA	Health
365	Aiwujiwu	1.1	CHN	
366	Chuchujie	1.1	CHN	
367	Cylance	1.1	USA	
368	Ivalua	1.1	USA	Fintech
369	Linklogis	1	CHN	Fintech
370	Aprogen	1	KOR	Health
371	100credit	1	CHN	Fintech
372	10X Genomics	1	USA	Life Sciences
373	17zuoye	1	CHN	Education
374	1919 Wines & Spirits	1	CHN	New Retail
375	4Paradigm	1	CHN	Artificial Intelligence
376	58 Home	1	CHN	Consumer Internet
377	9fgroup	1	CHN	FinTech
378	About You	1	DEU	Commerce and Shopping
379	Acronis	1	CHE	Privacy and Security
380	Actifio	1	USA	Software
381	Adaptive Biotechnologies	1	USA	

382	Africa Internet Group	1	NGA	
383	Age of Learning	1	USA	Education
384	Aijia Home Furnishing Products	1	CHN	Consumer Goods
385	Airtable	1	USA	Software
386	Airwallex	1	HKG	Financial Services
387	Akulaku	1	CHN	FinTech
388	Alisports	1	CHN	Sports and Fitness
389	Allbirds	1	USA	Clothing and Apparel
390	ALPHAEON Corporation	1	USA	Health Care
391	Alto Pharmacy	1	USA	Health
392	Anduril Industries	1	USA	Artificial Intelligence
393	ANE Logistics	1	CHN	Logistics
394	Ankon	1	CHN	Health Tech
395	AppDirect	1	USA	Software
396	APUS Group	1	CHN	Software
397	Auth0	1	USA	Privacy and Security
398	Avaloq	1	CHE	Financial Services
399	AvidXchange	1	USA	Financial Services
400	Away	1	USA	Consumer Goods
401	Banma Network Technologies	1	CHN	Transportation
402	BeiBei	1	CHN	Commerce and Shopping
403	BenevolentAI	1	GBR	Health Care
404	Benlai	1	CHN	Food and Beverage
405	Bianlifeng	1	CHN	Commerce and Shopping
406	BigBasket	1	IND	Food and Beverage
407	Bill.com	1	USA	FinTech
408	Bitfury	1	NLD	Cryptocurrency
409	Bolt	1	EST	Transportation
410	Boqii	1	CHN	E-commerce
411	Bordrin Motors	1	CHN	Transportation
412	Branch	1	USA	Mobile
413	Bright Health	1	USA	Health Care
414	Butterfly Network	1	USA	Health Care

415	C2FO	1	USA	Fintech
416	C3 IoT	1	USA	Data and Analytics
417	Cabify	1	ESP	Transportation
418	Calm	1	USA	Mobile
419	Careem	1	ARE	
420	Carzone	1	CHN	New Retail
421	Casper	1	USA	Consumer Goods
422	Cell C	1	RSA	Mobile & telecommunications
423	CGTZ	1	CHN	Financial Services
424	ChargePoint	1	USA	Transportation
425	Chemao	1	CHN	Transportation
426	Chezhibao	1	CHN	E-commerce
427	CHN Cloud	1	CHN	Hardware
428	CHNc.com	1	CHN	Internet Services
429	Chunyuyisheng	1	CHN	Health Tech
430	ClassPass	1	USA	Sports and Fitness
431	CloudFlare	1	USA	Cyber Security
432	Clover Health	1	USA	Health Care
433	CMR Surgical	1	GBR	Health Care
434	Cohesity	1	USA	Internet Services
435	Collibra	1	BEL	Data and Analytics
436	Como	1	ISR	Software
437	Coocaa	1	CHN	Consumer Electronics
438	Coursera	1	USA	Education
439	Coveo	1	CAN	Software
440	Cybereason	1	USA	Privacy and Security
441	D2iQ	1	USA	Internet Services
442	DaDa	1	CHN	EdTech
443	Dada-JD Daojia	1	CHN	Supply chain, logistics, & delivery
444	Daojia	1	CHN	Software and Services
445	Dataiku	1	USA	Artificial Intelligence
446	DataRobot	1	USA	Data and Analytics

447	Dataxu	1	USA	Software and Services
448	Dave	1	USA	Financial Services
449	Decolar.com	1	BRA	
450	Deezer	1	FRA	Music and Audio
451	Deposit Solutions	1	DEU	Financial Services
452	Dianrong	1	CHN	Financial Services
453	Ding Xiang Yuan	1	CHN	Health
454	Docker	1	USA	Software
455	Dolib	1	FRA	Health Care
456	Dotc United Group	1	CHN	Mobile
457	DraftKings	1	USA	Consumer Internet
458	Dream11	1	IND	Media and Entertainment
459	Druva	1	USA	Internet Services
460	DXY	1	CHN	Health Care
461	E-Life Financial Services	1	CHN	Financial Services
462	Easy Life	1	CHN	FinTech
463	EBANX	1	BRA	Financial Services
464	Envision	1	CHN	New Energy
465	ETCP	1	CHN	Transportation
466	Evernote	1	USA	Software
467	ezCater	1	USA	Food and Beverage
468	FabFitFun	1	USA	Commerce and Shopping
469	Fair	1	USA	Transportation
470	Faire	1	USA	Commerce and Shopping
471	FangDD	1	CHN	Real Estate Tech
472	Fanli	1	CHN	Commerce and Shopping
473	Farmers Business Network	1	USA	Agriculture and Farming
474	Fcbox	1	CHN	Logistics
475	Figure	1	USA	Financial Services
476	Formlabs	1	USA	Hardware
477	Funding Circle	1	GBR	
478	Furong Xingsheng	1	CHN	Commerce and Shopping
479	FXiaoKe	1	CHN	Software

480	G7	1	CHN	Logistics
481	Geek+	1	CHN	Logistics
482	Geo	1	CHN	Big Data
483	GetYourGuide	1	DEU	Travel and Tourism
484	Global Fashion Group	1	LUX	Commerce and Shopping
485	Globality	1	USA	Artificial intelligence
486	Glossier	1	USA	Clothing and Apparel
487	Glovo	1	ESP	Transportation
488	GoGoVan	1	HKG	Logistics
489	goPuff	1	USA	Food and Beverage
490	GP Club	1	KOR	Consumer Goods
491	Gramly	1	USA	Software
492	Grammarly	1	USA	Internet software & services
493	Grove Collaborative	1	USA	Commerce and Shopping
494	Guild Education	1	USA	Education
495	Gympass	1	BRA	Sports and Fitness
496	Haodf	1	CHN	Health Tech
497	Health Catalyst	1	USA	Big Data
498	Hello TransTech	1	CHN	Transportation
499	HighRadius	1	USA	Software
500	Hike	1	IND	Consumer Internet
501	Hims	1	USA	Health Care
502	Hippo Insurance	1	USA	Financial Services
503	HMD	1	FIN	Mobile
504	Hosjoy	1	CHN	E-commerce & direct-to-consumer
505	Hozon	1	CHN	E-Cars
506	Huasheng Haoche	1	CHN	Transportation
507	Huayun	1	CHN	Big Data
508	Huikedu	1	CHN	Education
509	Hujiang	1	CHN	Education
510	Human Longevity	1	USA	Health Care
511	Hupu	1	CHN	Media and Entertainment

512	Ibotta	1	USA	Commerce and Shopping
513	iCarbonX	1	CHN	Health Care
514	Icertis	1	USA	Software
515	iFood	1	BRA	Food and Beverage
516	Ihomefnt	1	CHN	Software and Services
517	Illumio	1	USA	Software
518	InMyShow	1	CHN	Sales and keting
519	Inspur Cloud	1	CHN	Information Technology
520	Instabase	1	USA	Software
521	Intellifusion	1	CHN	Artificial intelligence
522	Intercom	1	USA	Sales and keting
523	Interswitch	1	NGA	Financial Services
524	InVision	1	USA	Internet software & services
525	Ipien	1	CHN	E-commerce
526	IronSource	1	ISR	Advertising
527	iTutorGroup	1	CHN	Edtech
528	Iwjw	1	CHN	Real Estate
529	JFrog	1	USA	Software
530	Jiuxian.com	1	CHN	Commerce and Shopping
531	JMGO	1	CHN	Hardware
532	Jollychic	1	CHN	Commerce and Shopping
533	Juanpi	1	CHN	Commerce and Shopping
534	Judo Bank	1	AUS	Financial Services
535	Juma	1	CHN	Logistics
536	Jusfoun	1	CHN	Big Data
537	JustFab	1	USA	
538	Kabbage	1	USA	Financial Services
539	KeepTruckin	1	USA	Logistics
540	Kendra Scott	1	USA	Clothing and Apparel
541	Kik	1	CAN	Consumer Internet
542	KK Group	1	CHN	Commerce and Shopping
543	kLogic	1	USA	Software

544	Klook	1	HKG	Travel and Tourism
545	Knotel	1	USA	Real Estate
546	KnowBe4	1	USA	Privacy and Security
547	Knowbox	1	CHN	Education
548	Koudai	1	CHN	Commerce and Shopping
549	Kr Space	1	CHN	Real Estate
550	Kujiale	1	CHN	Real Estate
551	L&P Cosmetic	1	KOR	Consumer Goods
552	Lalamove	1	HKG	Logistics
553	Lamabang	1	CHN	Consumer Internet
554	Lashou.com	1	CHN	Commerce and Shopping
555	Leapmotor	1	CHN	Transportation
556	LeCloud	1	CHN	Internet Services
557	LeVP	1	CHN	Media and Entertainment
558	Lianlian	1	CHN	FinTech
559	Lianshang Literature	1	CHN	Media and Entertainment
560	Liepin.com	1	CHN	
561	Lightricks	1	ISR	Mobile
562	LinkDoc	1	CHN	Health Care
563	LinkSure Network(Wifi Skeleton Key)	1	CHN	Software
564	Linmon	1	CHN	Media & Entertainment
565	Liquid Global	1	JPN	Cryptocurrency
566	Loft	1	BRA	Real Estate
567	Loggi	1	BRA	Logistics
568	Loji	1	CHN	Logistics
569	Lookout	1	USA	Software
570	Luoji Siwei	1	CHN	Education
571	Luojilab	1	CHN	Media & Entertainment
572	Ivalua	1	FRA	Financial Services
573	Maimai	1	CHN	Community and Lifestyle
574	MarkLogic	1	USA	Data management & analytics
575	MediaMath	1	USA	Advertising

576	Medlinker	1	CHN	Health Care
577	Meero	1	FRA	Content and Publishing
578	Mesosphere	1	USA	Cloud
579	Mia.com	1	CHN	Commerce and Shopping
580	Miaoshou Doctor(Miaoshou Dor)	1	CHN	Health Care
581	MindMaze	1	CHE	Health Care
582	MiningLamp	1	CHN	Artificial Intelligence
583	MissFresh	1	CHN	Food and Beverage
584	Mobvoi	1	CHN	Artificial Intelligence
585	Mofang Gongyu	1	CHN	Real Estate
586	Mogujie	1	CHN	
587	Momenta	1	CHN	Transportation
588	MoneyLion	1	USA	FinTech
589	Moviebook	1	CHN	Video
590	Movile	1	BRA	Mobile
591	nCino	1	USA	Financial Services
592	Netskope	1	USA	Privacy and Security
593	New Dada	1	CHN	Consumer Internet
594	New Leshi St Home	1	CHN	Hardware
595	Next Insurance	1	USA	Financial Services
596	Ninebot	1	CHN	Transportation
597	NJOY	1	USA	Hardware
598	Nome	1	CHN	New Retail
599	Novogene	1	CHN	Life Sciences
600	Numbrs	1	CHE	Financial Services
601	Nxin	1	CHN	Agriculture and Farming
602	OCSiAI Group	1	LUX	Manufacturing
603	OfferUp	1	USA	Consumer Internet
604	Ola Electric	1	IND	Transportation
605	Omio	1	DEU	Travel and Tourism
606	One Medical	1	USA	Health Care
607	OneTrust	1	USA	Privacy and Security
608	Orbbec	1	CHN	Artificial Intelligence

609	OrCam Technologies	1	ISR	Health Care
610	Outreach	1	USA	Sales and keting
611	OutSystems	1	USA	Software
612	OVH	1	FRA	Information Technology
613	OVO Energy	1	GBR	Energy
614	ParkJockey	1	USA	Real Estate
615	Pat McGrath Labs	1	USA	Clothing and Apparel
616	Payoneer	1	USA	Fintech
617	Pendo	1	USA	Software
618	Perfect Diary	1	CHN	Consumer Goods
619	Pine Labs	1	IND	Financial Services
620	Plus.ai	1	USA	Logistics
621	Poizon	1	CHN	Clothing and Apparel
622	Poshk	1	USA	Clothing and Apparel
623	Prologium	1	CHN	New Energy
624	Proteus Digital Health	1	USA	Health Care
625	Qdama	1	CHN	Commerce and Shopping
626	QingCloud	1	CHN	Software
627	Qiniu	1	CHN	Internet Services
628	QuEST Global Services	1	SGP	Manufacturing
629	Quibi	1	USA	Media and Entertainment
630	Quikr	1	IND	Consumer Internet
631	QuintoAndar	1	BRA	Real Estate
632	Radius Payment Solutions	1	GBR	Transportation
633	Raise	1	USA	Consumer Internet
634	Rani Therapeutics	1	USA	Health
635	Rapyd	1	GBR	Financial Services
636	Red Ventures	1	USA	Software
637	RenRenChe	1	CHN	Transportation
638	Renrendai	1	CHN	FinTech
639	Rent the Runway	1	USA	Clothing and Apparel
640	Revolution Precrafted	1	PHL	Real Estate
641	Riskified	1	ISR	Commerce and Shopping

642	Rivigo	1	IND	Logistics
643	Rocket Lab	1	USA	Science and Engineering
644	Rubicon Global	1	USA	Sustainability
645	Saxo Bank	1	DNK	Financial Services
646	Scale	1	USA	Artificial Intelligence
647	Scale AI	1	USA	Artificial intelligence
648	Seasun	1	CHN	Media and Entertainment
649	Seismic	1	USA	Software
650	Shansong	1	CHN	Logistics
651	Shiji Group	1	CHN	Information Technology
652	Shopclues	1	IND	E-commerce
653	Shouqi	1	CHN	Shared Economy
654	Shuidi	1	CHN	FinTech
655	Sila Nanotechnologies	1	USA	Transportation
656	Sinocelltech	1	CHN	Life Sciences
657	Sisense	1	USA	Data and Analytics
658	SKIO Matrix	1	CHN	Transportation
659	Smartmi	1	CHN	Consumer Goods
660	SMS Assist	1	USA	Real Estate
661	Snyk	1	GBR	Privacy and Security
662	Sonder	1	USA	Travel and Tourism
663	SoundHound	1	USA	Artificial Intelligence
664	StMi	1	CHN	Consumer Electronics
665	StNews	1	JPN	Media and Entertainment
666	StockX	1	USA	Clothing and Apparel
667	Sumo Logic	1	USA	Data and Analytics
668	Supreme	1	USA	Consumer & retail
669	Symphony	1	USA	Software
670	T3 Mobile Travel Services	1	CHN	Transportation
671	Taboola	1	USA	Advertising
672	Talkdesk	1	USA	Sales and keting
673	TalkingData	1	CHN	Big Data
674	Tango	1	USA	Consumer Internet

675	TechStyle Fashion Group	1	USA	Clothing and Apparel
676	Tencent Trusted Dors	1	CHN	Health Care
677	Tenglong Holding Group	1	CHN	Data and Analytics
678	Terminus Technologies	1	CHN	Artificial Intelligence
679	The Honest Company	1	USA	Consumer Goods
680	TMON	1	KOR	Commerce and Shopping
681	Tongdun Technology	1	CHN	Privacy and Security
682	TouchPal	1	CHN	Mobile
683	Tradeshift	1	USA	Financial Services
684	Traveloka	1	IDN	Travel and Tourism
685	Trax	1	SGP	Data and Analytics
686	Tresata	1	USA	Software
687	Tuandaiwang	1	CHN	Financial Services
688	Tuhu	1	CHN	Transportation
689	Turo	1	USA	Transportation
690	TuSimple	1	USA	Transportation
691	TutorGroup	1	TWN	
692	Udacity	1	USA	Education
693	Unisound	1	CHN	Data and Analytics
694	UST Global	1	USA	Information Technology
695	V Linker	1	CHN	Real Estate Tech
696	v2 Ventures	1	USA	Advertising
697	V3 Group	1	SGP	Community and Lifestyle
698	Vacasa	1	USA	Travel and Tourism
699	Veepee	1	FRA	Commerce and Shopping
700	Verily	1	USA	Health Care
701	View	1	USA	Science and Engineering
702	Vinted	1	LTU	Commerce and Shopping
703	Vlocity	1	USA	Software
704	VNG	1	VNM	Software
705	Vox Media	1	USA	Media and Entertainment
706	VTS	1	USA	Real Estate

707	Wacai	1	CHN	Mobile & telecommunications
708	Waterdrop	1	CHN	Health Care
709	WeLab	1	HKG	Financial Services
710	Wheels Up	1	USA	Transportation
711	Wildlife Studios	1	BRA	Gaming
712	Womai	1	CHN	Commerce and Shopping
713	Xiaozhu.com	1	CHN	Real Estate
714	Xueba100.com	1	CHN	Education
715	Yanolja	1	KOR	Travel and Tourism
716	Yaochufa	1	CHN	E-commerce
717	YH Global	1	CHN	Logistics
718	Yidao Yongche	1	CHN	Consumer Internet
719	Yidian Zixun	1	CHN	Consumer Internet
720	Yiguo	1	CHN	Commerce and Shopping
721	Yijiupi	1	CHN	Commerce and Shopping
722	Yixia	1	CHN	Mobile & telecommunications
723	YiXue Squirrel AI	1	CHN	Education
724	yMatou	1	CHN	E-commerce
725	Yooli	1	CHN	FinTech
726	You & Mr Jones	1	USA	Sales and keting
727	Youdao	1	CHN	Software and Services
728	Yunniao	1	CHN	Logistics
729	ZeniMax	1	USA	Gaming
730	Zeta Global	1	USA	Software
731	Zhangmen	1	USA	Edtech
732	Zhaogang	1	CHN	Commerce and Shopping
733	Zhidou	1	CHN	Transportation
734	Zhuanzhuan	1	CHN	Commerce and Shopping
735	Zipline	1	USA	Logistics
736	Zoom Video	1	USA	
737	Prosper	0.5	USA	Financial Services

부록 2

통합 엑시콘 리스트(323개)

※ 통합 리스트는 「테크크런치」 「CB 인사이트」 「월스트리트저널」의 엑시트 리스트를 중복없이 더한 후, 개별 기업의 세부 내용은 「크런치베이스」(www.crunchbase.com)를 1차 기준으로 작성함

※ 저널 간 내용이 상이하거나 해당 내용이 없을 경우, 2차 기준으로 관련 언론 기사 및 별도의 인수합병 전문 사이트(mergr.com)를 통해 교차 검증함

기업	국가	산업	엑시트 구분	엑시트 평가액 (십 억 USD)	엑시트 시기	인수기업	T	C	W	비고
							179	204	87	
구분: IPO 개수: 190										
10X Genomics	United States	Healthcare	IPO	3.7	2019. 09. 11		O			
51 Credit Card Manager	China	Financial	IPO	1.4	2018. 07. 13		O	O		
9F Group	China	Financial	IPO	2.1	2019. 08. 15		O			
A123 Systems	United States	Energy & Utilities	IPO	1.3	2009. 09. 24			O		
Adaptimmune	United Kingdom	Healthcare	IPO	1.1	2015. 05. 06			O		
Adaptive Biotechnologies	United States	Healthcare	IPO	2.4	2019. 06. 26		O			
Aduro BioTech	United States	Healthcare	IPO	1	2015. 04. 15			O		
Adyen	Netherlands	Financial	IPO	11.6	2018. 06. 13		O	O	O	
Alibaba	China	Internet	IPO	238	2014. 09. 19		O	O		
Anaplan	United States	Software	IPO	1.4	2018. 10. 12		O		O	
Arista Networks	United States	Computer Hardware & Services	IPO	2.7	2014. 06. 06			O		
Atlassian	Australia	Software	IPO	4.4	2015. 12. 10		O			
AutoNavi	China	Software (non-internet/mobile)	IPO	2.2	2010. 07. 01			O		
Avalara	United States	Internet	IPO	1.6	2018. 06. 15			O		
Avast	Czech Republic	Software (non-internet / mobile)	IPO	3.1	2018. 05. 11		O	O	O	
Babytree	China	Internet	IPO	1.5	2018. 11. 27		O			
BATS Global Markets	United States	Financial	IPO	1.8	2016. 04. 15			O		
BCD Semiconductor Manufacturing	China	Electronics	IPO	1.1	2011. 01. 29			O		
BEST Logistics Technology	China	Logistics	IPO	3.7	2017. 09. 22		O			
Betfair	United Kingdom	Internet	IPO	2	2010. 10. 22			O		

21	Beyond Meat	United States	Food & Beverages	IPO	1.5	2019. 05. 02	O		
22	Bilibili	China	Internet	IPO	3.2	2018. 03.2 8	O	O	
23	Bill.com	United States	Financial	IPO	1.6	2019. 12. 11	O		
24	Bloom Energy	United States	Energy & Utilities	IPO	1.6	2018. 07. 24	O		O
25	Blue Apron	United States	Internet	IPO	1.9	2017. 06. 29	O	O	O
26	Box	United States	Internet	IPO	1.7	2015. 01. 23	O	O	O
27	Canaan Creative	China	Internet	IPO	1.4	2019. 11. 22	O		
28	Carbon Black	United States	Internet	IPO	1.3	2018. 05. 04		O	
29	Casa Systems	United States	Computer Hardware & Services	IPO	1	2017. 12. 15		O	
30	Castlight Health	United States	Internet	IPO	1.4	2014. 03. 14		O	
31	Chegg	United States	Internet	IPO	1	2013. 11. 13		O	
32	China Hydroelectric Corporation	China	Energy & Utilities	IPO	2.4	2010. 01. 25		O	
33	China Nuokang Bio-Pharmaceutical	China	Healthcare	IPO	1.2	2009. 12. 10		O	
34	China Rapid Finance	China	Financial	IPO	0.3	2017. 04. 28.	O		O
35	Cloudera	United States	Internet	IPO	1.9	2017. 04. 28	O	O	O
36	Cloudflare	United States	Internet	IPO	4.4	2019. 09. 12	O		
37	Contemporary Amperex Technology	China	Automotive & Transportation	IPO	9.3	2018. 06. 10	O		
38	Coupa Software	United States	Software	IPO	1.7	2016. 10. 06	O		O
39	Criteo	France	Internet	IPO	1.7	2013. 10. 30		O	
40	Crowdstrike	United States	Software	IPO	6.6	2019. 06. 12	O		
41	Decolar	Argentina	Internet	IPO	1.7	2017. 09. 20		O	
42	Delivery Hero	Germany	Internet	IPO	5.1	2017. 06. 30	O	O	O
43	Demand Media	United States	Internet	IPO	1.5	2011. 01. 21		O	
44	Denali Therapeutics	United States	Healthcare	IPO	1.5	2017. 12. 08		O	
45	Despegar	Argentina	travel	IPO	1.7	2017. 09. 19	O		
46	DocuSign	United States	Internet	IPO	4.5	2018. 04. 27	O	O	O
47	Domo	United States	Software	IPO	0.5	2018. 06. 28	O		O
48	Douyu TV	China	Media	IPO	4	2019. 07. 17	O		
49	Dropbox	United States	Internet	IPO	9.2	2018. 03. 23	O	O	O
50	Etsy	United States	Internet	IPO	1.7	2015. 04. 16		O	
51	Eventbrite	United States	Internet	IPO	1.8	2018. 09. 19	O		O
52	ExactTarget	United States	Internet	IPO	1.2	2012. 03. 23		O	
53	Facebook	United States	Internet	IPO	104	2012. 05. 18	O	O	
54	FangDD	China	Internet	IPO	1	2019. 11. 01	O		
55	Farfetch	United Kingdom	Internet	IPO	5.8	2018. 09. 21	O		O
56	FibroGen	United States	Healthcare	IPO	1	2014. 11. 14		O	

	Country	Sector	Type		Date				
FireEye	United States	Software (non-internet/mobile)	IPO	2.4	2013. 09. 20	O	O		
Fitbit	United States	Consumer Products & Services	IPO	4.1	2015. 06. 18		O		
ForeScout Technologies	United States	Internet	IPO	0.8	2017. 10. 26	O		O	
Freelancer.com	Australia	Internet	IPO	1	2013. 11. 15		O		
Funding Circle	United Kingdom	Financial	IPO	1.9	2018. 09. 28	O			
Fusion-io	United States	Computer Hardware & Services	IPO	1.4	2011. 06. 09		O		
Futu Holdings	China	Financial	IPO	1.7	2019. 03. 08	O			
Gogo	United States	Internet	IPO	1.4	2013. 06. 21		O		
GoPro	United States	Consumer Products & Services	IPO	3	2014. 06. 26	O	O	O	
GreenSky	United States	Internet	IPO	4.4	2018. 05. 24	O	O	O	
Groupon	United States	Internet	IPO	13	2011. 11. 04	O	O		
GrubHub Seamless	United States	Internet	IPO	2	2014. 04. 04		O		
Hanhua Financial	China	Financial	IPO	?	2014. 06. 27			O	
Health Catalyst	United States	Healthcare	IPO	1.3	2019. 07. 24	O			
HelloFresh	Germany	Internet	IPO	2	2017. 11. 02	O	O	O	
Home24	Germany	Internet	IPO	0.7	2018. 06. 15	O		O	
HomeAway	United States	Internet	IPO	2.1	2011. 06. 29		O		상장 후 인수
Huya.com	China	Internet	IPO	2.4	2018. 05. 11	O			
Inke	China	Software (non-internet / mobile)	IPO	1	2018. 07. 12	O			
Innovent Biologics	China	Healthcare	IPO	2	2018. 10. 24	O			
Intrexon	United States	Healthcare	IPO	1.5	2013. 08. 08		O		
iQiyi	China	Media	IPO	13	2018. 03. 29	O			
Ironwood Pharmaceuticals	United States	Healthcare	IPO	1	2010. 02. 12		O		
JD.com	China	Internet	IPO	25.7	2014. 05. 22	O	O	O	
Jumei International Holdings	China	Internet	IPO	3.2	2014. 05. 16		O		
Jumia Group	Nigeria	Internet	IPO	2.2	2019. 04. 12	O			
Juno Therapeutics	United States	Healthcare	IPO	1.8	2014. 12. 19		O		
Just Eat	United Kingdom	Internet	IPO	2.4	2014. 04. 03		O		
King Digital Entertainment	Ireland	Internet	IPO	7.0	2014. 03. 26		O		
KiOR	United States	Energy & Utilities	IPO	1.4	2011. 06. 20		O		
Lakala	China	Financial	IPO	2.8	2019. 04. 25	O			
Lending Club	United States	Financial	IPO	8.5	2014. 12. 11	O	O	O	

89	Lexin	China	Internet	IPO	1.6	2017. 12. 22	O	O		
90	Liepin	China	Internet	IPO	2	2018. 06. 29	O	O		
91	LinkedIn	United States	Internet	IPO	4.3	2011. 05. 19	O	O		
92	Luckin Coffee	China	Food & Beverages	IPO	5	2019. 03. 17	O			
93	Lyft	United States	Automotive & Transportation	IPO	24	2019. 03. 29	O		O	
94	Maoyan	China	Media	IPO	2.1	2019. 02. 04	O			
95	Markit	United Kingdom	Business Products & Services	IPO	4.3	2014. 06. 19		O		
96	Mecox	China	Internet	IPO	4.4	2010. 10. 27		O		
97	Medallia	United States	Software	IPO	2.5	2019. 07. 18	O			
98	MedMen	United States	Retail (non-internet / mobile)	IPO	1.6	2018. 05. 30	O	O		
99	Meitu	China	Mobile & Telecommunications	IPO	4.6	2016. 12. 09	O	O		
100	Meituan-Dianping	China	Internet	IPO	55	2018. 09. 19	O		O	
101	Mercari	Japan	Mobile & Telecommunications	IPO	3.7	2018. 06. 19	O	O		
102	Mobileye	Israel	Software (non-internet/mobile)	IPO	7.6	2014. 08. 01	O	O	O	
103	Moderna Therapeutics	United States	Healthcare	IPO	7.6	2018. 12. 06	O		O	
104	MOGU	China	Internet	IPO	1.4	2018. 12. 05	O			
105	MongoDB	United States	Software	IPO	1.2	2017. 10. 19	O	O	O	
106	MuleSoft	United States	Internet	IPO	3	2017. 03. 17	O	O	O	
107	NantHealth	United States	Software (non-internet/mobile)	IPO	1.7	2016. 06. 02	O	O		
108	New Relic	United States	Internet	IPO	1.4	2014. 12. 12	O	O	O	
109	NEXON	Japan	Internet	IPO	7.2	2011. 12. 15		O		
110	Nimble Storage	United States	Computer Hardware & Services	IPO	1.4	2013. 12. 13		O		
111	NIO	China	Automotive & Transportation	IPO	6.4	2018. 09. 12	O	O		
112	Novocure	United Kingdom	Healthcare	IPO	1.8	2015. 10. 02		O		
113	NQ Mobile	China	Mobile & Telecommunications	IPO	2.6	2011. 05. 10		O		
114	Nutanix	United States	Computer Hardware & Services	IPO	2.2	2016. 09. 30	O	O	O	
115	Okta	United States	Internet	IPO	1.5	2017. 04. 07	O	O	O	
116	OnDeck Capital	United States	Internet	IPO	1.3	2014. 12. 17		O		
117	OneConnect	China	Financial	IPO	3.6	2019. 12. 12	O			
118	PagerDuty	United States	Internet	IPO	1.8	2019. 04. 10	O			
119	Palo Alto Networks	United States	Software (non-internet/mobile)	IPO	2.8	2012. 07. 20		O		
120	Pandora	United States	Internet	IPO	2.6	2011. 06. 15		O		
121	Peloton	United States	Internet	IPO	8.1	2019. 09. 25	O			

Name	Country	Sector	Type	Value	Date				
Pinduoduo	China	Internet	IPO	24	2018. 07. 26	O	O		
Ping An Good Doctor	China	Healthcare	IPO	7.5	2018. 05. 04	O			
Pinterest	United States	Internet	IPO	12.7	2019. 04. 18	O		O	
Pivotal	United States	Software	IPO	3.8	2018. 04. 20	O			
Pluralsight	United States	Internet	IPO	2	2018. 05. 17	O		O	
PPDai Group	China	Internet	IPO	3.9	2017. 11. 10		O		
Pure Storage	United States	Computer Hardware & Services	IPO	3.1	2015. 10. 07	O	O	O	
Qudian	China	Internet	IPO	7.9	2017. 10. 18	O	O		
Quotient Technology (Coupons.com)	United States	Internet	IPO	1.2	2014. 03. 07	O		O	
Qutoutiao	China	Internet	IPO	1.7	2018. 09. 13	O			
Razer	United States	Internet	IPO	4.4	2017. 07. 28	O		O	
Redfin	United States	Internet	IPO	1.1	2017. 07. 28		O		
RenRen	China	Internet	IPO	1.6	2011. 05. 05		O		
Rocket Internet	Germany	Business Products & Services	IPO	8.2	2014. 10. 02	O	O	O	
Roku	United States	Consumer Products & Services	IPO	1.1	2017. 09. 28		O		
Rovio Entertainment	Finland	Mobile & Telecommunications	IPO	1.1	2017. 09. 29		O		
Rubius Therapeutics	United States	Healthcare	IPO	1.8	2018. 07. 18		O		
Ruckus Wireless	United States	Mobile & Telecommunications	IPO	1.1	2012. 11. 16		O		
Sea	Singapore	Internet	IPO	4.9	2017. 10. 20	O	O	O	
ServiceNow	United States	Internet	IPO	2.1	2012. 06. 29		O		
Shopify	Canada	Internet	IPO	1.3	2015. 05. 21	O	O	O	
Sky-Mobi	China	Internet	IPO	2	2010. 12. 11		O		
Slack	United States	Software	IPO	23	2019. 06. 20	O			
SmileDirectClub	United States	Healthcare	IPO	8.9	2019. 09. 12	O			
Snap Inc.	United States	Mobile & Telecommunications	IPO	33	2017. 03. 02	O	O	O	
Sogou	China	Internet	IPO	5.1	2017. 11. 09	O			
Sonos	United States	Consumer Products & Services	IPO	1.5	2018. 08. 02		O		
SoYoung Technology	China	Mobile & Telecommunications	IPO	1.1	2019. 05. 02	O			
Splunk	United States	Internet	IPO	1.5	2012. 04. 19		O		
Spotify	Sweden	Internet	IPO	29.5	2018. 04. 03	O	O	O	
Square	United States	Mobile & Telecommunications	IPO	3.6	2015. 11. 19	O	O	O	
Stitch Fix	United States	Internet	IPO	1.4	2017. 11. 17		O		
Sunrun	United States	Energy & Utilities	IPO	1.4	2015. 08. 05	O	O	O	
SurveyMonkey	United States	Internet	IPO	1.5	2018. 09. 26	O			

	Name	Country	Industry	Exit	Value	Date				
156	Tableau Software	United States	Software (non-internet/mobile)	IPO	2	2013. 05. 17		O		
157	TaiGen Biotechnology	Taiwan	Healthcare	IPO	1.1	2014. 01. 21		O		
158	Takeaway.com	Netherlands	Internet	IPO	1.1	2016. 09. 30		O		
159	Tenable Network Security	United States	Computer Hardware & Services	IPO	2.1	2018. 07. 26		O		
160	Tencent Music	China	Media	IPO	21.3	2018. 12. 12	O			
161	TerraVia	United States	Food & Beverages	IPO	1	2011. 06. 15		O		
162	Tesla	United States	Automotive & Transportation	IPO	1.5	2010. 06. 29		O		
163	The RealReal	United States	Internet	IPO	1.7	2019. 06. 28	O			
164	The Trade Desk	United States	Internet	IPO	1	2016. 09.2 1		O		
165	Tiger Brokers	China	Financial	IPO	1.1	2019. 03. 19	O			
166	Twilio	United States	Mobile & Telecommunications	IPO	1.2	2016. 06. 23	O	O	O	
167	Twitter	United States	Internet	IPO	24.6	2013. 11. 07	O	O		
168	Uber	United States	Automotive & Transportation	IPO	82.4	2019. 05. 09	O		O	
169	Ubiquiti Networks	United States	Mobile & Telecommunications	IPO	1.3	2011. 10. 26		O		
170	UCAR	China	Automotive & Transportation	IPO	5.5	2016. 07. 22	O	O	O	
171	Uxin	China	Internet	IPO	3.5	2018.0 6.2 7	O	O		
172	Veeva Systems	United States	Internet	IPO	4.4	2013. 10. 16		O		
173	Vir Biotechnology	United States	Healthcare	IPO	2.2	2019. 10. 10	O			
174	Vonage	United States	Software	IPO	2.6	2006. 05. 24	O			
175	Wayfair	United States	Internet	IPO	2.4	2014. 10. 02	O	O	O	
176	Weidai	China	Financial	IPO	0.6	2018. 11. 15	O			
177	Weimob	China	Internet	IPO	0.7	2019. 01. 18	O			
178	Workday	United States	Internet	IPO	4.5	2012. 10. 12	O	O		
179	Xiaomi	China	Consumer Products & Services	IPO	52.7	2018. 07. 09	O	O	O	
180	Yandex	Russian Federation	Internet	IPO	11.2	2011. 05. 25	O	O		
181	Youdao	China	Internet	IPO	1.6	2019. 10. 24	O			
182	Youku Tudou	China	Internet	IPO	2.3	2010. 12. 09		O		
183	Zalando	Germany	Internet	IPO	6.7	2014. 10. 01	O	O	O	
184	Zayo Group Holdings	United States	Mobile & Telecommunications	IPO	4.5	2014. 10. 17		O		
185	ZhongAn	China	Financial	IPO	11	2017. 09. 28	O		O	
186	Zoom	United States	Internet	IPO	9.2	2019. 04. 18	O			
187	Zscaler	United States	Internet	IPO	1.9	2018. 03. 16	O	O	O	
188	Zulily	United States	Internet	IPO	2.6	2013. 11. 15		O		상장 인
189	Zuora	United States	Internet	IPO	1.4	2018. 04. 12	O	O		

Zynga	United States	Internet	IPO	7	2011. 12. 16		O	O		

구분: M&A 개수: 131

ABILITY Network	United States	Internet	M&A	1.2	2018. 03. 07	Inovalon		O		
Acerta Pharma	Netherlands	Healthcare	M&A	7.2	2015. 12. 17			O		Corporate Majority
Adaptive Insights	United States	Internet	M&A	1.6	2018. 06. 11	Workday	O	O		
Afferent Pharmaceuticals	United States	Healthcare	M&A	1.2	2016. 06. 09	Merck		O		
Airwatch	United States	Mobile & Telecommunications	M&A	1.5	2014. 02. 24	VMware	O	O		
Alios BioPharma	United States	Healthcare	M&A	1.7	2014. 09. 30	Johnson & Johnson		O		
AppDynamics	United States	Internet	M&A	3.7	2017. 01. 24	Cisco	O	O	O	
AppLovin	United States	Mobile & Telecommunications	M&A	1.4	2016. 09. 26	Orient Hontai Capital		O		
AppNexus	United States	Internet	M&A	1.6	2018. 06. 25	AT&T	O	O	O	
Apttus	United States	Software	M&A	–	2018. 09. 04	Thoma Bravo	O		O	
Aragon Pharmaceuticals	United States	Healthcare	M&A	1	2013. 08. 19	Johnson & Johnson		O		
Auris Health	United States	Healthcare	M&A	3.4	2019. 02. 13	Johnson & Johnson	O			
Avito.ru	Russian Federation	Internet	M&A	2.7	2015. 10. 23	Naspers	O	O		Corporate Majority
Bai Brands	United States	Food & Beverages	M&A	1.7	2016. 11. 22	Dr Pepper Snapple Group		O		
Beats Electronics	United States	Electronics	M&A	3	2014. 05. 28	Apple			O	
Beijing Weiying Technology	China	Internet	M&A	–	2017. 09. 22	Maoyan	O			
Better Place	United States	Energy & Utilities	M&A	0.1	2013. 07.	Sunrise Group	O			
BioVex	United States	Healthcare	M&A	1	2011. 01. 25	Amgen		O		
Boston Biomedical	United States	Healthcare	M&A	2.6	2012. 03. 01	Dainippon Sumitomo Pharma		O		
Cainiao Logistics	China	Logistics	M&A	0.8	2017. 09. 26	Alibaba	O			
Cameron Health	United States	Healthcare	M&A	1.3	2012. 06. 01	Boston Scientific		O		
Cardioxyl Pharmaceuticals	United States	Healthcare	M&A	2	2015. 11. 02	Bristol-Myers Squibb		O		
Careem	United Arab Emirates	Automotive & Transportation	M&A	3.1	2019. 03. 26	Uber	O			
Chewy	United States	Internet	M&A	3.4	2017. 04. 18	PetSmart	O	O		
Cheyipai	China	Internet	M&A	–	2018. 04. 05	Souche	O			
Cleversafe	United States	Computer Hardware & Services	M&A	1.3	2015. 10. 05	IBM		O		

27	Cruise Automation	United States	Automotive & Transportation	M&A	1	2016. 03. 11	GM		O	
28	Cylance	United States	Software	M&A	1.4	2018. 11. 16	Blackberry	O		
29	Data Logix	United States	Internet	M&A	1.2	2014. 12.2 2	Oracle		O	
30	DataXu	United States	Software	M&A	0.1	2019. 10. 22	Roku	O		
31	Datto	United States	Software	M&A	1.5	2017. 10. 26	Vista Equity Partners	O	O	
32	Dealer.com	United States	Business Products & Services	M&A	1	2013. 12. 19	Dealertrack		O	
33	Deem	United States	Internet	M&A	–	2019. 01. 17	Enterprise Holdings	O	O	
34	Dezima Pharma	Netherlands	Healthcare	M&A	1.5	2015. 09. 16	Amgen		O	
35	Dianping	China	Internet	M&A	–	2015.10.	Meituan–Dianping		O	
36	Dollar Shave Club	United States	Internet	M&A	1	2016. 07. 20	Unilever		O	
37	Duo Security	United States	Internet	M&A	2.4	2018. 08.0 2	Cisco	O	O	
38	Ebates	United States	Internet	M&A	1	2014. 09. 09	Rakuten		O	
39	Ele.me	China	Internet	M&A	9.5	2018. 04. 02	Alibaba Group	O	O	
40	Endeca Technologies	United States	Internet	M&A	1	2011. 10. 18	Oracle		O	
41	Enobia Pharma	Canada	Healthcare	M&A	1	2011. 12. 29	Alexion Pharmaceuticals		O	
42	eviCore Healthcare	United States	Healthcare	M&A	3.6	2017. 10. 10	Express Scripts		O	
43	Fab	United States	Internet	M&A	0.1	2015. 03. 03	PCH International		O	
44	FanDuel	United States	Internet	M&A	–		Paddy Power Betfair	O		
45	Fisker Automotive	United States	Automotive & Transportation	M&A	0.1	2014. 02. 18	Wanxiang America		O	
46	Flatiron Health	United States	Internet	M&A	1.9	2018. 02. 15	Roche	O	O	
47	Flexus Biosciences	United States	Healthcare	M&A	1.2	2015. 02. 23	Bristol–Myers Squibb		O	
48	Flipkart	India	Internet	M&A	16	2018. 05. 09	Walmart	O	O	O	Co Ma
49	Ganji	China	Internet	M&A	3.6	2015. 04. 15	58.com		O	
50	GANYMED Pharmaceuticals	Germany	Healthcare	M&A	1.4	2016. 10. 28	Astellas Pharma		O	
51	Gilt Groupe	United States	Internet	M&A	0.2	2016. 01. 07	Hudson Bay Company	O	O	
52	GitHub	United States	Internet	M&A	7.5	2018. 06. 04	Microsoft	O	O	
53	Glassdoor	United States	Internet	M&A	1.2	2018. 05. 07	Recruit Holdings	O	O	
54	Good Technology	United States	Software	M&A	0.4	2015. 09. 04	Blackberry	O	O	
55	HomeAway	United States	Internet	M&A	3.9	2015. 11. 03	Expedia	O		상 인

Company	Country	Industry	Type	Value	Date	Acquirer					Notes
Honest Co.	Japan	Automotive & Transportation	M&A	–	2018. 08. 27	J STAR			O		
Hortonworks	United States	Software	M&A	5.2	2018. 10. 03	Cloudera			O		"2014년 $659M 밸류로 상장. "
Ikaria	United States	Healthcare	M&A	1.6	2013. 12. 24	Madison Dearborn Partners		O			
Impact Biomedicines	United States	Healthcare	M&A	7	2018. 01. 08	Celgene		O			
Indeed	United States	Internet	M&A	1.4	2012. 09. 25	Recruit		O			
Instagram	United States	Mobile & Telecommunications	M&A	1	2012. 09. 08	Facebook		O			
iTutorGroup	Taiwan	Internet	M&A	–	2019. 07. 12	Ping An	O				
iZettle	Sweden	Mobile & telecommunications	M&A	2.2	2018. 05. 17	PayPal		O			
Jasper	United States	Mobile & Telecommunications	M&A	1.4	2016. 02. 03	Cisco	O	O	O		
Jawbone	United States	Electronics	M&A	–	2017. 10. 01	Aliph Brands			O		
Jet.com	United States	Internet	M&A	3	2016. 08. 08	Walmart	O	O	O		
JetSmarter	United States	Mobile & Telecommunications	M&A	–	2019. 04. 10	Vista Global	O				
Kabam	United States	Internet	M&A	–	2016. 12. 09	Netmarble	O		O		
Kakao Corporation	South Korea	Mobile & Telecommunications	M&A	3	2014. 05. 26	Daum Communications Corp.		O			Reverse Merger
Kuaidi Dache	China	Automotive & Transportation	M&A	–	2015. 02. 14	Didi Chuxing			O		
LaShou	China	Internet	M&A	–	2014. 10. 20	Sanpower			O		
Lazada	Singapore	Internet	M&A	1.5	2016. 04. 12				O	O	Corporate Majority
Legendary Entertainment	United States	Media (Traditional)	M&A	3.5	2016. 01. 12	Wanda Group	O	O	O		
Liberty Dialysis	United States	Healthcare	M&A	1.7	2012. 02. 17				O		
LivingSocial	United States	Internet	M&A	–	2016. 10. 26	Groupon	O				
Looker	United States	Software	M&A	2.6	2019. 06. 06	Google	O				
lynda.com	United States	Internet	M&A	1.5	2015. 04. 09	LinkedIn	O	O			
Mandiant	United States	Computer Hardware & Services	M&A	1.1	2013. 12. 31	FireEye			O		
Mango TV	China	Media	M&A	1.4	2017. 09. 29	Happigo.com	O				
Meituan	China	Internet	M&A	–	2015. 10.	Meituan-Dianping			O		
Meraki	United States	Internet	M&A	1.2	2012. 12. 21	Cisco		O			
Merkle	United States	Internet	M&A	1.5	2016. 08. 08	Dentsu Aegis Network			O		Corporate Majority
MiaSolé	United States	Energy & Utilities	M&A	0.03	2012. 09. 29	Hanergy Holding Group	O				

#	기업명	국가	산업	유형	금액	일자	인수기업				
84	Mobike	China	Mobile & Telecommunications	M&A	2.7	2018. 04. 04	Meituan-Dianping	O	O		
85	Mode Media	United States	Internet	M&A	–	2017. 01. 18	BrideClick			O	
86	Neotract	United States	Healthcare	M&A	1.1	2017. 09. 05	Teleflex		O		
87	Nest Labs	United States	Energy & Utilities	M&A	3.2	2014. 02. 12	Google		O	O	
88	Nicera Networks	United States	Computer Hardware & Services	M&A	1.2	2012. 07. 23	VMware		O		
89	O3B Networks	United Kingdom	Mobile & Telecommunications	M&A	1.4	2016. 04. 29	SES S.A.		O		Corp Majo
90	Oculus VR	United States	Software (non-internet/mobile)	M&A	2	2014. 03. 25	Facebook		O		
91	One Web	United States	Mobile & Telecommunications	M&A	1.3	2017. 02. 28	Intelsat		O		
92	Outcome Health	United States	Healthcare	M&A	–	2019. 05. 09	Littlejohn & Co			O	
93	Ovonyx	United States	Industrial	M&A	1.3	2012. 08. 02	Micron Technology Inc.		O		
94	Pearl Therapeutics	United States	Healthcare	M&A	1.15	2013. 06. 10	AstraZeneca		O		
95	PillPack	United States	Healthcare	M&A	1	2018. 06. 28	Amazon		O		
96	Plaid	United States	Software	M&A	5.3	2020. 01. 13	Visa	O			
97	PopCap Games	United States	Internet	M&A	1.3	2011. 07. 12	Electronic Arts		O		
98	Prexton Therapeutics	Switzerland	Healthcare	M&A	1.1	2018. 03. 16	Lundbeck		O		
99	Qualicorp	Brazil	Healthcare	M&A	1.2	2010. 07. 15	The Carlyle Group		O		
100	Qualtrics	United States	Software	M&A	8	2018. 11. 10	SAP	O		O	
101	Renaissance Learning	United States	Software	M&A	1.1	2014. 03. 13	Hellman & Friedman	O			
102	Ring	United States	Consumer Products & Services	M&A	1.8	2018. 02. 27	Amazon		O		
103	Seragon Pharmaceuticals	United States	Healthcare	M&A	1.7	2014. 07. 02	Genentech		O		
104	Shape Security	United States	Software	M&A	1	2019. 12. 19	F5 Networks	O			
105	Shazam	United Kingdom	Media	M&A	0.4	2017. 12. 11	Apple	O		O	
106	ShopClues	India	Internet	M&A	0.08	2019. 10. 31	Qoo11	O			
107	SimpliVity	United States	Internet	M&A	0.6	2017. 01. 17	Hewlett Packard Enterprise	O		O	
108	Sitecore	Denmark	Software (non-internet/mobile)	M&A	1.1	2016. 04. 01	EQT		O		
109	Skyscanner	United Kingdom	Internet	M&A	1.4	2016. 11. 23	Ctrip	O		O	
110	Souq	United Arab Emirates	Internet	M&A	0.5	2017. 03. 27	Amazon	O			
111	SquareTrade	United States	Internet	M&A	1.4	2016. 11. 28	The Allstate Corporation		O		

Stem CentRx	United States	Healthcare	M&A	5.8	2016. 04. 28	AbbVie	O	O	O	
Supercell	Finland	Internet	M&A	1.5	2013. 10. 15	SoftBank Group Corp.		O		Corporate Majority
Ten-X	United States	Internet	M&A	–	2017. 08. 02	Thomas H. Lee Partners	O			
The Climate Corporation	United States	Internet	M&A	0.9	2013. 10. 02	Monsanto	O			
Tumblr	United States	Internet	M&A	1.1	2013. 06. 20	Yahoo!	O			
Uber China	United States	Automotive & Transportation	M&A	7	2016. 08. 01	Didi Chuxing	O		O	
UCWeb	China	Mobile & Telecommunications	M&A	1.9	2014. 06. 11	Alibaba Group	O			
Veeam Software	Switzerland	Software	M&A	5	2020. 01. 09	Insight Partners	O			
Virtustream	United States	Computer Hardware & Services	M&A	1.2	2015. 05. 26	EMC	O			
Vkontakte	Russian Federation	Internet	M&A	1.5	2014. 09. 16	Mail.ru Group	O			
Wandoujia	China	Mobile & Telecommunications	M&A	0.2	2016. 07. 05	Alibaba Group	O			
Waze	United States	Internet	M&A	1.3	2013. 06. 11	Google		O		
WhatsApp	United States	Mobile & Telecommunications	M&A	19	2014. 02. 19	Facebook	O	O		
Woo Space (Wujie Space)	China	Business Products & Services	M&A	1.7	2018. 03. 09	Ucommune		O		
Woowa Bros	South Korea	Mobile & Telecommunications	M&A	4	2019. 12. 13	Delivery Hero	O			
Yammer	United States	Internet	M&A	1.2	2012. 06. 14	Microsoft		O		
Yongche	China	Mobile & Telecommunications	M&A	1	2015. 10. 20	LeTV		O		Corporate Majority
Yunda Express	China	Automotive & Transportation	M&A	2.7	2016. 07. 03	Shenzhen-traded Ningbo Xinhai Electric		O		Reverse Merger
Zappos	United States	Internet	M&A	1.2	2009. 07. 22	Amazon		O		
zulily	United States	Internet	M&A	2.4	2015. 08. 17	QVC	O			상장 후 인수
구분: Unicorpse 개수: 2										
Powa Technologies	United Kingdom	Internet	Unicorpse						O	2016 Closed
Theranos	United States	Healthcare	Unicorpse						O	2018 Closed

부록 3

통합 퓨처 유니콘 리스트(223개)

※ 통합 리스트는 「테크크런치」 「CB 인사이트」의 해당 리스트를 중복없이 더한 후, 개별 기업의 세부 내용은 「크런치베이스」를 1차 기준으로 작성함

※ 저널 간 내용이 상이하거나 해당 내용이 없을 경우, 2차 기준으로 관련 언론 기사 등을 통해 교차 검증함

	기업	국가 구분	업종	저널 T 180	저널 C 50	비고
1	1stdibs	USA	Commerce and Shopping	O		
2	Accolade	USA	Health Care	O		
3	Acorns	USA	Financial Services	O		
4	AeroFarms	USA	Agriculture and Farming	O		
5	Airwallex	AUS	Payments		O	
6	Alto Pharmacy	USA	Pharmacies		O	
7	American Well	USA	Health Care	O		
8	Amplitude	USA	Data and Analytics	O	O	
9	Andela	USA	Education	O		
10	AppZen	USA	Artificial Intelligence	O		
11	Aptus Value Housing Finance India	IND	Financial Services	O		
12	ATLAS	CHN	Real Estate	O		
13	Atom Bank	GBR	Financial Services	O		
14	Bakkt	USA	Cryptocurrency	O		
15	Banma Kuaipao	CHN	Transportation	O		
16	Beisen	CHN	HR & Workforce Management		O	
17	Benchling	USA	Healthcare		O	
18	Better.com	USA	Financial Services	O		
19	BetterCloud	USA	Application & Data Integration		O	
20	Betterment	USA	Financial Services	O		
21	Bitdefender	ROU	Privacy and Security	O		
22	Blackbuck	IND	Logistics	O		
23	Blend	USA	Lending and Investments	O	O	
24	BluJay Solutions	GBR	Software	O		

No.	Name	Country	Industry			
25	BookMyShow	IND	Media and Entertainment	O		
26	Bounce	IND	Transportation	O		
27	Boutiqaat	KWT	Consumer Goods	O		
28	Boxed	USA	Commerce and Shopping	O		
29	Brandless	USA	Commerce and Shopping	O		
30	Braze	USA	Mobile	O	O	
31	C2FO	USA	Accounting & Finance		O	
32	Cadre	USA	Real Estate	O		
33	Campaign Monitor	USA	Software	O		
34	CarDekho	IND	Transportation	O	O	
35	CargoX	BRA	Supply Chain & Logistics		O	
36	Carousell	SGP	Mobile	O		
37	CARS24	IND	Commerce and Shopping	O		
38	Carta	USA	Compliance		O	
39	Cerebras Systems	USA	Hardware	O		
40	Checkr	USA	HR & Workforce Management		O	
41	Citymapper	GBR	Location-Based & Navigation		O	
42	ClearTax	IND	Accounting & Finance		O	
43	Clutter	USA	Consumer Goods	O		
44	Collective Health	USA	Health Care	O		
45	Contentful	DEU	Content Management		O	
46	Creditas	BRA	Lending and Investments	O		
47	Culture Amp	AUS	Administrative Services	O		
48	CureFit	IND	Health Care	O		
49	DailyHunt	IND	News & Discussion		O	
50	DataStax	USA	Data and Analytics	O		
51	Datrium	USA	Data Storage & Security		O	
52	DeepMap	USA	Scientific, Engineering Software		O	
53	Delos	USA	Health Care	O		
54	Delphix	USA	Software	O		
55	Deputy	AUS	HR & Workforce Management		O	
56	Digit Insurance	IND	Financial Services	O		
57	Divvy	USA	Financial Services	O		
58	Domino Data Lab	USA	Business Intelligence, Analytics, & Performance Management		O	
59	DriveNets	ISR	Software	O		

60	Earnin	USA	Accounting & Finance		O	
61	eDaijia	CHN	Transportation	O		
62	Edianzu	CHN	Administrative Services	O		
63	Element AI	CAN	Artificial Intelligence	O		
64	Embark Trucks	USA	Supply Chain & Logistics Software		O	
65	Enjoy	USA	Commerce and Shopping	O		
66	Essential	USA	Mobile	O		
67	eToro	GBR	Lending and Investments	O		
68	Exabeam	USA	Real Estate	O		
69	Expanse	USA	Monitoring & Security		O	
70	Faire	USA	Retail & Inventory		O	
71	Farmers Business Network	USA	Business Intelligence, Analytics, & Performance Management		O	
72	FirstCry.com	IND	Commerce and Shopping	O		
73	Five Star Business Finance	IND	Financial Services	O		
74	Flipboard	USA	Consumer Internet	O		
75	Flywire	USA	Payments		O	
76	Foursquare	USA	Consumer Internet	O		
77	Front	USA	Email		O	
78	Frontier Car Group	DEU	Transportation	O		
79	Fundbox	USA	Financial Services	O		
80	Fungible	USA	Information Technology	O		
81	G2 Crowd	USA	Software	O		
82	Gaosi Education	CHN	Education	O		
83	Getaround	USA	Transportation	O		
84	Giphy	USA	Consumer Internet	O		
85	Globality	USA	Software	O		
86	Glossier	USA	Other Retail		O	
87	GOAT Group	USA	Clothing and Apparel	O		
88	GoFundMe	USA	Consumer Internet	O		
89	Gogoro	USA	Transportation	O		
90	Gong.io	USA	Sales and Marketing	O		
91	Grofers	IND	Food and Beverage	O		
92	Group Nine Media	USA	Media and Entertainment	O		
93	Grow Mobility	MEX	Motorcycle & Small Engine Vehicles		O	
94	HackerOne	USA	Monitoring & Security		O	
95	Handy	USA	Consumer Internet	O		

96	Harness	USA	Software	O		
97	HeadSpin	USA	Software	O		
98	Helian Health	CHN	Health Care	O		
99	Highspot	USA	Sales and Marketing	O		
100	Hootsuite	CAN	Consumer Internet	O		
101	Hopper	CAN	Mobile	O		
102	Hotchalk	USA	Education	O		
103	Hotel Urbano	BRA	Travel and Tourism	O		
104	iflix	MYS	Media and Entertainment	O		
105	Innoviz Technologies	ISR	Transportation	O		
106	INRIX	USA	Transportation	O		
107	ipsy	USA	Consumer Goods	O		
108	Iterable	USA	Sales and Marketing	O		
109	Jianke	CHN	Health Care	O		
110	Juvenescence	IMN	Biotechnology	O		
111	Kobalt	USA	Media and Entertainment	O		
112	Koenigsegg Automotibe	SWE	Transportation	O		
113	KRY	SWE	Healthcare		O	
114	Kustomer	USA	Software	O		
115	LanzaTech	USA	Sustainability	O		
116	LaunchDarkly	USA	Software	O		
117	LendUp	USA	Lending and Investments	O		
118	Lepu Bio	CHN	Biotechnology	O		
119	Livspace	IND	Commerce and Shopping	O		
120	MapBox	USA	Location-Based & Navigation		O	
121	Marqeta	USA	E-commerce Enablement		O	
122	Medbanks Network Technology	CHN	Healthcare		O	
123	Medium	USA	Consumer Internet	O		
124	Meesho	IND	Commerce and Shopping	O		
125	Meiweibuyongdeng	CHN	Mobile	O		
126	Miaoshou Doctor	CHN	Pharmacies		O	
127	Mirantis	USA	Software	O		
128	Mixpanel	USA	Software	O		
129	Modernizing Medicine	USA	Health Care	O		
130	MoneyLion	USA	Financial Services	O		
131	MX Player	KOR	Video	O		

132	NerdWallet	USA	Financial Services	O	
133	NEXT Trucking	USA	Logistics	O	
134	NextVR	USA	Media and Entertainment	O	
135	Nixon	USA	Consumer Goods	O	
136	Notion	USA	Consumer Internet	O	
137	Nykaa	IND	Commerce and Shopping	O	
138	ONE Championship	SGP	Sports and Fitness	O	
139	Onshape	USA	Scientific, Engineering Software		O
140	Optimizely	USA	Internet Services	O	
141	Outreach	USA	Business Intelligence, Analytics, & Performance Management		O
142	OZON.ru	RUS	Commerce and Shopping	O	
143	Patreon	USA	Media and Entertainment	O	
144	Peilian.com	CHN	Education	O	
145	Pensando	USA	Software	O	
146	People.ai	USA	Data and Analytics	O	
147	Personal Capital	USA	Financial Services	O	
148	Personio	DEU	Professional Services	O	
149	Phylion Battery	CHN	Transportation	O	
150	Plenty	USA	Agriculture and Farming	O	
151	Pocket Gems	USA	Media and Entertainment	O	
152	Pony.ai	USA	Artificial Intelligence	O	
153	Porch	USA	Consumer Internet	O	
154	Practo Technologies	IND	Healthcare		O
155	Prescient	USA	Manufacturing	O	
156	Privateer Holdings	USA	Financial Services	O	
157	Proterra	USA	Transportation	O	
158	QuintoAndar	BRA	Real Estate		O
159	Razorpay	IND	Payments		O
160	Rebel Foods	IND	Food and Beverage	O	
161	Recursion Pharmaceuticals	USA	Biotechnology	O	
162	Remitly	USA	Financial Services	O	
163	Renovate America	USA	Sustainability	O	
164	RigUp	USA	Collaboration & Project Management Software		O
165	Ro	USA	Health Care	O	
166	Rong360	CHN	Lending and Investments	O	
167	Rover	USA	Community and Lifestyle	O	

168	SalesLoft	USA	Sales and Marketing	O	O
169	Segment	USA	Application & Data Integration		O
170	Selina	GBR	Travel and Tourism	O	
171	Sentient Technologies	USA	Artificial Intelligence	O	
172	SentinelOne	USA	Privacy and Security	O	
173	SevOne	USA	Information Technology	O	
174	ShareChat	IND	Consumer Internet	O	
175	Shouqi Limousine and Chauffeur	CHN	Transportation	O	
176	Sigfox	FRA	Messaging and Telecommunications	O	
177	SimilarWeb	ISR	Data and Analytics	O	
178	SiSense	USA	Business Intelligence, Analytics, & Performance Management		O
179	SiteMinder	AUS	Travel and Tourism	O	
180	Smule	USA	Consumer Internet	O	
181	SoftBank Robotics Holdings	JPY	Science and Engineering	O	
182	Sonder	USA	Travel (internet)		O
183	SparkCognition	USA	Artificial Intelligence	O	
184	Standard Cognition	USA	Commerce and Shopping	O	
185	Standard Cognition	USA	Point of Sales & Retail Computer Systems		O
186	Stash	USA	Lending and Investments	O	
187	StoreDot	ISR	Science and Engineering	O	
188	Tala	USA	Financial Services	O	
189	TaskUs	USA	Administrative Services	O	
190	Tealium	USA	Data and Analytics	O	
191	ThirdLove	USA	Clothing and Apparel	O	
192	ThousandEyes	USA	Internet Services	O	
193	thredUP	USA	Clothing and Apparel	O	
194	Three Squirrels	CHN	Food and Beverage	O	
195	TNG FinTech Group	HKG	Financial Services	O	
196	tray.io	USA	Software	O	
197	Truphone	GBR	Mobile	O	
198	TuneIn	USA	Media and Entertainment	O	
199	Turbonomic	USA	Software	O	
200	Ual	ARG	Financial Services	O	
201	Ule	CHN	Commerce and Shopping	O	

202	Upgrade	USA	Financial Services	O	O	
203	UrbanClap	USA	Consumer Internet	O		
204	Verkada	USA	Privacy and Security	O		
205	Via	USA	Transportation	O		
206	Vini Cosmetics	IND	Consumer Goods	O		
207	Virgin Hyperloop One	USA	Transportation	O		
208	Wag	USA	Mobile	O		
209	WayRay	CHE	Navigation and Mapping	O		
210	Wealthfront	USA	Financial Services	O		
211	Weave	USA	Administrative Services	O		
212	Weidong Cloud Education	CHN	Education	O		
213	Wolt	FIN	Food and Beverage	O		
214	WorldRemit	GBR	Financial Services	O		
215	Xiangwushuo	CHN	Marketplace		O	
216	Xiaohuanggou	CHN	Sustainability	O		
217	Yeahmobi	CHN	Advertising	O		
218	Zhangyue Technology	CHN	Media and Entertainment	O		
219	Zilingo	SGP	Commerce and Shopping	O		
220	Zinier	USA	Artificial Intelligence	O		
221	Zola	USA	Consumer Internet	O	O	
222	Zopa	GBR	Lending and Investments	O		
223	Zwift	USA	Sports and Fitness	O		

반환점에 선 유니콘 완주를 위한 안내서

초판 1쇄 인쇄 2020년 5월 18일
초판 1쇄 발행 2020년 5월 28일

지은이 유효상 장상필
펴낸이 안현주

펴낸곳 클라우드나인   **출판등록** 2013년 12월 12일(제2013 – 101호)
주소 우) 04055 서울시 마포구 홍익로 10(서교동 486) 101 – 1608
전화 02 – 332 – 8939   **팩스** 02 – 6008 – 8938
이메일 c9book@naver.com

값 20,000원
ISBN 979 – 11 – 89430 – 71 – 9 03320